EBS 특별기획 다큐멘터리
아기성장보고서

EBS 특별기획 다큐멘터리
아기 성장 보고서

EBS 〈아기성장보고서〉 제작팀

위즈덤하우스

Prologue
아기, 그 놀라운 피조물

세상에 태어나자마자 울음으로 자신의 존재를 알리고, 울고 젖 먹는 것 이외에는 그 어떤 것도 할 수 없을 것 같아 보이는 아기. 하지만 어느 순간, 아기는 혼자 힘으로 뒤집고 기기 시작하며, 걷고 말하고 타고난 기질과 능력을 발휘한다. 아기가 보여 주는 이 놀라운 능력들은 대체 어디서 비롯된 것일까?

과학다큐멘터리 〈아기성장보고서〉의 시작점은 바로 여기였다. 과연 아기의 성장 과정에는 어떤 놀라운 비밀이 존재할까? 존재한다면 이를 보다 과학적으로 규명할 수 있는 방법은 무엇일까? 이어지는 궁금증과 호기심은 아기 존재 자체에 초점을 맞춘, 인간의 근원적인 능력을 과학적으로 분석한 우리나라 최초의 아기 성장 다큐멘터리를 탄생시켰다.

실제로 〈아기성장보고서〉가 완성되기까지, 제작팀은 수많은 우여곡절을 겪어야 했고, 매번 엄청난 인내심을 시험해야 했다. 탄생에서 생후 36개월까지 아기 발달의 주요 특징들을 영상으로 잡기 위해 아기가 원하는 행동을 보여 줄 때까지 끊임없이 기다리고 또 기다려야 했던 것이다. 평균 10번 촬영에 한두 번 성공이 다반사였고, 촬영 테이프만 해도 약 500개가 넘을 정도였다. 자연다큐멘터리보다 더 많은 촬영시간을 할애한 셈이다.

총 5편으로 구성된 〈아기성장보고서〉는 '아기의 성장 과정을 과학적으로 분석하고, 그 안에 숨겨진 비밀을 이해하며, 생명의 소중함을 일깨우는 최초의 과학다큐멘터리'라는 기획 의도를 가지고 출발했다.

아기는 태어날 때부터 스스로 생명을 유지하도록 프로그래밍되어 있는가, 라는 물음을 시작으로 아기 혼자 힘으로 세상을 탐색할 수 있는 천부적인 학습능력을 가지고 태어나는지, 엄마의 양육태도는 아기에게 얼마나 많은 영향을 미치며, 둘 사이의 애착관계는 아기 성장 발달에 어떤 의미를 지니는지, 또한 아기는 언어습득을 위한 학습프로그램을 가지고 태어나는지, 아기들은 어떻게 각기 다른 성격, 다른 기질을 보이는지에 대한 내용을 분석적으로 담고 있다.

이를 위해 아기의 행동양태와 신경과학, 발달심리학 등 다양한 분야의 최신 연구성과를 면밀히 분석했고, 이에 대한 과학적 신빙성을 더하기 위해 세계적인 아기발달 전문가 15명을 직접 취재했다. 또한 한국을 대표하는 발달심리학자들로 구성된 인지발달연구회와 함께 20여 차례의 발달실험을 했다. 그 결과, 과학적 신빙성과 사실성을 갖춘 과학다큐멘터리를 만드는 데 성공할 수 있었다. 다행스럽게도 많은 사람들에게 아기라는 존재가 얼마나 신비로운 생명체인지, 얼마나 놀라운 능력의 소유자인지, 또 그를 통해 인간은 얼마나 경이로운 존재인지 깨닫는 기회를 제공했다. 그리고 이러한 노력은 2003년 제30회 한국방송대상 'TV 다큐멘터리 작품상', EBU(European Broadcasting Union) 'The Basel-Karlsruhe Festival 특별상', 2003 방송위원회 대상 '최우수상', 제2회 AIBD '최우수 교육 TV 프로그램' 부문 수상, 제15회 한국방송 프로듀서상 'TV 특집부문 작품상' 및 '올해의 프로듀서상', 제8회 삼성언론상 '기획·제작 부문' 등 여러 상을 수상하는 영광을 누렸다.

이 책은 방송을 통해 수많은 사람들과 누렸던 공감대를 되새기며, 더 많은 사람들과 더 많은 내용을 공감할 수 있기를 바라는 마음으로 만들어졌다. 방송으로는 담지 못했던 알짜 정보와 이야기가 보태어진 이 책은 보다 완성도 높은 내용을 담고 있다.

이 책으로 인해 많은 사람들이 신비로운 아기의 존재에 대해 다시 한 번 생각하게 되기를, 이미 태어날 때부터 낯선 세상에 반응하고 적응하는 놀라운 능력을 가지고 태어나는 아기를 다재다능하고 정서적으로 안정된 사람으로 키우려면 어떻게 양육해야 하는지 고민하는 장이 되기를 바란다. 아기라는 존재 자체를 폭넓게 이해하고, 아기를 행복하고 훌륭하게 키우는 새로운 양육방법을 찾게 된다면 그보다 더한 기쁨은 없을 것이다.

이 지면을 통해 다큐멘터리와 책이 나오기까지 모든 과정을 함께 한 분들에게 고

마음을 전하고 싶다.

바쁜 와중에도 우리 제작진의 인터뷰에 흔쾌히 응해 주신 국내외 최고의 전문가들과 촬영에 적극적으로 협조해 주신 서울중앙병원, 연세대 세브란스병원, 서울삼성병원 등 한국을 대표하는 산부인과 병원과 의료진들, 출판관계자 여러분들, 그리고 다큐멘터리와 책이 나오는 데 결정적인 역할을 해준 아기들과 그 부모님들에게 특히 고마운 마음을 전한다.

세상의 모든 아기들을 사랑하는 제작진 대표
류재호, 위지오 PD

Contents

004.... **prologue** 아기, 그 놀라운 피조물

Chapter 1 세상을 향한 첫 걸음

014.... 아기는 자궁에서부터 느끼고 반응한다
030.... 반사행동에서 아기의 생존 본능을 발견하다
037.... 접촉이 아기의 두뇌를 만든다
049.... 아기는 온몸으로 세상을 배운다
068.... 세상을 배우는 사이, 아기는 자기 자신을 자각한다

Chapter 2 베이비 아인슈타인의 탄생

076.... 아기는 과학자로 태어난다
082.... 아기 과학자의 경이로운 능력들
094.... 학습능력을 키우는 자양분, 경험
105.... 베이비 아인슈타인으로 키워라

Chapter 3 엄마가 주는 최고의 선물, 애착

- 114.... 아기는 애착 시스템을 타고난다
- 123.... 아기 성장의 열쇠, 접촉
- 132.... 애착의 질은 저마다 다르다
- 141.... 엄마로부터 초래된 불안정애착
- 149.... 엄마와의 안정된 관계는 인간관계의 원형이 된다
- 157.... 안정애착이 두뇌 발달을 부른다
- 167.... 영원한 불안정애착은 없다

Chapter 4 언어습득의 놀라운 비밀

- 174.... 아기는 자신만의 독특한 언어로 대화한다
- 186.... 아기의 언어습득은 자궁에서부터 시작된다
- 200.... 아기는 어른과 다른 언어능력을 가지고 태어난다
- 208.... 아기의 언어 발달은 경험에 의해 완성된다
- 245.... 말 잘하는 아이로 키우려면 아기의 대화상대가 되라

Chapter 5 행복한 육아의 키워드, 기질

224.... 기질을 알면 육아가 쉬워진다

234.... 유전자가 기질을 지배한다

242.... 성격은 기질과 양육방식이 빚어낸 합작품이다

247.... 내 아이의 기질을 이해하는 것이 최상의 양육법이다

아기 성장 일기

258.... ● **월령별 발달상황** 감각 · 운동 · 인지 · 언어 · 행동 · 사회성 발달

276.... ● 월령별 습관 · 감정 변화

280.... ● 월령별 장난감과 놀이

283.... ● 추천 그림책

285.... ● 한눈에 보는 우리 아이 성장 발달 체크 리스트

우리가 보고 싶은 것은
지식을 탐구하는 아이들이지
아이들을 탐구하는 지식이 아니다.

버나드 쇼

Chapter 1

세상을 향한 첫 걸음

세상에 던져진 아기는 울음으로 자신의 존재를 알린다. 자신이 할 수 있는 건
오직 이것뿐이라는 듯, 태어나자마자 마냥 울어댄다. 하지만 그건 시작에 불과하다.
울고 젖을 빠는 일 외엔 그 어떤 것도 할 줄 모르던
아기는 어느 순간 엄마, 아빠를 알아보고 생글거리는 것은 물론 혼자 힘으로
일어나 걷고 말하기 시작한다. 혹 아기는 엄마 뱃속에서부터 '쇼'를
준비했던 건 아닐까? 탄생의 경이로움이 채 가시기도 전에
환경에 적응하는 아기의 놀라운 성장의 비밀.
그 첫 번째 이야기는 자궁에서부터 시작되는
아기의 몇 가지 신비로운 능력에 관한 것이다.

아기는 자궁에서부터 느끼고 반응한다

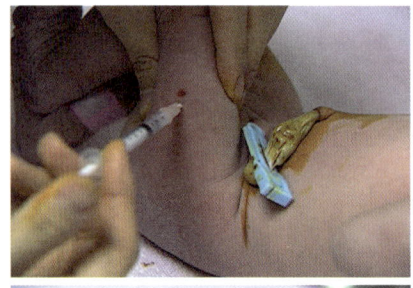

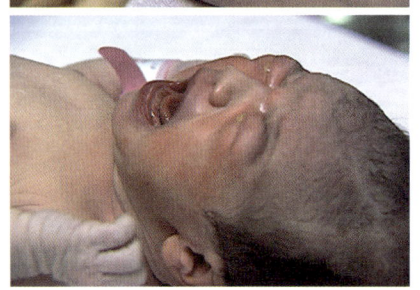

산부인과 병원 분만실. 간호사가 태어난 지 30분도 채 되지 않은 아기의 다리에 주사를 놓고 있다. 순간 얼굴이 일그러진 아기는 자지러지게 울기 시작한다. 마치 고통을 느끼듯이 말이다.

얼마 전까지만 해도 갓 태어난 아기들은 거의 감각을 느끼지 못하는, 백지상태라는 의견이 지배적이었다. 하지만 최근 들어 백지상태라고만 여겼던 신생아들이 아픔을 느낄 뿐만 아니라, 형태와 움직이는 물체들을 흥미롭게 바라보며 소리, 맛, 냄새 등에도 민감하게 반응한다는 사실이 밝혀지기 시작했다. 아기의 작은 몸짓 하나에 신생아는 보지도,

듣지도, 아픔을 느끼지도 못한다는 지금까지의 주장을 뒤엎는 혁명적인 메시지가 담겨 있는 것이다.

경이로운 아기의 감각 세계

아기는 환경에 반응하고 적응하는 놀라운 감각을 가지고 태어난다. 엄마 뱃속에서부터 발달된 이 경이로운 감각능력은 세상에 태어나자마자 미숙하나마 주위의 자극을 느끼고 받아들일 수 있도록 돕는다.

자궁에서부터 감각 발달이 이루어진다는 사실은 미숙아들의 반응을 통해 보다 쉽게 이해할 수 있다. 몇 달 먼저 태어난 미숙아들의 반응은 세상에 태어나기 전 태아가 외부의 자극을 어떻게 받아들이고 대처하는지를 보여 주는 간접적인 증거들이기 때문이다.

인큐베이터에 누워 있는 미숙아들은 소리에 귀 기울일 뿐만 아니라 아픔을 느낄 수도 있다. 또한 누군가의 따뜻한 손길에 매우 행복한 표정을 짓기도 한다.

실제로 초음파, 태아 심장 모니터, 광섬유 카메라 등 최첨단 기구들을 통해 자궁 안 아기의 놀라운 감각능력을 확인할 수 있는데, 임신 7주가 되면 혀의 미각기관인 미뢰가 나타나며, 임신 10주에는 촉각 전달 신경이 태아의 피부에 나타나기 시작한다. 임신 3개월 무렵부터 엄마 뱃속에서 움직이기 시작하는 태아는 14주가 지나면 엄지손가락을 빨고, 자세를 바꾸며, 몸통을 돌리고, 딸꾹질을 하는 등 생후 9개월 된 태아가 할 수 있는 운동을 한다.

또한 임신 6개월 무렵부터는 바깥 세상의 소리를 들을 수 있으며 임신 7, 8개월이 되면 고통이나 불편함을 느낀다. 이미 아기는 자궁 안에서 오감의 촉수를 추켜세우고 있는 것이다. 그렇다면 신생아들은 감각기관을 통해 주변 환경을 얼마나 감지해 낼까?

세상을 감지하는 창문, 후각

후각은 신생아의 감각 중 가장 잘 발달하는 감각으로, 좋은 냄새와 나쁜 냄새를 구별할 수 있을 정도이다. 거즈에 암모니아를 묻혀 코에 갖다 대면 아기는 코를 찡그리며 고개를 돌리지만 바닐라 향이나 초콜릿 향, 딸기 향, 스피아민트 향처럼 좋은 냄새에는 얼굴을 활짝 편다. 뿐만 아니라 아기는 엄마의 체취와 다른 사람의 체취, 엄마의 젖 냄새와 다른 여성의 젖 냄새를 구분할 줄 안다.

아기 성장 실험 1

신생아의 후각능력은 어느 정도일까?_엄마 젖 찾기

이 실험은 신생아의 후각능력을 알아보기 위한 것으로, 하나의 거즈에는 엄마 젖을 묻히고, 또 다른 거즈에는 다른 여성의 젖을 묻힌 후 생후 5일째 된 신생아의 코에 갖다 대었다. 그러자 신생아는 엄마의 젖을 묻힌 거즈 쪽으로 천천히 고개를 돌렸다. 이는 아기가 엄마의 냄새를 기억하고 있으며, 기분 좋은 냄새에 반응하듯 기분 좋은 냄새와 엄마 냄새를 연결시키고 있음을 의미한다.

엄마 젖 (X표시)

▲ 엄마 젖을 묻힌 거즈 쪽으로 고개를 돌리는 아기

신생아들이 엄마의 체취나 젖에 민감하게 반응하는 이유는 엄마 냄새가 주로 기분 좋은 것들과 연관되어 있기 때문이다. 아기가 엄마 냄새를 맡으면 후각 신호가 뇌로 전달되고, 그 신호는 엄마 냄새와 뇌의 기억·감정 센터 사이에 신경 회로를 만든다. 그 결과 아기는 엄마의 냄새를 기억하고, 그 냄새와 기분 좋은 일들을 연결시키는 것이다.

단, 엄마의 젖 냄새를 인지하는 능력은 엄마의 젖을 먹고 자라는 아기에게서만 나타난다고 한다. 우유를 먹고 자란 아기는 꼭 엄마가 아니더라도 우유를 먹여 주는 사람의 냄새를 좋아한다. 때문에 후각은 젖을 먹이는 엄마와 신생아의 애착 형성에도 중요한 역할을 한다. 하루에도 몇 번씩 엄마의 젖을 먹는 아기들은 그만큼 엄마의 체취에 빨리 익숙해질 뿐만 아니라 엄마와의 안정애착을 형성하게 되는 것이다.

신생아들이 성인만큼 발달된 후각을 가지고 있다는 증거는 냄새에 적응하는 모습을 통해서도 확인할 수 있다. 대부분의 사람들이 그렇듯 지독한 냄새를 오래 맡다 보면 냄새 자체에 무감각해진다. 아기의 후각도 마찬가지다.

신생아에게 전자 젖꼭지를 물린 다음, 좋아하는 향을 코에 들이대면 처음에는 열심히 젖꼭지를 빨지만 시간이 지날수록 빠는 속도가 느려진다. 냄새에 무감각해지는 것이다. 그러다가 좋아하는 향과 비슷한 또 다른 향으로 바꾸면 젖꼭지 빠는 속도가 다시 빨라진다. 이는 원래 향과 닮았지만 새로운 향이라는 사실을 감지하기 때문이다.

이렇듯 신생아에게 후각은 세상을 감지하고, 엄마를 인식하는 매우 적절하고 민감한 도구인 셈이다.

🌊 입에서 시작되는 감각의 세계, 촉각

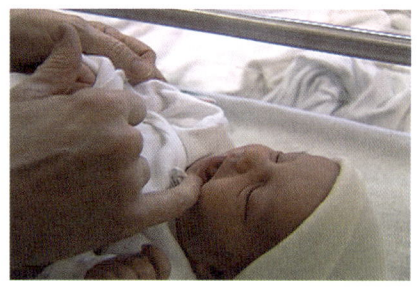

신생아의 촉각 역시 후각만큼이나 민감한 감각이다. 신생아에게 까칠까칠한 마직과 융을 주면 보다 부드러운 융을 선호할 만큼 아기는 이미 감촉의 좋고 나쁨을 알고 있다. 그도 그럴 것이 임신 10주가 되면 태아의 촉각 피부 신경이 나타나고, 임신 4개월이 되면 촉각을 관장하는 뇌의 부분이 촉감을 처리할 수 있다. 엄마 뱃속에서부터 촉각이 살아 있는 셈이다.

특히 촉각은 머리에서 발끝 순으로 자라기 때문에 입을 사용할 때 사물을 가장 잘 느낄 수 있다고 한다. 아기의 입 안에 퍼져 있는 신경은 손끝보다 2배나 많아서 아기는 입에 닿는 물체의 모양뿐만 아니라 크기, 질감까지 알아낸다. 아기들에게 각각 형태가 다른 물건을 주면 형태에 따라 입과 혀를 움직이면서 감촉만으로 물건을 구별한다. 신생아들이 크기나 맛, 위험성과는 상관없이, 보이는 물건은 무엇이든 입으로 가져가는 이유는 바로 이 때문이다.

반면 손을 사용하는 데는 아직 서투르다. 생후 1개월 이전의 신생아 눈을 가리고 손에 젖꼭지를 쥐여 준 다음 나중에 그 젖꼭지를 다시 보여 줬다. 하지만 아기는 그 젖꼭지가 좀전에 자기가 만졌던 젖꼭지임을 알아채지 못했다. 입 주변을 시작으로 발달하는 아기의 촉각이 아직 손까지는 미치지 못한 탓이다. 실제로 손으로 물건을 구별하려면 적어도 태어난 지 10주 정도가 지나야만 가능하다.

신생아들의 촉각을 가늠할 수 있는 또 하나의 방법은 신생아들의 입 주변, 손바닥이나 발바닥 주위를 자극하는 것이다. 신생아들의 입 주변이나 손바닥, 발바닥 주위를 자극하면 아기들은 곧바로 반사작용을 보인다. 뿐만 아니라 부드럽게 안아 주거나 토닥거리기만 해도 아기는 안정감을 느끼는 듯 해맑은 미소를 짓는다. 간단한 오일 마사지만으로도 얼굴을 찡그리거나 주먹을 꽉 쥐는 등의 스트레스 징후를 줄일 수 있고, 호르몬 수치 또한 낮출 수 있다.

그렇다면 촉각 중 하나인 통각의 경우는 어떨까? 통증을 느끼는 통각 자극에 신생아는 어떤 반응을 보일까? 신생아들의 통각 반응 여부를 알 수 있는 가장 대표적인 사례는 바로 남자 신생아의 포경수술이다. 대개 남자 신생아의 포경수술은 진통제의 위험성 때문에 마취 없이 시술이 진행된다. 이때 아기들은 자지러지게 울음을 터트리고, 심장박동과 혈압이 오르며 흥분 상태가 된다. 통증을 느끼고 아픔을 표현하는 것이다.

사실 아기들이 통증을 느낄 수 있다고 인식하기 시작한 것은 얼마 되지 않는다. 전문가들조차 아기가 통각 자극에 강한 반응을 보이는 것을 목격하면서도 아기의 뇌가 미발달된 상태라는 이유로 아기가 통증을 느낀다고 생각하지 못한 것이다. 하지만 이후, 여러 연구 결과를 통해 신생아도 통증을 느낀다는 것과 신생아의 통각은 출생 후 며칠 동안 급격히 발달한다는 사실이 밝혀졌다.

반면, 아직도 신생아의 통각 반응을 분만을 위해 엄마에게 주입했던 마취제가 아기의 몸속에 남아 있다 배출되면서 나타나는 현상으로 보는 이도 있다. 하지만 보통 신생아의 통각은 출생 후 1년 동안 거의 변하지 않는다는 점을 고려해 본다면 마취제에 의한 현상이라고 보기에는 무리가 있다.

자궁 속에서의 경험에 좌우되는 미각

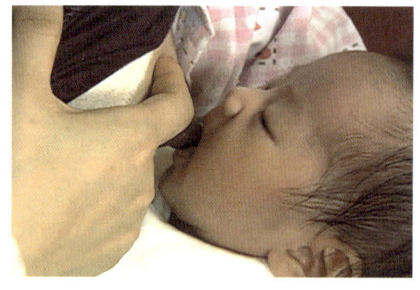

인간의 다섯 가지 감각 중 후각, 촉각을 거쳐 온 신생아의 미각은 어떨까? 신생아의 미각은 매우 예민하다. 미각은 출생 이전부터 발달하는데, 임신 7주가 되면 아기의 혀에 약 1만 개의 미뢰가 나타난다. 미뢰란 맛을 느끼는 꽃봉오리 모양의 기관으로, 짠맛, 신맛, 단맛, 쓴맛에 가장 강력하게 반응한다.

신생아들은 대체로 단맛을 좋아한다. 밍밍한 물과 달콤한 액체를 먹이면 아기는 달달한 액체를 먹기 위해 입맛을 다시며 오랜 시간 열심히 빠는 행동을 반복한다. 그렇다면 신생아들이 태어날 때부터 단맛을 좋아하는 이유는 무엇일까? 혹시 아기의 미각적 취향에 결정적인 영향을 끼친다는 모유의 맛이 달기 때문은 아닐까?

인간은 생존욕구에 따라 맨 처음 접한 음식의 맛을 좋아하게 프로그램되어 있다. 아기의 단맛에 대한 본능적인 선호는 바로 세상에 태어나 가장 처음 맛보는 엄마의 젖이 달기 때문이다. 더불어 아기가 단맛에 매혹되는 또 한 가지 이유가 있다. 바로 성인들과 마찬가지로 단 음식을 먹으면 기분이 좋아지기 때문이다. 단당류 음식인 설탕은 분해되는 시간이 짧아 먹으면 즉각적으로 뇌의 쾌락중추를 흥분시킨다. 또 뇌의 쾌락중추를 흥분시키는 단 음식은 아기의 정서 발달을 돕는다고도 한다.

이처럼 민감한 신생아의 미각에 대한 놀라운 사실 하나를 덧붙이자면, 자궁 속에서의 경험이 신생아의 미각을 좌우한다는 사실이다. 이는 후각과 마찬가지로 태아가 자궁 속에서 경험한 맛에 의해 생후 음식의 기호가 결정될 수 있음을 뜻한다. 또한 임신 기간뿐만 아니라 출생 후 젖을 먹이는 동안 노출된 특정한 맛도 아기의 입맛을 결정하는 요소가 된다. 임신이나 수유 기간 동안 당근 맛을 접했던 아이들은 그렇지 않은 아이들에 비해 당근을 넣은 이유식을 훨씬 좋아한다는 것이다. 이것은 곧 엄마가 임신과 수유 기간 동안 다양한 음식을 골고루 섭취하면 아기는 새로운 음식을 좀 더 쉽게 받아들일 수 있음을 의미한다.

> **아기 성장 실험 2**
>
> **엄마 뱃속에서의 경험이 신생아의 미각을 좌우한다?**
> 임신한 토끼 한 마리에게 지속적으로 사과주스를 주었다. 그리고 사과주스를 먹인 토끼의 새끼가 태어났을 때, 임신 기간 동안 사과주스를 먹인 토끼의 새끼와 그렇지 않은 또 한 마리의 새끼 토끼에게 사과주스를 주었다. 그 결과는 임신 기간 동안 사과주스를 먹었던 토끼의 새끼가 그렇지 않은 새끼 토끼보다 사과주스를 훨씬 더 좋아했다. 엄마 뱃속에서의 경험이 새끼 토끼의 미각 발달을 도운 것이다. 이는 신생아의 미각 발달이 자궁에서부터 시작됨을 확인시켜 준다.

아기가 맛을 느낄 수 있는 능력, 미각은 유아기 전반에 걸쳐 지속적으로 발달한다. 단맛에 열광하던 아기는 생후 4개월이 되면 짠맛을 선호하기 시작한다. 그 이유는 이때 짠맛에 반응하는 맛 세포가 성숙하기 때문이다. 그러니까 아기들이 4개월 이후부터 짠맛을 좋아하는 이유는 일찍부터 짠맛을 경험해서일 수도 있지만 대개 미각 발달 과정 중에 나타나는 현상으로 봐야 한다.

맛을 느낀다는 건 아기들에게 있어 커다란 즐거움인 동시에 성장 발달을 도와

주는 촉진제와 같다. 또한 음식을 주는 엄마를 인식하고 엄마와의 안정적인 관계를 만들어가는 과정이기도 하다. 아기는 미각을 즐기며 엄마와의 강한 유대감을 형성해가는 것이다.

운율로 감지하는 세상의 소리, 청각

적지 않은 임산부들과 그의 가족들은 임신 기간 동안 뱃속의 아기에게 좋은 이야기와 음악을 들려주는 데 상당한 시간을 할애한다. 이는 뱃속의 아기가 꽤 많은 소리를 들을 수 있다고 믿기 때문이다. 이처럼 아기의 청각 또한 경험에 의존한다. 임신 6개월이 되면 대부분의 태아가 소리를 제대로 구별할 수는 없지만 들

아기 성장 실험 3

신생아는 얼마나 잘 들을 수 있을까?

신생아의 청각을 알아보기 위한 간단한 실험이 이루어졌다. 태어난 지 이틀 된 아기의 양쪽 귀에 딸랑이를 흔들어댔다. 딸랑이를 오른쪽에서 흔들었을 때는 오른쪽으로, 왼쪽에서 흔들었을 때는 왼쪽으로 아기는 천천히, 그러나 확실하게 고개를 돌렸다. 여러 번에 걸친 실험 결과, 대부분의 아기들이 주변에서 나는 소리를 좇아 고개를 돌리는 모습을 보여 주었다. 이는 신생아의 청각이 주변의 소리를 인지할 만큼 발달되어 있다는 신호다.

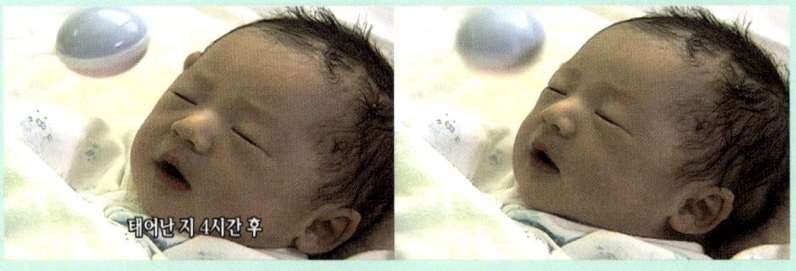

▲ 딸랑이 소리가 나는 쪽으로 고개를 돌리는 아기

을 수 있고, 태어나기 1개월 전부터는 소리에 집중할 수 있다. 임산부의 배를 향해 소리를 들려주며 초음파로 아기의 움직임을 살펴보면 아기는 평소와 다르게 활발히 움직인다. 뿐만 아니라 갑자기 큰 소리가 나오면 깜짝 놀라 눈을 깜빡거리기까지 한다. 이미 엄마 뱃속에서 소리에 상당 부분 반응하고 있는 것이다.

이처럼 갓 태어난 신생아들도 시끄러움과 조용함을 구분할 정도의 청각능력을 지니고 태어난다.

아기는 낮은 소리보다 높은 소리를 좋아한다. 실제로 신생아들이 들을 수 있는 가장 낮은 소리는 성인이 들을 수 있는 소리보다 좀 더 큰 10~20dB 정도로, 가능하다면 아기에게 말을 걸 때 소곤거리기보다는 높은 소리로 말하는 것이 좋다. 하지만 생후 며칠이 지나면 내이를 채우고 있던 양수가 빠져나가 아기는 20~30dB의 소리까지 들을 수 있다. 성인만큼 정확하지는 않지만 소리의 세기와 높낮이도 구별할 수 있게 된다. 또 생후 2~3개월이 되면 아기는 소리의 진원지를 구별하고 추적할 수 있다. 이렇게 다양한 소리에 익숙해진 아기는 자신이 좋아하는 소리와 싫어하는 소리를 구분하기 시작한다. 아기가 가장 좋아하고 잘 듣는 소리는 바로 사람의 목소리이다. 특히 높은 음의 여자 목소리, 그중에서도 누구보다도 친숙한 엄마의 목소리에 민감하게 반응한다. 엄마의 말에 특별하고 민감하게 반응하는 이유는 엄마가 자신에게 더 많은 말을 하도록 유도하여 엄마와의 유대감을 형성하기 위해서라고 한다.

특히 놀라운 사실은 신생아의 청각능력으로 사람의 말소리와 소음을 구분할 수 있다는 것이다. 게다가 사람의 말소리에 특히 민감해 모든 언어의 음소를 감지해 낸다는 것이다. 다시 말해 아기는 'ㄱ, ㄴ, ㄷ, ㄹ, ㅁ……' 같은 자음과 'ㅏ,

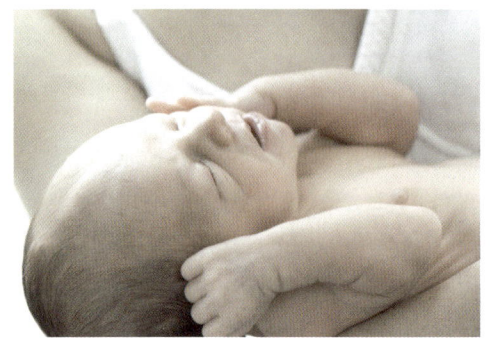

ㅑ, ㅓ, ㅕ, ㅗ······' 같은 모음의 소리를 구별할 수 있다는 얘기다. 하지만 안타깝게도 그 엄청난 능력은 생후 1년이 지나면 상실된다. 매일 접하는 언어에 존재하지 않는 음소는 더 이상 감지할 수 없음을 알고 스스로 포기하기 때문이다. 바꿔 말하면 아기의 청각 신경 세포가 익숙하지 않은 음소는 알아서 포기하고 계속 접하는 음소만 탐지한다는 말이다.

뿐만 아니라 모든 언어의 음소를 감지해 내는 청각능력으로 아기는 말의 운율을 이용해 외국어를 식별하기도 한다. 태어난 지 4일밖에 되지 않은 프랑스 아기에게 프랑스어와 러시아어를 들려주면 프랑스어를 들었을 때 더 열심히 젖꼭지를 빤다. 또한 녹음된 소리에서 단어를 다 걷어내고 운율만 들려주어도 프랑스

아기 성장 실험 4

신생아의 청각능력은 어느 정도일까? _ 동화책 실험

노스캐롤라이나 대학교 심리학과 앤서니 드캐스퍼 교수는 동료들과 함께 흥미로운 실험을 했다. 연구팀은 출산을 한 달 앞둔 임산부들에게 하루에 2번 《모자 속의 고양이》라는 동화책을 태아에게 읽어 주도록 했다. 얼마 후 아이들이 태어났을 때 연구팀은 《모자 속의 고양이》와 또 한 권의 동화책을 읽어 주고 신생아들이 어떤 책에 더 호감을 보이는지 테스트했다. 실험 결과, 아기들이 선호한 그림책은 다름 아닌 《모자 속의 고양이》였다. 아기들이 엄마가 읽어 주던 리듬과 소리를 기억해 낸 것이다. 위 실험을 통해 몇 가지 사실을 확인할 수 있었다. 아기는 태아 때부터 소리를 들을 수 있으며, 엄마 목소리와 낯선 사람의 목소리를 구별할 수 있다는 것. 그리고 엄마 목소리를 더 좋아한다는 것이다.

어를 선호한다. 아기 자신에게 익숙한 언어와 그렇지 않은 언어를 구분하는 것이다.

세상을 탐닉하는 마지막 단계, 시각

마지막으로 시각은 아기가 적극적으로 주변을 탐색하기 위해 가장 많이 의존하는 감각인 동시에 오감 중 가장 늦게 발달하는 감각이다. 출생 직후의 신생아는 한 물체에 시선을 고정시키거나 초점을 맞추지 못해 물체의 세세한 부분까지는 볼 수 없다. 겨우 전방 20~25㎝ 안에 있는 물체만 볼 수 있는데, 그마저도 뿌옇게 보일 뿐이다. 하지만 원과 사각형을 구분할 정도는 되며, 아무렇게나 그려진 무늬보다는 사람의 얼굴 형태를 지닌 것에 더 민감한 반응을 보인다.

이렇게 원시적인 상태의 시각은 뇌의 시각영역에 있는 신경회로가 빠르게 형성되면서 수개월 안에 눈부신 발전을 거듭한다. 생후 2개월이 되면 아기는 그동안 발달된 눈의 근육을 이용해 빛과 어둠의 경계가 되는 윤곽선 이상의 것에 반응하기 시작한다. 가령 사람을 쳐다볼 때 얼굴의 윤곽선에 집중하던 아기의 시선이 얼굴의 이목구비로 향하는 식이다. 태어나서 처음으로 아기는 엄마의 얼굴이 어떻게 생겼는지 탐구하기 시작하는 것이다. 이렇게 시동 걸린 시각의 발달은 나날이 속도를 더한다. 생후 3개월이 되면 자신을 향해 움직이는 물체를 탐지할 수 있게 되고, 6개월이 되면 물체의 색과 깊이를 느낄 수 있다. 또 양쪽 눈 운동을 미세하게 조절할 수 있으며, 3차원의 세계도 어느 정도 감지할 수 있다. 그렇게 생후 1년이 지나면 시력 조정이 마무리 되고, 2년이 되면 0.3 정도의 시력을 가지며 그 후 3년에 걸쳐 0.8 정도 시력으로 향상된다. 그리고 9세 정도가 되면 시력

> **Tip**
> **모빌이 신생아의 시각 자극에 도움이 된다?**
> 아기 침대 위에 걸어두는 모빌의 용도는 단지 예쁘게 보이기 위해서만은 아니다. 신생아 방이라면 어디든 하나쯤은 걸려 있는 모빌은 아기들이 초점을 맞추고 시력을 향상시키는 데 도움을 준다. 부모와의 접촉과 따뜻한 보살핌만으로도 아기의 시력은 발달할 수 있지만, 적절한 시기에 가해지는 적절한 시각 자극은 시력 발달에 가속도를 더해 줄 것이다.

이 완성되어 정상적인 성인 수준에 이른다. 비로소 세상을 또렷하게 볼 수 있게 되는 것이다.

시각은 오감 중 가장 마지막에 발달하는 감각이긴 하지만 다른 감각에 비해 발달 속도가 빠르고 감각 영역에서 차지하는 비중 또한 크다. 아기가 보는 세상의 상당 부분은 시각에 의지하기 때문이다. 게다가 인간은 시각에 매우 예민한 동물이어서 어려서 겪은 시각적 경험은 정신 발달에도 지대한 영향을 미친다고 한다. 때문에 적절한 시각적 자극은 정상적이고 건강한 시각 발달을 위해 필수적이다.

이처럼 아기들이 세상을 맛보는 방법은 다채로운 동시에 경이롭다. 물론 아기의 오감이 완벽하게 작동하려면 미세한 조정과정을 거쳐야만 한다. 그렇다 하더라도 아기의 감각 발달 정도는 상당하며, 후각, 촉각, 미각의 경우는 거의 성인에 가까운 수준이라 할 수 있다. 아기는 태어나면서부터 오감의 즐거움을 직관적으로 감지하는 것이다. 그렇다면 자기 몸조차 제대로 가누지 못하는 아기가 이처럼 고등의 감각능력을 가지고 태어나는 이유는 무엇일까?

먼저 갓 태어난 아기의 주변 환경을 둘러보자. 좋은 냄새를 좇아 어딘가로 가고 싶지만 그쪽으로 향할 용기가 없다. 다리 힘은커녕 제 몸을 가누기조차 어렵다. 뿌옇게 보이는 뭔가가 있긴 한데 그게 정확히 무엇인지 확신이 서지 않는다. 어찌 보면 갓 태어난 아기야말로 혼자서는 아무것도 할 수 없는 무기력한 존재에 불과할지 모른다.

모든 생물은 살아 있는 동안 낯선 세상에서 살아가기 위해 최소한의 장치를 마련한다. 혼자서는 아무것도 할 줄 모르는 아기 또한 마찬가지이다. 아기는 낯선 세상과 만나기 전 감각능력이라는 도구를 사용해 오감으로 세상을 탐닉하는 방법을 익힌다. 아기의 감각능력은 생존본능인 셈이다.

이러한 사실은 곳곳에서 확인할 수 있는데, 아기가 본능적으로 엄마 젖 냄새에 끌리는 모습이 그 대표적인 경우다. 생후 2주 동안 모유를 먹어 본 적 없는 아기 옆에 모유를 먹이는 여성과 모유를 먹이지 않는 여성의 가슴에 하룻밤 동안 붙여 두었던 천을 놓아두면 아기는 모유 수유를 하는 여성의 가슴에 붙여 두었던 천 쪽으로 얼굴을 돌린다. 물론 아기가 어떠한 이유로 젖 냄새에 매료되는지 그 원인은 명확하게 밝혀지지 않았지만, 이러한 본능적인 행동으로 인해 아기는 굶주림으로부터 자신을 보호할 수 있는 것이다.

이외에도 아기가 모유와 흡사한 단맛을 선호하는 점, 엄마의 목소리에 가장 민감하게 반응하는 점, 아기가 가장 초점을 잘 맞추는 20~25㎝의 거리가 엄마가 아기를 안고 젖을 먹일 때의 거리와 일치한다는 점 또한 아기가 생존을 위해 다양한 감각을 가지고 태어난다는 증거라 할 수 있다.

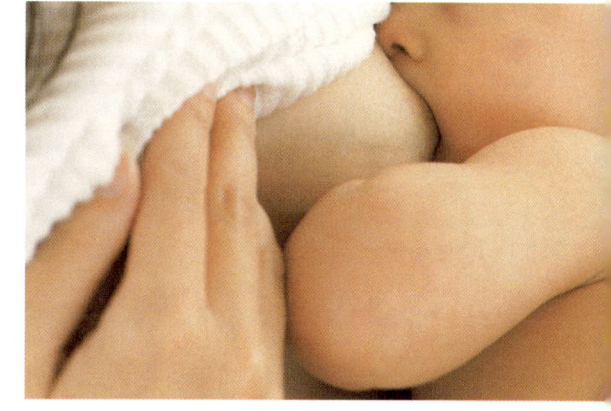

인간의 감각은 촉각→미각→후각→청각→시각 순으로, 그 시기에 딱 필요한 만큼만 발달한다. 신생아의 시력이 20~25㎝거리, 그러니까 엄마가 아기를 안고 젖을 먹일 때의

거리만큼만 발달하는 것처럼 말이다. 그 까닭은 자기에게 중요하지 않은 것까지 보게 되는 혼란을 막고, 자기가 봐야 하는 것에만 집중하기 위해서이다. 그렇다면 조기에 감각 발달 속도를 높이기 위해 인위적인 자극을 가한다면 아기의 감각은 어떻게 될까? 더 빠른 속도로 발달할 수 있을까? 아기의 조기 감각 발달에 대한 연구는 이미 많은 학자들에 의해 이루어졌다.

> **아기 성장 실험 5**
>
> **아기의 감각을 인위적으로 발달시킬 수 있을까?**
> 미국의 한 연구팀은 메추라기 실험을 통해 조기 감각 발달이 아이에게 어떤 영향이 미치는가를 알아보기로 했다. 원래 메추라기 새끼들은 부화된 다음 직사광선을 쬐는 게 지금까지의 시각 발달 순서였다. 하지만 연구팀은 이 과정을 조금 앞당겼다. 메추라기 새끼들의 시각을 빨리 발달시키기 위해 부화되지 않은 수백 개의 메추라기 알 중 몇 개에 강한 직사광선을 쏘인 것이다. 좀 더 일찍 빛의 자극을 받으면 시각이 조기에 발달할 수 있을 것이라 추측했기 때문이다. 하지만 결과는 예측과 달랐다. 직사광선을 쏘인 새끼 새들은 정상적인 시각 발달이 이루어지지 않았을 뿐더러, 각인능력에 문제가 발생해 엄마의 움직임과 목소리를 정확하게 인지하지 못했다.

인간의 경우도 동물과 마찬가지이다. 미국 보스턴의 소아병원에서 미숙아를 연구하는 하이델리즈 앨스 박사는 최근 발표한 논문을 통해 뇌가 여러 종류의 감각을 감당할 수 없는 상태에서 감각 자극을 주면 뇌에 예상치 못한 문제가 생길 수 있다고 지적했다.

아기의 감각은 분명 새로운 자극을 접할 때마다 조율되고 향상된다. 또 그렇게 발달한 감각은 뇌를 자극해 인지 발달의 기초를 마련한다. 따라서 아기의 감각 발달을 촉진시키는 일은 아주 중요하다. 하지만 과도한 자극은 오히려 득이 아닌 독이 된다는 사실을 기억해야 한다. 내 아기가 정신적, 육체적으로 건강하게 성장하기를 바란다면, 부모는 아기의 감각 발달에 맞춰 적절한 시기에 적절한 환경 자극을 제공해야 함은 물론이다.

반사행동에서 아기의 생존본능을 발견하다

아기는 오감을 비롯해, 생존을 위한 다양한 반사능력을 지니고 태어난다. 이를 토대로 다양한 경험을 거치며 성장한다. 혼자서는 아무것도 할 수 없을 것 같던 아기가 혼자 힘으로 낯선 세상에 첫걸음을 내딛기 위해 환경에 맞춰 자신의 생존본능을 발휘하는 것이다. 신생아들의 동작은 이처럼 본능적인 반사작용으로 이뤄진다.

여기서 반사란, 신생아들이 갖고 태어나는 무의식적인 행동 패턴을 말한다. 예컨대 침대에 누워 있는 아기의 발그레한 뺨에 손가락을 갖다 대면 아기는 몸을 바둥거린다. 그리곤 손가락이 닿은 뺨 쪽으로 입을 벌리고 고개를 돌려 엄마 젖이라도 되는 양 열심히 손가락을 빨기 시작한다. 이것은 신생아가 엄마의 젖을 찾아 빨 수 있도록 도와주는 반사행동으로, '젖 찾기 반사'라 한다. 이외에도 생존을 위해 가지고 태어나는 신생아의 반사행동은 무려 20~30여 개에 달한다. 이 중 몇 가지는 아기의 생존과도 연결되는 필수능력이다.

그렇다면 이 같은 무의식적인 반사행동은 뇌의 어떤 부위와 연관이 있을까? 실제 신생아의 두뇌 무게는 성인의 25%밖에 되지 않는다. 때문에 정보처리를 담당하는 뇌의 중심 부위이자, 인간을 인간답게 만드는 뇌의 최고 사령관인 대뇌피질이 신생아의 행동에 미치는 영향은 극히 미미하다. 다시 말하면 어떤 자극에 무의식적으로 반응하는 반사행동을 통제하는 것은 고도의 정신활동을 관장하는 대뇌피질이 아니란 뜻이다. 실제로 반사행동을 통제하는 건 뇌간의 신경세포 조직이다. 뇌간이란 주로 호흡, 심장박동, 혈액순환, 소화기관 운동 등을 조절하는 기관으로, 출생 시 가장 빨리 발달하는 뇌 부위이다.

이에 비해 뇌의 가장 바깥쪽 껍질 부위를 가리키는 대뇌피질은 주로 사고, 판단, 계획, 창조, 운동과 기술, 감각과 지각, 언어 등 고도의 정신활동을 관장한다. 만약 대뇌피질이 손상되면 남에게 예의 없이 행동하거나, 욕설을 퍼부으며 부끄러움을 모른 채 옷을 벗고 다니는 행동을 보이기도 한다. 또한 심한 강박 증세와 어눌한 말투를 보이고, 계산이나 글을 쓰지 못하며, 왼쪽과 오른쪽을 제대로 구별하지 못한다. 모든 사물이 생소하게 보이고 친숙한 사람을 알아보지 못하는 등 살아가는 데 필요한 여러 가지 능력을 상실하게 되는 것이다.

〰️ 생존본능이 숨겨진 신통방통 반사행동 몇 가지

그렇다면 아기는 생존을 위해 어떤 반사행동을 보일까? 더불어 20~30여 개에 달한다는 아기의 반사행동 중 생존과 직결되는 반사행동에는 과연 어떤 것들이 있을까?

생존을 위한 여러 가지 반사행동 중 가장 대표적인 것으로는 젖 찾기 반사, 모로반사, 수영반사, 잡기반사를 들 수 있다.

젖 찾기 반사는 어떤 물체로 아기의 볼을 살짝 건드렸을 때 대상물을 향해 입을 벌리고 머리를 돌리는 반사행동으로, 신생아가 젖꼭지를 찾고 음식을 먹을 수 있도록 도와주는 능력이다.

모로반사는 신생아의 특징적인 반사행동 중 하나로, 위험한 상황에서 엄마한테 매달리려는 아기의 생존본능을 보여 준다.

수영반사는 아기를 물에 넣었을 때 마치 수영을 하는 것처럼 팔을 젓고 발을 걷어차는 반사행동을 말한다. 물에 빠지지 않으려는 아기의 생존본능을 엿볼 수 있는 반사행동이다. 그런데 이보다 더 놀라운 것은 신생아들은 누구나 수영을 할 줄 안다는 사실이다. 그것이 가능한 건 신생아들은 입을 통해 물이 위까지 들어가도 폐가 자동적으로 닫혀 익사하지 않기 때문이라고 한다.

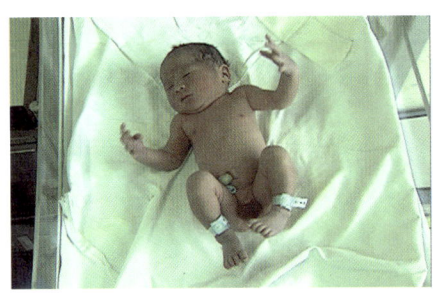 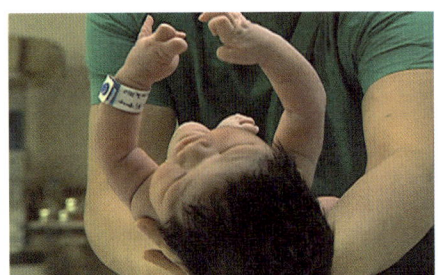

잡기반사는 신생아의 손바닥을 손가락으로 눌렀을 때 손가락을 꽉 잡는 반사행동으로, 신생아의 가장 특징적인 반사행동 중 하나이다. 짧은 시간이지만 살아남기 위해 누군가에게 매달리려는 욕구와 힘은 어른들도 놀랄 만큼 엄청나다. 아기의 매달리는 힘을 알아보기 위한 간단한 실험이 이루어졌다.

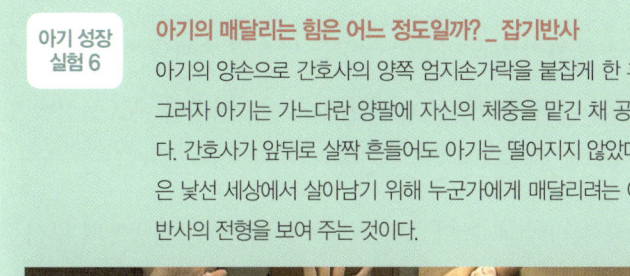

아기 성장 실험 6

아기의 매달리는 힘은 어느 정도일까? _ 잡기반사

아기의 양손으로 간호사의 양쪽 엄지손가락을 붙잡게 한 후 아기를 들어올렸다. 그러자 아기는 가느다란 양팔에 자신의 체중을 맡긴 채 공중에 대롱대롱 매달렸다. 간호사가 앞뒤로 살짝 흔들어도 아기는 떨어지지 않았다. 이러한 아기의 행동은 낯선 세상에서 살아남기 위해 누군가에게 매달리려는 아기의 생존욕구, 잡기반사의 전형을 보여 주는 것이다.

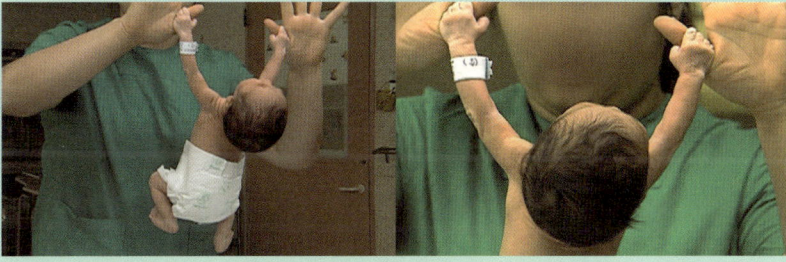

▲ 간호사의 손가락을 잡고 공중에 매달린 아기

무의식에서 의식적 행위로 변하는 반사행동

　무의식적이기는 하지만 생존을 위해 갖추어진 아기의 반사행동은 언제까지 지속되는 걸까? 사실 몇몇의 반사능력을 제외하고 아기의 생존을 돕는 대개의 반사능력은 시간이 지나면 사라진다. 하지만 사라지는 반사행동 대부분은 의식적인 행동으로 대체된다. 이것은 자신의 의지로 손발을 움직일 수 있음을 시사하는 것으로 아기에게 있어서는 희소식이다. 그렇다면 아기의 반사행동이 어떻게 갑자기 의식적인 행동으로 발전할 수 있는 것일까?

이는 대뇌조직의 성장과 밀접한 관련이 있다. 앞서 말했듯이, 신생아의 반사행동을 통제하는 곳은 뇌간이다. 그러나 대뇌피질이 발달함에 따라 생후 4개월이 지나면 행동을 통제하는 부위가 뇌간에서 대뇌피질로 이동한다. 대뇌피질은 운동을 촉발하고 조절하는 부위이므로 이곳의 영향을 받으면 손과 팔을 통제할 수 있는 능력이 생긴다. 그에 따라 반사행동 대신 자발적이고 복잡한 운동능력이 발달하게 되는 것이다.

미국 인디애나 대학교 심리학 교수 에스더 틸렌Esther Thelene은 신생아의 반사행

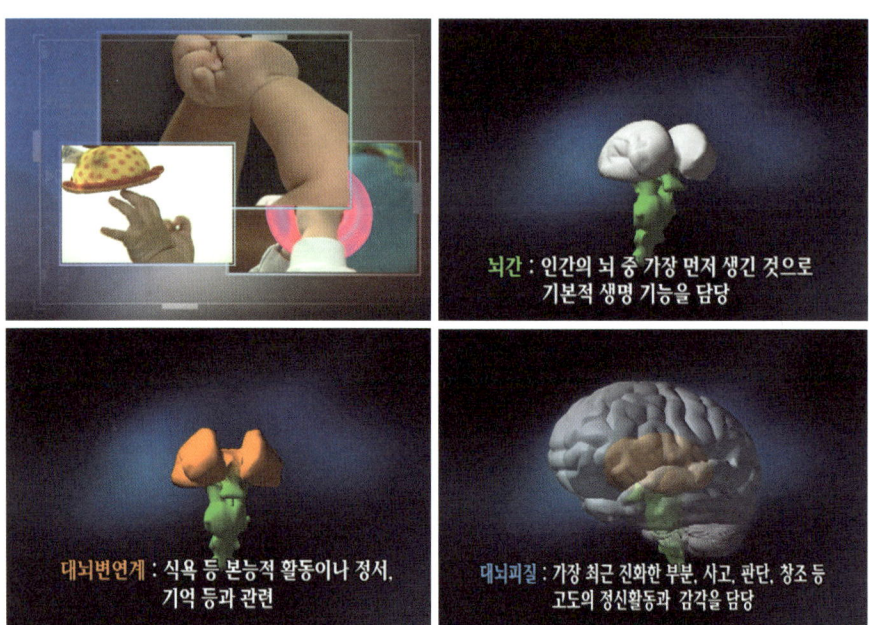

동이 어떻게 변화하는지에 대해 이렇게 설명했다.

"자발적인 조정능력이 발달함에 따라 아기들이 자기 뜻대로 움직일 수 있게 되면 신생아 시기에 가지고 있었던 행동양식은 보다 적응적인 형태로 대체됩니다. 이런 행동양식은 태어날 때부터 지니고 있던 경로를 이용하기도 하는데, 이때 이전의 반사들은 그냥 없어져 버리는 게 아니라 변화되는 것입니다."

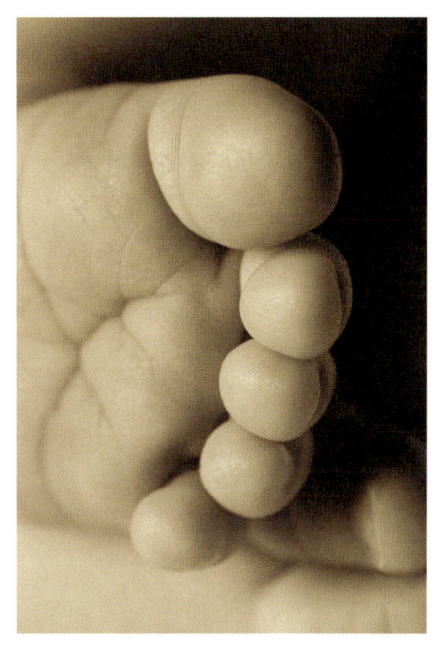

그렇다면 무의식적인 반사행동이 의식적으로 바뀌는 시기는 언제일까? 그것은 반사행동에 따라 다르다. 얼마 전까지 그저 손발을 버둥거리던 생후 3개월 된 아기가 어느 순간부터 손을 사용하기 시작했다. 또한 자신의 의지로 두 손을 잡을 수 있게 되었음은 물론, 엄마가 장난감을 눈앞에 들어 보이자 손을 뻗어 장난감을 잡더니 이리저리 흔들며 놀기 시작했다. 이러한 행동이 계속되면 무의식적으로 버둥거리던 신생아 시절의 '팔 반사 행동'이 의식적인 행동으로 발전한 것이라 보면 된다.

반사행동은 무기력한 아기가 이 세상에 살아남기 위해 꼭 필요한 능력이다. 또한 아기 성장 발달에 직접적인 영향을 미치며, 아기의 신경학적 상태를 평가하는 기준이 되기도 한다. 예를 들어 발바닥을 건드렸을 때 발가락을 쫙 벌리고 다리를 접는 '바빈스키 반사'는 생후 6개월경이면 사라지는데, 만약 이 시기가 훨씬 지났는데도 바빈스키 반사가 계속된다면 중추신경계에 이상이 있다고 가정할 수 있다. 또한 반사행동이 비정상적으로 오래 지속되지는 않는지, 갓 태어난 아기가 적절한 반사행동을 보이는지, 반사행동이 너무 약하게 나타나지는 않는지 등을 확인하다 보면 아기의 신경체계의 문제도 확인할 수 있다.

세상과 처음 만나는 아기에게 잠재된 능력, 신통방통한 아기의 반사행동을 이해하려는 노력이야말로 현명한 부모, 현명한 육아의 첫걸음이다.

접촉이 아기의 두뇌를 만든다

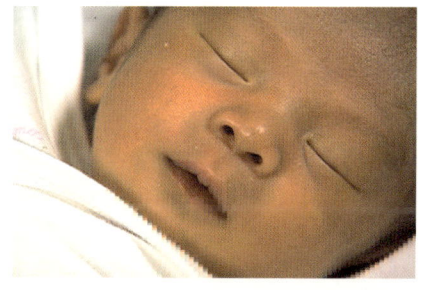

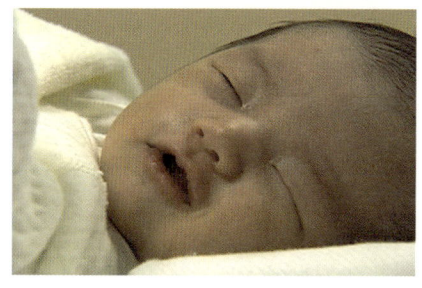

　아기는 세상에서 둘도 없는 잠꾸러기다. 잠을 자는 동안 아기는 혼자서 웃기도 하고 때때로 입술을 오물거린다. 감긴 눈 아래로는 눈동자가 빠르게 움직이고 얼굴 근육과 팔다리를 움찔거리기도 한다. 렘^{Rem}수면에 빠져 있는 것이다. 신생아의 하루 평균 수면시간은 15~20시간. 그야말로 하루 종일 잔다고 해도 과언이 아니다. 그렇다고 15~20시간 동안 내리 자는 것은 아니다. 전체 수면시간 중 50%는 이처럼 렘수면으로 채워지기 때문이다.

　신생아에게 나타나는 수면 형태 중 하나인 렘수면은 신경세포의 활동을 자극하고 대뇌 쪽의 혈액 흐름을 촉진시킨다. 특히 아기의 렘수면 시간이 많은 까닭은 환경적 자극을 거의 받지 못할 뿐만 아니라, 환경적 자극을 효과적으로 처리할 수 없는 신생아의 뇌 발달을 돕기 위해서이다. 하루 10시간 가까이 렘수면에 빠져 있는 동안 아기의 뇌세포는 쉬지 않고 새로운 연결고리를 만들어 내며 자신의 대뇌조직을 성장시키고 있는 것이다.

그렇다면 자고 있는 동안 아기의 대뇌 발달은 저절로 이루어지는 걸까? 아쉽지만 렘수면은 아기의 대뇌성장 환경을 만들어 줄 뿐, 대뇌 자체를 발달시키지는 않는다. 대뇌의 발달은 뇌 발달에 필요한 충분한 자극이 있어야만 가능한 일이다.

최고의 두뇌 자극, 엄마와의 접촉

아기의 대뇌성장을 촉진하는 환경적 자극은 다양하지만, 무엇보다 필요한 자극은 '엄마와의 접촉'이다. 아기와 눈을 맞추고, 부드럽게 안아 주고 토닥여 주며 귀를 만져 주면 아기들의 마음은 평온해진다. 엄마와의 이러한 지속적이고 안정적인 접촉은 아기의 두뇌 발달과 정서 발달에 큰 영향을 미친다.

미국 미시건 주립 아동병원의 해리 추거니Harry T. Chugani 박사는 양전자 단층촬영Positron Emission Tomography: PET을 통해 아기의 뇌 발달이 부모와의 상호작용과 어떤 상관관계가 있는지를 연구하는, 이 분야의 저명한 전문가다.

여기서 양전자 단층촬영이란, 뇌 연구와 치료에 필수적인 최첨단 기구의 하나로, 뇌의 포도당과 산소 대사율의 정도를 측정해 두뇌가 어느 정도 활성화되어 있는지를 판단하는 것이다. 이것이 가능한 이유는 뇌는 포도당과 산소에 전적으로 의존하여 활동하기 때문이다. 따라서 뇌의 포도당과 산소 소모량을 보면 뇌 발달 정도를 측정할 수 있는 것이다.

"양전자 단층촬영을 했을 때 뇌의 활성도가 낮은 경우는 푸른색으로, 높은 경우는 붉은색으로 나타납니다. 그렇다고 했을 때 보시다시피 태어난 지 5일 된 신생아의 두뇌는 거의 활성화되어 있지 않습니다. 그러나 단 하나 예외적인 부분이 있는데, 그곳은 바로 아기와 부모 사이의 상호작용 기능을 담당하는 부위입니다. 여기 신생아의 촬영 결과를 보십시오. 이 영역이 두드러지게 활성화되어 있는 것을 확인할 수 있을 것입니다. 더 자란 경우에도 마찬가지입니다. 생후 3개월 된 아기, 생후 8개월 된 아기의 뇌 촬영 결과를 보면 이 부분이 신생아보다 더 많이 활성화되어 있는 것을 볼 수 있습니다."

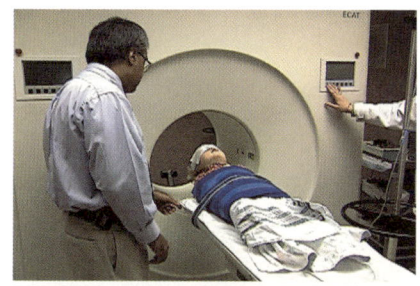

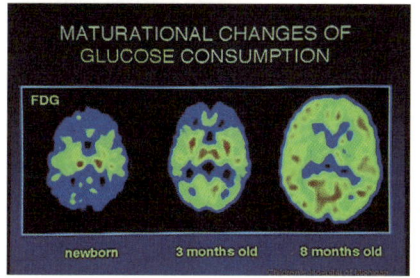

▲ 신생아의 양전자 단층촬영 사진

해리 추거니 박사는 갓 태어난 신생아도 애착형성을 돕는 뇌 부위가 활발하게 활성화되며, 태어나자마자 부모와의 상호작용을 필요로 한다고 말했다. 따라서 이때 엄마가 아기를 안아 주거나 다독여 주면 그 접촉이 피부의 신경세포를 따라 천천히 뇌 조직에 전달되어 두뇌 발달이 이루어진다는 것이다.

접촉이 두뇌 발달에 효과적인 또 하나의 이유는 피부의 태생이 뇌와 같기 때문이다. 피부는 태내에서 만들어질 때 뇌와 같은 외배엽에서 나와 발달한다. 곧 피부는 뇌와 형제지간이며, 제 2의 뇌인 셈이다. 피부와 뇌는 풍부한 신경회로로

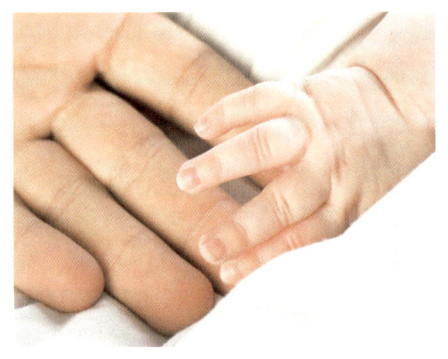
연결되어 서로 정보를 주고받기 때문에 아주 약한 자극도 뇌에 잘 전달된다. 때문에 아기를 쓰다듬어 주고 씻겨 주며, 안아 주고 뽀뽀해줄수록 피부감각 발달은 물론 뇌도 덩달아 쑥쑥 자라는 것이다.

이처럼 엄마와의 접촉이 아기의 뇌 발달에 지대한 영향을 미친다는 사실은 여러 동물실험을 통해서도 확인할 수 있다.

> **아기 성장 실험 7**
>
> **엄마와의 접촉이 두뇌를 설계한다?**
> U.C. 버클리 대학교 신경심리학 메리언 다이아몬드Marian Diamond 교수 연구팀은 풍요로운 환경이 아기의 뇌 발달에 얼마나 많은 영향을 미치는가를 알아보기 위해 재미있는 실험을 했다.
> 연구팀은 공간 크기가 다른 두 종류의 우리에 태어난 지 28일이 채 안 된 새끼 쥐들을 키우기로 했다. 이때 공간이 넓은 우리에는 엄마 쥐 3마리와 새끼 쥐 9마리와 함께 장난감을 놓아두고, 좁은 우리에는 장난감도 넣어 주지 않은 채 단 한 마리의 새끼 쥐만 살게 했다. 그 결과, 자극이 많고 넓은 우리에서 자란 쥐들이 자극이 적고 좁은 우리에서 자란 쥐보다 미로를 훨씬 잘 빠져 나가는 것으로 나타났다. 또한 풍부한 자극환경에서 자란 쥐들이 빈곤한 자극환경에서 자란 쥐보다 대뇌피질이 두껍고 특정한 뇌 화학물질이 더 많은 것으로 나왔다. 이 실험에서 연구팀이 제공한 풍부한 자극환경은 어미 쥐와의 접촉 경험도 포함되므로 접촉이 새끼 쥐의 대뇌 성장에 기여한다는 사실을 가늠할 수 있다.

그렇다면 반대로 엄마와의 접촉이 전혀 없는 성장과정을 겪은 아기에게는 어떤 일들이 일어날까? 여기 접촉과 아기 뇌 발달의 상관관계를 단적으로 보여 주는 사례가 있다. 1960년대에 실제 있었던 일로 루마니아 고아원의 아기들 이야기이다.

1967년부터 1989년까지 루마니아는 독재자 차우셰스쿠가 집권을 했고, 그는 단기간에 인구를 늘리기 위해 모든 종류의 피임과 낙태를 금지했다. 모든 여성들에게 최소 4명의 아이를 낳게 했고, 만약 이를 어기면 특별세금을 내게 했다. 나중에는 5명으로 그 기준을 올렸다. 그로 인해 수많은 여성들이 원치 않는 임신을 했고, 십만 명 이상의 아기들이 엄마의 냉대 속에서 태어났다. 게다가 설상가상으로 차우셰스쿠가 집권할 당시 루마니아는 극심한 경제난을 겪고 있었다. 이 때문에 많은 아이들이 고아원에 버려진 채 아무런 환경적 자극을 받지 못했다.

아기들은 하루에 20시간 이상을 침대에 누워 있어야 했고, 아기를 돌봐주는 사람들은 여건 상 일일이 아기를 안아 주거나 만져 줄 기회가 없었다. 한 명의 어른이 30명이 훌쩍 넘는 아기들을 돌봐야 했기 때문이다. 목욕도 찬물을 호스로 끼얹어 주는 것이 전부였다. 차우셰스쿠 정권이 붕괴되고 나서야 이 아이들은 그 끔찍한 고아원에서 벗어날 수 있었고, 많은 아이들이 미국, 캐나다, 영국으로 입양됐다.

많은 전문가들은 옷과 음식을 제외하곤 그 어떤 보살핌도 받지 못한 루마니아 고아원 출신 아기들을 대상으로 몇 가지 연구를 실시했다. 그 결과 대부분의 아이들이 두뇌에 심각한 손상을 입었음을 알게 되었다. 새로운 가정으로 입양된 후 4세가 된 루마니아 고아원 아이들을 대상으로 캐나다에서 아이큐 검사를 실시했는데, 고아원에서 4개월을 채 지내지 않고 입양된 아이들의 평균 아이큐는 98이었고, 고아원에서 19개월을 넘게 있다가 입양된 아이들의 평균 아이큐는 90에 그쳤다. 또래 캐나다 아이들의 평균 아이큐가 109라는 점을 감안하면 이는 매우 낮은 수치이다. 두뇌 이미지 촬영 결과도 더 많은 나이에 입양이 된 아이들일수록 두뇌 크기가 작은 것으로 나타났다. 또한 이 아이들 대부분이 성장한 후에도 기억과 언어를 담당하는 측두엽 등이 제대로 발달하지 못했다.

루마니아 고아원 아이들의 사례를 두고 많은 전문가들은 다시 한 번 접촉과 두뇌 발달의 연관성을 강조한다. 해리 추거니 박사의 얘기이다.

"양전자 단층촬영 결과를 보면 루마니아 고아원 출신 아이들 대부분이 성장한 후에도 감각기관으로부터의 자극을 수용하고 감정조절을 하며, 기억과 언어를

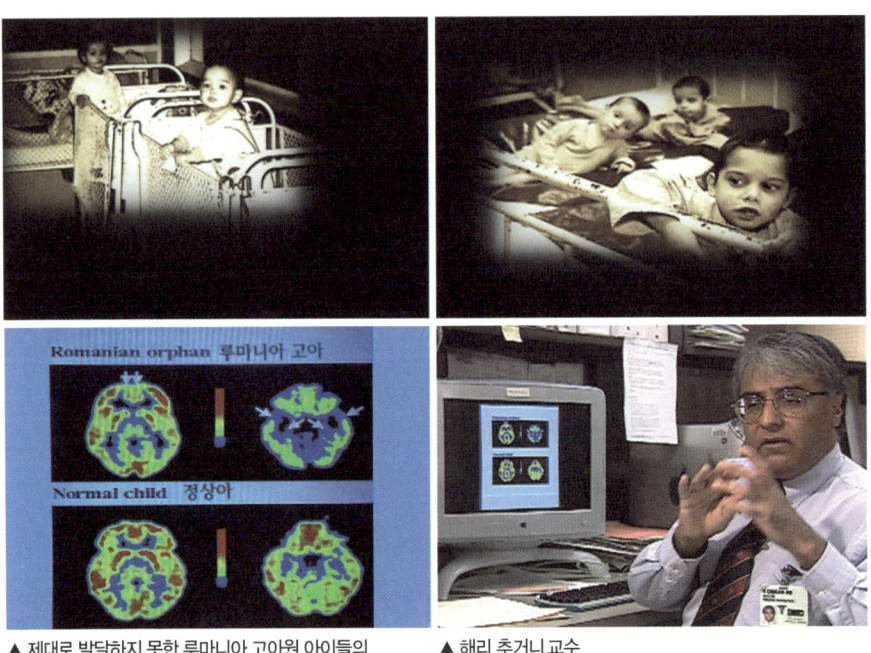

▲ 제대로 발달하지 못한 루마니아 고아원 아이들의 측두엽 사진   ▲ 해리 추거니 교수

담당하는 뇌의 부위가 제대로 발달하지 못했음을 알 수 있습니다. 이 아이들의 경우는 어떤 한 부분의 문제가 아니라 구조적인 두뇌 회로, 네트워크 자체가 비정상적으로 작동하고 있는 것입니다."

서울대학교 신경정신과 권준수 교수에게서도 이와 같은 대답을 들을 수 있었다.

"어린 아이들이 출생 후에 부모로부터 적절한 스킨십과 같은 감정적인 교류를 받지 못하면 뇌 발달에 이상을 초래할 수 있습니다. 동물실험 결과에 의하면 갓 태어난 쥐를 부드러운 브러시로 쓰다듬어준 경우와 그렇지 않은 경우를 비교해 보면 그렇지 않은 쥐에게서 뇌세포들이 많이 죽는 등 뇌 발달에 이상을 발견할 수 있습니다."

이처럼 엄마와의 접촉은 뇌 발달뿐만 아니라 신체 발달, 정서 발달에도 적지 않은 영향을 미친다. 루마니아 고아원 아이들이 구출되었을 당시, 그들은 신체적으로 많은 문제를 안고 있었다고 한다. 영양실조에 걸린 것은 물론 면역상태가 현저하게 떨어져 있었으며, 만성 호흡기 감염, 내장기관 감염 등의 질병을 안고 있었다. 또 신체 발달에 있어서도 심각한 장애를 보였다. 영국에서 연구한 바에 의하면 루마니아 고아원 아이들이 영국의 또래 아이들에 비해 체구가 작고 머리 둘레도 정상수치에 훨씬 미치지 못했다고 한다.

정서 발달에 있어서도 마찬가지였다. 루마니아 고아원 아이들 중 20%가 애착문제, 25.3%가 과잉행동문제, 3.7%가 감정문제, 18.9%가 대인관계문제를 가지고 있었다. 붉은 털 원숭이 새끼를 대상으로 한 실험에서도 눈을 맞추거나 만져주지 않은 새끼들의 경우, 비정상적인 행동을 보일 뿐만 아니라 정서를 관장하는 뇌 부위에 변화가 생기는 것으로 나타났다.

아기의 성장을 돕는 최고의 요람, 접촉

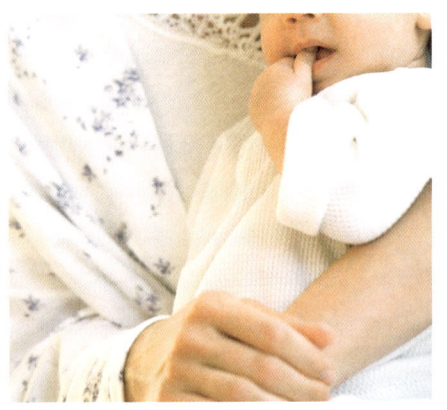

이렇게 부모와의 접촉이 가져오는 효과가 입증되면서 미국에서는 이를 미숙아 치료에 활용하기 시작했다. 그중 하나가 바로 '캥거루 케어'다.

캥거루 케어는 미숙아를 일정 기간 엄마의 배 위에 올려놓고 함께 시간을 보내도록 하는 간단한 치료법이다. 캥거루 케어를 하는 엄마는 아기의 몸을 쭉 펴서 하루 몇 시간씩 배 위에 올려놓고 쓰다듬어 주고 토닥여 주며 말을 건네는데, 이렇게 신체적, 정서적으로 교감을 나누는 것만으로도 치료의 효과는 상당하다.

캥거루 케어를 받는 미숙아들은 체중이 하루 평균 40%나 증가하는 것으로 나타났다. 실제로 캥거루 케어 실험에 참여했던 아이 이삭은 태어날 때 1.8kg에 지나지 않았던 몸무게가 캥거루 케어를 받은 지 한 달도 채 되지 않아 1kg 가까이 늘었다고 한다. 이삭의 엄마는 캥거루 케어를 하는 동안의 기분을 이렇게 설명했다.

"매우 편안하고 안락해요. 그래서 아기를 배 위에 올려놓은 채로 종종 잠들어 버릴 때도 있어요. 내가 이러한 기분을 느끼듯 아기도 그럴 거라고 생각해요. 이삭을 보세요. 제 배에 온몸을 기대고 정말 편안한 자세로 휴식을 취하고 있잖아요."

이처럼 캥거루 케어는 아기의 신체 발달을 돕는 치료방법 중 하나이다. 뿐만 아니라 캥거루 케어는 미숙아의 감염 위험을 줄여 주고 신경계통 발달을 도와주며, 모유 수유 유도와 미숙아를 가진 후 우울증에 빠진 산모를 감정적으로 치유하는 데도 효과가 있다고 전해진다. 또한 캥거루 케어가 신체 발달은 물론 정서 안정에도 적지 않은 영향을 미친다는 사실이 여러 실험과 연구를 통해 입증되기도 했다.

아기 성장 실험 8

캥거루 케어가 아기의 정서 안정을 돕는다?

캥거루 케어가 아기의 정서 안정에도 도움을 줄까? 라는 물음에서 시작된 이 실험은 인큐베이터 안에 누워 있는 아기와 캥거루 케어를 받는 아기의 심장박동수를 기준으로 이루어졌다. 심장박동수는 아기의 정서 상태를 나타내기 때문이다. 그 결과, 캥거루 케어를 받는 아기의 심장박동 그래프는 규칙적이고 편안하게 뛰고 있는 데 반해 인큐베이터 속 아기의 심장박동 그래프는 그보다 불규칙했다.

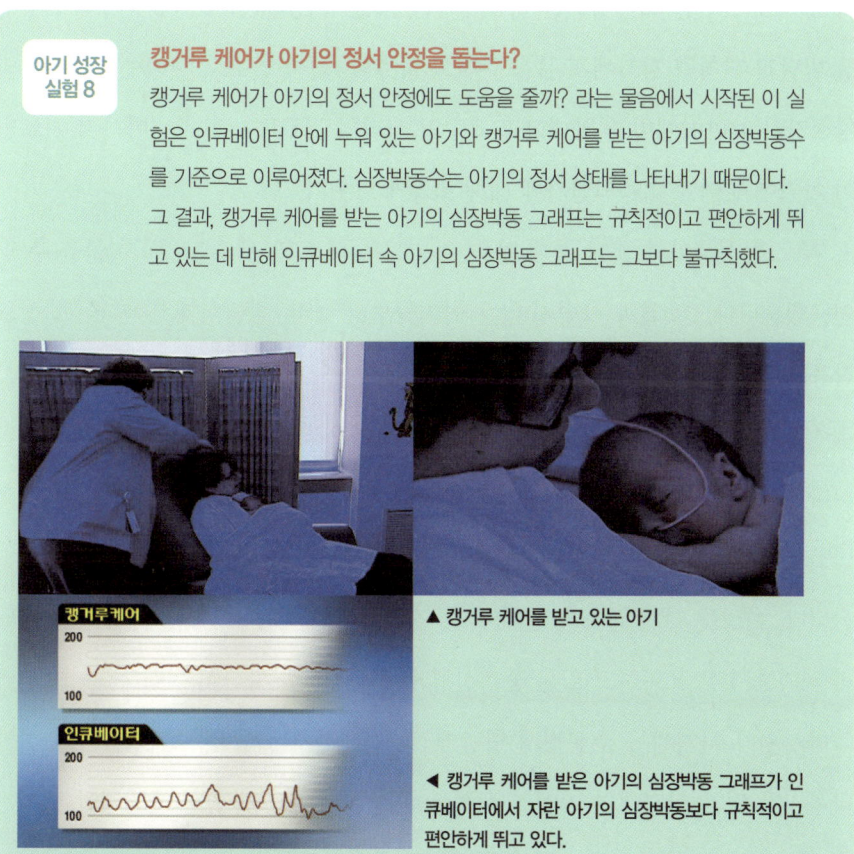

▲ 캥거루 케어를 받고 있는 아기

◀ 캥거루 케어를 받은 아기의 심장박동 그래프가 인큐베이터에서 자란 아기의 심장박동보다 규칙적이고 편안하게 뛰고 있다.

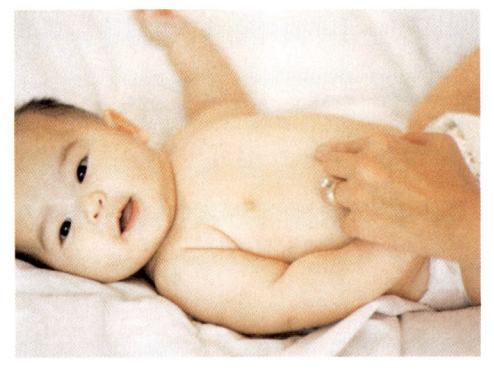
아기와의 신체적 접촉이 아기 성장에 도움이 된다는 사실이 알려지면서 미숙아들을 대상으로 한 마사지 치료법이 등장하기 시작했다. 실제로 미숙아들에게 마사지 치료법을 시행하고 있는 미국 마이애미의 한 대학병원은 하루에 3번, 30분씩 행하는 마사지가 미숙아의 성장 발달과 면역력 강화에 도움을 준다고 밝혔다. 접촉 연구소 Touch Research Institute 의 창설자이자 마이애미 의과대학교 교수인 티파니 필드 Tiffany Field 는 마사지 치료법이 아기에게 어떻게 유익한가에 대해 이렇게 말했다.

"부모와 신생아가 빨리 함께 있을 수 있도록 해주고, 생후 1년간 이들을 추적, 연구했습니다. 그 결과 그렇지 않은 아이들보다 성장, 발달상태가 더 좋고, 상호작용도 좋은 것으로 나타났습니다. 또 20명의 미숙아에게 하루 30분씩 마사지를 해주었더니 미숙아들의 체중이 하루 평균 47% 증가했고, 퇴원도 6일이나 빨랐습니다. 또 마약에 중독되거나 에이즈 바이러스에 감염된 신생아들에게 마사지 요법을 실시했는데, 운동기능이 향상되었으며 복통, 수면장애 등에도 효과가 있었습니다. 이렇듯 신체 접촉은 신체 발달, 정서 발달에 많은 영향을 미칠 뿐만 아니라 뇌와 척수를 포함하고 있는 중추신경계에도 중요한 자극이 됩니다."

마사지가 아기의 중추신경계 발달에 영향을 미치는 이유는 지각을 자극하는 마사지가 뇌와 신경계의 미엘린 형성을 촉진하기 때문이다. 미엘린이란 전기선을 둘러싸고 있는 피복처럼 신경세포를 둘러싸고 있는 하얀 지방질 물질로, 신경계를 보호하고 뉴런을 통해 전달되는 전기 신호가 새거나 흩어지는 것을 막아 자극을 좀 더 빨리 전달할 수 있도록 돕는다. 즉, 미엘린은 뇌가 제 기능을 발휘하도록 도와주는 촉진제인 셈이다.

그런데 갓 태어난 신생아들의 신경세포에는 미엘린이 완전히 감싸여 있지 않다. 아기의 모든 신경세포가 완벽하게 미엘린의 보호를 받는 데는 2년 정도의 시간이 걸린다. 하지만 피부를 자극하면 미엘린이 빠르게 형성되어 결과적으로 중추신경계의 기능이 향상된다.

그렇다면 마사지 요법은 아이들에게만 유익한 것일까? 꼭 그렇지만은 않다. 마사지와 같은 터치 테라피, 즉 터치 치료는 모든 연령의 사람들에게 유익하다. 노인들을 대상으로 마사지가 어떤 효과가 있는지 실험해 본 결과, 스트레스 수치와 스트레스 호르몬이 감소하고, 병원에 가는 횟수가 줄어든 것으로 나타났다. 이것은 아기도 마찬가지다. 병원에서 기저귀를 갈 때, 발꿈치에 주사를 꽂을 때 아기들은 스트레스를 받는데, 이때 마사지를 해주면 스트레스 수치가 급격히 줄어들어 안정을 찾는다.

다시 강조하지만 엄마의 손길은 뇌 발달, 신체 발달, 정서 발달 등 전반적인 아

Tip
캥거루 케어는 어디에서, 어떻게 시작되었을까?
엄마와 아기 사이의 유대감과 신체적 접촉의 중요성을 일깨워 주는 캥거루 케어의 시작은 남미의 콜롬비아에서였다. 미국 하버드 대학교 심리학과 교수 하이들리스 알스 Heidelise Als의 이야기에 의하면, 캥거루 케어는 인큐베이터와 장비가 턱없이 부족했던 당시 콜롬비아의 한 병원 의사가 고안해 낸 것이라 한다.
"캥거루 케어는 콜롬비아의 한 병원에서 시작되었습니다. 당시 병원 의료진은 부족한 인큐베이터나 장비들에 비해 넘쳐나는 미숙아를 감당할 수 없었습니다. 그런데 아기를 병원에 데려온 엄마들은 좀처럼 돌아갈 기미가 보이지 않았답니다. 모두들 병원에서 서성대며 기다릴 뿐이었죠. 그래서 의사는 생각했습니다. '내게 있는 건 엄마들뿐이고, 엄마들이 인큐베이터보다 더 나을 것이다.' 라고요. 의료진은 엄마들에게 아기를 몸 위에 눕히고 잘 감싸고 있도록 했습니다. 그 결과 아기들의 사망률이 현저히 감소했고, 체중도 훨씬 더 늘어났습니다."
하이들리스 알스 교수의 말처럼 캥거루 케어를 본격적으로 시행하기 시작한 곳은 콜롬비아였지만, 지금은 산모와 신생아의 접촉이 서로의 심리 상태에 도움을 줄 수 있다고 알려지면서 많은 나라에서 미숙아는 물론 정상아를 낳은 산모들에게도 인기를 얻고 있다.

기의 성장을 촉진시키는 가장 효과적인 자극이다. 미국 듀크 대학교 생물심리학 교수 숄 샌버그의 연구 결과도 이를 뒷받침한다. 어미 쥐가 핥아 주지 않아 성장 호르몬 분비가 감소되어 성장이 멈추었던 새끼 쥐에게 젖은 붓으로 마치 어미 쥐가 핥아 주는 것처럼 쓰다듬어 주자, 새끼 쥐는 호르몬 수치가 상승하고 다시 성장하기 시작했다는 것이다.

이처럼 아기가 건강하고 행복한 어린이로 자라는 데 있어 신체 접촉은 매우 중요한 의미를 지닌다. 접촉이란 것이 단순히 아기를 안아 주고, 토닥여 주고, 쓰다듬어 주는 행위에서 그치는 것이 아니기 때문이다. 이는 부모와 아이 간의 의사소통을 원활히 해줄 뿐 아니라, 심리적·육체적으로 긍정적인 효과를 기대할 수 있다. 아기는 엄마의 사랑이 담긴 터치 없이는 결코 성장할 수도, 살아갈 수도 없는 존재인 것이다.

아기는 온몸으로 세상을 배운다

말을 할 줄 모르고, 글을 읽을 줄도 모르며, 스스로 움직일 수도 없는 아기는 어떻게 세상을 배울까? 의외로 낯선 세상에 던져진 아기는 어른들이 생각하는 것보다 훨씬 똑똑하다. 선천적으로 타고난 감각능력을 십분 발휘해 거침없이 세상 탐험에 나서기 때문이다.

아기는 두 손으로 사물을 잡을 수 있게 되면 그게 무엇이든 일단 입으로 가져간다. 아기가 아무 물건이나 입으로 가져가 빠는 것을 질색하는 엄마가 아무리 '지지'라고 말하며 물건을 빼앗아도 소용이 없다. 엄마가 한눈을 파는 사이 아기는 다시 손에 잡히는 물건을 그대로 입으로 가져간다. 아기는 무엇 때문에 이러한 행동에 집착하는 걸까?

태어난 지 얼마 지나지 않은 신생아의 신체부위 중에서 촉감이 가장 발달된 곳 중 하나는 바로 '혀와 입술'이다. 아기에게 입은 세상을 알아가는 하나의 수단이자 어른의 눈이나 마찬가지인 셈이다. 아기는 그 작은 입으로 물체의 모양은 물

론 질감, 크기 등을 확인하고, 입을 통해 얻은 정보를 뇌로 전달하여 시각적으로 재구성한다. 때문에 아기는 입에 넣었던 물건은 보지 않고 알아맞힌다. 이렇게 아기들은 입에 닿는 감각을 통해 다양한 사물의 촉감을 느끼면서 자신을 둘러싼 세상을 알아가는 것이다.

또 한 가지, 아기가 세상을 탐험하기 위해 활용하는 가장 일차적이고 중요한 수단은 바로 시각이다. 신생아의 오감 중 가장 늦게 발달하는 감각이자, 미성숙한 시각통로의 신경세포들이 성장하려면 적어도 6개월이라는 시간을 필요로 하는 시각은 아기가 세상을 인식하는 데 중요한 역할을 한다. 정상적인 성인의 시력만큼 세상을 선명하게 보려면 그 후로도 몇 년의 시간을 더 기다려야 하는데도 말이다.

아기의 시각 발달은 놀라운 속도로 이루어지며 아기들 대부분은 눈을 통해 세상을 배워나간다. 하지만 아직까지는 아무리 타고난 감각능력을 십분 활용한다고 해도 아기가 바라보는 세상은 제한적이다. 스스로 몸을 가눌 수 없기 때문이다. 하지만 자신의 몸을 스스로 가누게 되면 세상을 바라보는 아기의 시선은 또 한 번의 커다란 변화를 경험한다. 우물 안 개구리였던 아기가 비로소 다채로운 세상과 조우하게 되는 것이다. 그렇다면 스스로 몸을 가누고, 운동능력을 키워가기까지, 아기는 어떤 과정을 거치게 될까?

태어나서 걷기까지! 세상을 배우는 학습 도구, 아기의 몸

아기들의 운동 발달 속도는 저마다 다르기 때문에 절대적인 기준은 없다. 생후 9개월째에 걷는 아기가 있는가 하면 12개월 혹은 15개월이 되어서야 걷는 아기도 있다. 물론 이웃집 아기가 생후 11개월에 걷기 시작했는데 내 아기는 16개월이 되어도 걷지 못한다면 괜시리 초조하고 불안한 생각이 들 수도 있다. 하지만 아기의 운동 발달 속도는 경우에 따라 다소 느릴 수도, 다소 빠를 수도 있기 때문에 크게 연연해할 필요는 없다. 미국 텍사스 대학교 보건과학센터의 크리스 존슨 박사의 말에 따르면 "아기가 생후 16개월이 지나 걷기 시작했다 하더라도 학교에 갈 나이가 됐을 때 급우들보다 운동기능이 떨어지는 경우는 많지 않다."고 한다.

따라서 부모는 아기가 발달과정의 모든 단계에 빨리 도달하도록 강요할 필요가 없다. 물론 발달과정이 너무 늦거나 너무 빠른 경우에는 주의 깊게 아이를 살펴봐야 한다. 혹은 아기에게 스스로 동작을 행할 기회를 주었는지에 대해서도 짚

어봐야 한다. 만약 몸을 뒤집어야 될 시기의 아기를 항상 안거나 붙들고만 있었다면, 그건 아기의 성장 발달이 늦은 것이 아니라 아기에게 성장할 기회를 주지 않았기 때문에 생긴 발달 지연이란 사실을 깨달아야 한다. 아기에게 다른 시각으로 세상을 볼 수 있는 기회를 부여하는 것 또한 부모의 역할이기 때문이다.

그럼에도 아기 성장 발달의 일반적인 기준은 분명 존재한다. 보통 생후 2개월 무렵부터 아기는 자신의 몸을 어느 정도 가눌 수 있고, 약 3개월이 되면 팔뚝으로 몸을 지지하면서 머리와 가슴을 들어 올린다. 아기는 이러한 과정을 통해 향후 몸을 뒤집을 때 사용할 근육을 강화시킨다.

몇몇 아기들은 3개월 무렵에 스스로 몸을 튕겨 몸을 뒤집기도 하지만 뒤집기는 목과 팔 근육이 강해야 하고, 척추를 회전할 수 있는 힘을 갖춰야 하며, 체중을 좌우로 이동하는 법을 배워야 하기 때문에 대부분의 아기들은 4개월 정도에 뒤집기를 한다. 그리고 척추를 회전할 수 있는 능력을 갖추게 된 날, 아기는 드디어 몸의 무게중심을 한쪽으로 옮겨 뒤집기를 시작하는 것이다. 이 시기의 아기는 상체와 팔의 힘이 강해지고, 부축해 주면 앉아 있을 수 있으며, 균형을 잡기 위해 기댈 때가 많다. 여기서 좀 더 시간이 지나면 근육과 신경이 발달하고 균형을 잘 잡는 기술을 익혀 혼자 앉을 수 있게 된다.

뒤집기가 가능해지고 아기가 혼자서 앉을 수 있게 되면 아기들은 곧장 기어 다니기 위한 도전에 돌입한다.

아기가 기기 시작하면, 비로소 혼자 힘으로 세상 탐험을 나선다. 또한 혼자 이곳저곳을 돌아다닐 수 있게 된 아기의 시선에도 변화가 일어난다. 스스로 공간을 이동할 수 있게 되면서 아기들은 차츰 자신이 어디에 있는지, 자신이 움직이는 것에 따라 주위 공간이 어떻게 변하는지를 깨달아간다. 한곳에 누워 있을 때와는 또 다른 세상 경험을 또 다른 방식으로 보고 이해하는 것이다.

아기 성장 실험 9

생후 5개월, 지윤이가 '기어 다니기'에 도전하다!

태어난 지 5개월 된 지윤이는 허리를 들어 올려 두 팔로 버티며, 몸을 앞뒤로 흔들기 시작했다. 기기 위한 준비 작업에 들어간 것이다. 그리고 불과 한 달 후, 지윤이는 능숙하게 기어 다니기 시작했다. 지윤이는 다른 아이들에 비해 빨리 기기에 성공한 편이다. 생후 1년이 되어서야 기기를 하는 아기들도 있으니 말이다.

▲ 기어 다니기에 도전하는 지윤이

기기에 어느 정도 익숙해진 아기는 이제 '물건 잡고 혼자 일어서기'에 도전한다. 이때 아기들은 보통 가구를 잡고 일어서기 때문에 이 시기를 일명 '가구의 시대'라고 부른다. 아기들은 생후 6~9개월 사이에 가구를 잡고 일어섰다 넘어지는 시행착오를 반복하며 다리의 힘을 기른다. 그리고 어느 순간, 아기는 가구를 잡고 한 발 한 발 앞으로 나아가기 시작한다. 세상을 향한 첫 걸음, 걸음마가 시작되는 것이다.

그런데 놀랍게도 이같은 동작은 갓 태어난 신생아에게서도 볼 수 있다. 몸은 물론, 목도 제대로 가누지 못하는 상태이지만 신생아가 보이는 걷기반사는 상당

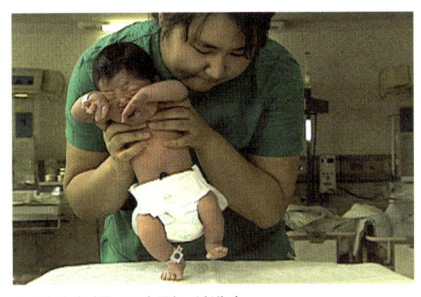

▲ 걷기반사를 보여 주는 신생아

히 체계적이다. 신생아는 발이 딱딱한 표면에 닿으면 무의식적으로 앞으로 걸어 나가듯이 다리를 교대로 움직인다. 이것은 의도적인 걷기가 아니라 단순한 반사행동에 불과하다. 하지만 아기의 몸속에는 이미 걷기 위한 회로가 짜여 있다고 한다.

미국 인디애나 대학교 심리학 교수 에스더 틸렌은 이를 러닝머신 실험을 통해 확인시켜 주었다. 러닝머신 실험은 아기의 발에 자극을 가했을 때 어떤 행동패턴을 보이는지 알아보기 위해 고안한 것으로, 그 방법은 매우 간단하다.

아기 성장 실험 10 — 아기의 몸속엔 걷기 위한 회로가 짜여져 있다? _ 러닝머신 실험

우선 아직 기는 방법밖에 익히지 못한 생후 7개월 된 아기를 러닝머신 위에 올려놓았다. 이때 아기는 혼자 설 수 없으므로 한 사람이 아기의 겨드랑이에 팔을 끼워 러닝머신 위에 설 수 있도록 지탱해 주었다. 러닝머신이 작동하자 아기의 한쪽 발이 뒤로 밀려나기 시작했다. 러닝머신이 아기의 발을 잡아당긴 것이다. 그러자 아기는 마치 걸어가는 것처럼 다리를 움직이며 앞으로 걷기 시작했다. 이미 아기는 자신의 몸속에 걷기 패턴을 지니고 태어난 것이다.

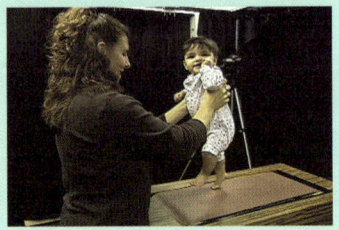

그런데 왜 아기는 걷기반사만으로는 걸을 수 없는 걸까? 에스더 틸렌 교수는 아기가 왜 걷기반사만으로 걸을 수 없는지, 걷기 위해선 무엇이 더 필요한지에 대해 이렇게 설명했다.

"걷기반사는 걷는 것처럼 보이지만 실제로 걷는 것은 아닙니다. 아기들이 실제로 걷기 위해서는 필요한 것들이 아주 많습니다. 예를 들어 스스로 균형을 잡아야 하고, 똑바로 설 수 있어야 하며, 이 다리에서 저 다리로 혼자 체중을 옮길 수 있어야 합니다. 그래서 아기들은 사전에 걷기 위한 준비 작업을 합니다. 발차기를 하는가 하면 발을 입에 넣기도 하고, 발목을 붙잡고 흔들기도 합니다. 이러한 움직임은 점점 복잡해지는데, 이것은 매우 중요한 의미를 지닙니다. 왜냐하면 아기가 다리를 더 유연하게 움직일 수 있게 됐다는 신호이자 부축 없이 걸을 수 있는 능력이 점점 커지고 있다는 증거이기 때문입니다."

시간이 지나 아기에게 자신의 몸을 조정하는 능력과 몸을 지탱할 수 있는 힘이 생기면 아기는 소파나 가구에 의지하지 않고 자신의 두 발을 움직여 세상을 향해 행진을 시작한다. 1년이 넘는 긴 과정을 거쳐 드디어 걷기를 시작하는 것이다. 하지만 아기가 자연스럽게 걸을 수 있기까지는 더 많은 시간을 기다려야 한다. 그만큼 아기에게 걷는다는 건 균형을 잡고, 다리를 옮기고, 앞으로 나가는 능력을 모두 결합시킨, 새롭고도 대단한 경험인 것이다.

그런데 처음 걷기 시작한 아기들을 유심히 관찰해 보면 긴장한 탓인지 주먹을 꽉 쥐고, 양팔을 들고 걷는 모습을 종종 목격할 수 있다. 걸음마를 배운 이후에도 한참 동안이나 이런 모습을 반복하는 이유는 무엇일까? 사람은 걸을 때 뇌의 조정에 의해 팔과 다리의 근육을 연속적으로 움직인다. 이렇게 여러 근육을 조정할 줄 알아야만 능숙하게 걸을 수 있는데 이것은 아기의 뇌로서는 무척 생소하고 어려운 일이다. 그래서 뇌는 어려운 문제를 단순화시키기 위해 팔과 다리를 함께 움직이도록 명령을 내린다. '뇌의 커플링coupling'이 이루어지는 것이다.

▲ 다니엘라 코르베타 교수

뇌의 커플링이란, 뇌가 걷기와 같은 어려운 문제에 부딪히면 이를 해결하기 위해 문제를 단순화시키는 뇌의 재조직 현상을 말한다. 쉽게 말하면 새로운 기술을 터득하기 위해 뇌가 저절로 재조직되는 것이다. 이에 대해 미국 퍼듀 대학교 신체운동학 다니엘라 코르베타Daniela M. Corbetta 교수는 이렇게 덧붙였다.

"어린 아기들은 마치 만세를 부르듯 양손을 치켜든 상태에서 아장아장 걷습니다. 팔과 다리를 연속적으로 움직이며 걷는 성인의 걷기와는 사뭇 다르지요. 그러면 아기는 왜 어른처럼 걷지 못할까요? 뇌에게 있어 팔과 다리의 근육을 연속적으로 움직이는 것은 매우 힘든 작업이기 때문입니다. 그래서 팔과 다리가 같이 움직이도록 커플링을 하는 것입니다. 가위질을 할 때도 마찬가지입니다. 아기는 어른들과 달리 손이 아니라 온몸의 근육을 움직여 가위질을 합니다. 아직 뇌가 손을 마음대로 조정할 수 있는 능력이 부족하니까 함께 움직이도록 커플링을 한 것이지요."

뇌의 커플링은 일시적으로 발육이 일보 후퇴하는 현상을 불러오기도 한다. 하지만 이것은 일보 전진을 위한 퇴보일 뿐, 아기가 새로운 운동기술에 익숙해지면 다시 원상복구된다.

예를 들면 아기들은 걸음마를 익히기 전에 양쪽 손을 다 쓰는 과정을 거쳐 한쪽 손을 다른 쪽 손보다 잘 사용하는 발달단계에 도달한다. 그러나 걷기 시작하면 한쪽 손을 더 잘 쓰는 발달된 단계는 사라지고 양손을 다 쓰는 단계로 일시적 퇴보를 한다. 왜냐하면 걷기 위해서는 자세의 재편성, 균형, 정신 집중을 필요로 하기 때문에 이를 위해 뇌가 재구성을 감행하기 때문이다. '걷기'라는 어려운 문제를 해결하기 위해 뇌가 커플링을 하는 것이다. 그러나 일단 걷기에 자신감이 붙으면 다시 한쪽 손을 더 잘 사용하는 단계로 돌아온다.

세상의 모든 아기는 이처럼 일정한 순서에 따라 단계적인 운동 발달이 이루어진다. 가끔 다른 아기들에 비해 운동 발달이 빠르거나 느린 아기도 있지만 대부분 비슷한 시기에 비슷한 운동기술을 습득한다.

운동 발달은 단순한 것에서 복잡한 것으로 진행된다. 예를 들어 손 전체를 잘 조절할 수 있게 된 다음에야 손가락을 사용할 수 있는 것처럼 말이다. 만약 자신의 아기가 다른 아기들보다 빨리 걷는다면 발, 다리, 팔 동작을 능숙하게 조절할 수 있다는 뜻으로 해석할 수 있다. 걷기는 발, 다리, 팔 동작에 대한 조절력이 모두 결합되어야만 가능한 동작이기 때문이다.

더불어 운동 발달은 일정한 순서에 따라 진행되기 때문에 아기의 발달 이상 여부를 체크할 수 있는 중요한 지표가 되기도 한다. 물론 발달 속도는 지문처럼 사람마다 모두 다르지만 생후 3개월이 되었는데도 아기가 머리와 목을 제대로 가누지 못하거나, 걸어야 하는 시기를 훨씬 지났는데도 걷는 것에 전혀 흥미를 보이지 않는다면 병원을 찾아가 보는 것이 좋다. 반면 운동 발달이 너무 일러도 문제다. 많은 엄마들이 아기의 발달과정이 빠르면 빠를수록 좋다고 생각하는데, 예외적인 경우도 있다. 이를 테면 아기가 일어나 앉는 것을 습득하기도 전에 계속 서 있다면 경련성 근육마비를 의심해야 한다. 그러나 이런 경우는 극히 드물다.

뿐만 아니라 운동 발달은 아기가 세상을 인식하는 중요한 수단이 된다. 아기들은 머리와 가슴 들어올리기, 뒤집기, 혼자 앉기, 기기, 걷기 등의 새로운 운동기술을 습득할 때마다 새로운 시각에서 세상을 바라보게 된다. 그럴 때마다 세상을 바라보는 아기의 시선엔 획기적인 변화가 일어나 스스로 움직일 수 없었던 때와는 전혀 다른 방식으로 세상을 보고 이해한다. 이제 서서히 온몸으로 세상을 인식하고 받아들이는 스펀지가 되어가는 것이다.

🌀 아기 성장 발달의 시작, 운동능력

내 아기가 옆집 아기보다 느리게 뒤집고, 기고, 걷는다면? 엄마는 그야말로 안절부절못한다. 혹 아기에게 무슨 문제가 있는 건 아닌지, 정신적 발달에 이상이 생긴 건 아닌지, 마냥 노심초사하게 된다. 누차 강조했듯이 운동 발달이 다소 느리다고 해서 아기가 장차 커서 운동선수가 되지 말란 법도, 의사나 변호사가 되지 말란 법도 없다. 정상적인 운동 발달 범위 안에만 있으면 전체적인 성장 발달에는 전혀 영향을 끼치지 않는다는 말이다. 문제는 이 정상범위를 넘었거나 정상범위에 도달하지 못했을 때이다.

아기가 일정한 순서에 따라 습득하는 운동기술은 세상을 배우는 중요한 도구이다. 특히 기기나 걷기가 가능해지면 아기의 움직임에 따라 환경이 계속 변화하기 때문에 아기의 정신 발달에 적지 않은 영향을 준다. 바꿔 말하면 정상적인 운동능력 발달이 정상적인 정신 발달을 유도한다는 얘기다.

아기의 움직임과 행동이 아기의 성장 발달에 어떤 영향을 미치는가에 대한 연구를 진행하고 있는 U.C. 버클리 대학교 심리학과 조셉 캄포스Joseph J. Campos 교수는 이에 대한 몇 가지 사례를 소개했다.

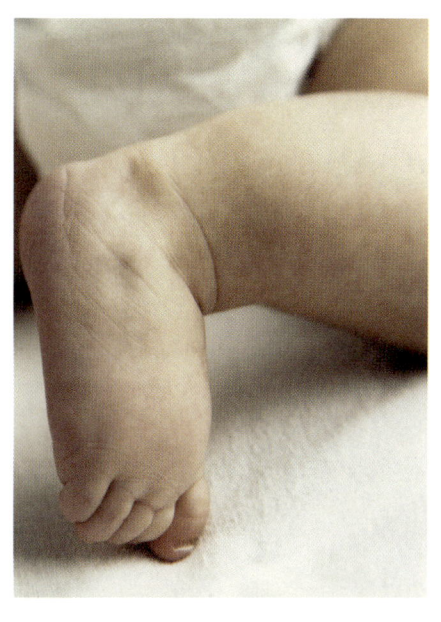

"스스로 기지 못하는 아기를 보행기에 태워 운동 경험을 시켜 주면 아기는 공간을 인식하는 능력이 생기고 심리 발달도 향상됩니다. 한번은 미국, 중국, 일본 아기들을 비교·연구한 적이 있습니다. 그 결과, 미국 아기에 비해 중국 아기가 기는 것이 평균 3.5개월 정도 늦고, 일본 아기는 미국과 중국 아기의 중간 정도란 사실을 알게 되었습니다. 그런데 그 이유가 궁금했습니다. 궁금증은 중국에 직접 가보니 확연히 알 수 있었습니다. 중국 베이징에 가보니, 아주 작은 아파트에 값비싼 가구를 잔뜩 들여놓고 사는 사람들이 많았습니다. 당연히 아기들이 돌아다닐 수 있는 여유 공간이 매우 부족했죠. 그래서 중국 아기들은 운동 경험이 적을 수밖에 없었고, 그로 인해 미국 아기들에 비해 인지적 발달이나 정서적 발달이 매우 떨어졌던 것입니다. 그러나 아기가 많이 움직일 수 있도록 공간을 마련해 주자 이런 차이는 금방 좁혀졌습니다. 나는 이 사실을 통해 운동 경험이 아기의 정신 발달을 촉진하는 주요 수단이라는 것을 확신할 수 있었습니다."

이처럼 적절한 시기에 입력되는 운동 경험은 신체 발달은 물론 정신 발달에 이르기까지 전반적인 아기 성장에 적지 않은 영향을 미친다. 그렇다면 아기의 운동 능력과 정신적, 심리적 발달은 어떻게 연결되어 있는 걸까?

아기가 기기 시작하면 가장 바빠지는 건 다름 아닌 엄마다. 행여 높은 곳에 올라가 떨어질까, 아이에게서 한시라도 눈을 뗄 수가 없다. 하지만 어느 정도 시간이 지나면 아기들은 높은 곳에 올라가도 쉽사리 바닥으로 떨어지지 않는다. 벌써 깊이를 인식하고 공포감을 느낄 수 있을 만큼 심리 발달이 이루어진 걸까? 실제로 몇 가지 실험을 통해 아기의 운동능력과 심리적 발달 관계 여부를 확인할 수 있다.

아기 성장 실험 11

운동능력 발달과 심리 발달에는 어떤 관계가 있을까? _ 시각절벽실험 1

아기의 운동능력과 정신 발달과의 연관성을 가늠해보기 위해 시각절벽실험이 이루어졌다. 이를 위해 한쪽은 깊고 다른 한쪽은 얕은 벼랑과 흡사한 모양을 가진 바둑무늬 시각절벽세트를 준비했다. 그런 다음 깊은 쪽에 투명한 유리판을 깔고, 기기 시작한 지 한 달도 채 되지 않은 생후 5~7개월 된 아기를 깊이가 얕은 쪽 중앙에 올려놓았다. 시각절벽세트는 바닥에 바둑판 모양의 무늬가 있어서 시각적으

▲ 시각절벽세트   ▲ 유리판 위로 기어가는 생후 6개월 된 아기

로 떨어지는 것 같은 착각을 불러일으킨다. 그 상태에서 엄마가 깊은 쪽 끝에서 아기를 부르도록 했다. 아기가 좋아하는 장난감을 유리판에 놓아두고 말이다. 그랬더니 대부분의 아기들이 망설임 없이 엄마가 있는 쪽으로 기어갔다. 하지만 그로부터 불과 30일이 지난 후에는 전혀 다른 반응을 보였다. 같은 세트에서 똑같은 방식으로 실험을 했는데, 한 달 전에는 겁 없이 세트를 건너왔던 아기가 이번에는 경계선 앞에서 주저앉아 버린 것이다. 그 사이 아기에게 깊이에 대한 공포심과 심리 변화가 생긴 것이다.

▲ 절벽 경계선에서 멈춰 선 채, 더 이상 나가지 않는 생후 7개월 된 아기

    시각절벽실험에서 보듯이 연령이 높아질수록 벼랑에 대한 공포반응은 증가한다. 그러니 일정 연령이 지나면 아기가 기어 다니다가 혹 떨어지지나 않을까 수선을 떨 필요도 없다. 어느 정도 시간이 지나면 아기들은 높은 곳에 올라가도 쉽사리 바닥으로 떨어지지 않는다. 실험에 참가한 생후 7개월의 아기는 한 달 전만 해도 거침없이 침대 끝으로 기어가 방바닥에 떨어지곤 했다. 하지만 한 달이 지난 후부터는 더 이상 그 같은 실수를 반복하지 않았다. 침대 끝에 다다른 아기가 두려움을 느낀 듯 침대 안쪽으로 물러서기 시작한 것이다. 그렇다면 길 줄 모르는 신생아들의 경우는 어떨까.

    미국의 조셉 캄포 교수 연구팀은 기어 다닐 줄 모르는 생후 1, 2개월 된 아기의

▲ 조셉 캄포 교수

깊이 지각능력을 알아보기 위해 시각절벽의 깊은 쪽과 얕은 쪽에 아기를 각각 올려놓고 심장박동의 변화를 측정했다. 연구팀이 아기의 반응이 아니라 심장박동 변화에 주목한 것은 설령 아기가 깊이를 감지한다고 해도 기어 다닐 수 없어 아기의 적절한 반응을 확인할 수 없기 때문이다.

그 결과 생후 1개월 된 아기는 시각절벽의 깊은 쪽이든 얕은 쪽이든 심장박동의 변화가 없었고, 생후 2개월 된 아기의 경우는 얕은 쪽에 있을 때보다 유리판을 깐 깊은 쪽에 있을 때 심장박동이 더 감소하였다. 이것은 적어도 태어난 지 2개월 된 아기는 깊이를 지각할 수 있으나 아직 무서워하지 않는다는 것을 나타낸다. 왜냐하면 사람이 어떤 대상에 관심을 가지거나 호기심을 느낄 때는 심장박동이 감소하고, 어떤 대상에 두려움을 느낄 때는 심장박동이 증가하기 때문이다. 깊이가 깊은 쪽에 있을 때 생후 2개월 된 아기의 심장박동이 오히려 감소한 것으로 보아 이때까지 아기에게 벼랑은 공포의 대상이 아니라 관심의 대상이란 사실을 알 수 있다. 이 연구를 진행한 조셉 캄포스 교수는 운동 발달과 심리적 발달 간의 관계에 대해 이 같은 설명을 덧붙였다.

"아기가 기기 시작하면 심리적으로 많은 변화를 겪게 됩니다. 스스로 몸을 움직일 수 있게 되면 예전과는 다른 식으로 세상을 보고, 이해하면서 다른 감정을 느끼는 것이지요. 그래서 운동 발달은 심리적 발달에 아주 중요합니다."

더불어 놀라운 사실은 갓 태어난 신생아도 깊이를 감지한다는 것이다. 사람은 선천적으로 깊이에 대한 지각을 갖고 태어나지만 태어날 당시에는 그것이 위험하다는 사실을 모른다.

다시 말해 신생아도 깊이를 느낄 수는 있지만 그것이 무섭고 위험하다는 심리를 느끼는 건 운동과 경험을 통해서 이루어진다는 말이다.

또한 운동 발달이 아기 성장 발달에 미치는 영향은 심리적 발달에만 국한되지 않는다. 사물을 인지하고 이해하는 인지능력 발달 또한 운동능력 발달과 밀접한 연관을 맺고 있기 때문이다. 이러한 사실을 확인하기 위해 다시 시각절벽세트를 활용해 운동능력 발달과 인지능력 발달 간의 관계를 실험해 보았다.

| 아기 성장 실험 12 | **운동능력 발달과 인지능력 발달은 어떤 관계가 있을까?** _ 시각절벽실험 2 |

시각절벽세트를 이용해 운동능력 발달이 인지능력 발달에 어떤 영향을 미치는지 알아보았다. 우선 시각절벽세트의 깊은 쪽 바닥의 높이를 올려 얕은 쪽과 평행이 되도록 만들었다. 그러니까 세트 바닥 전체가 평평해진 것이다. 그 다음 기어 다닌 지 두 달이 넘은 아기를 원래 깊이가 얕았던 쪽에 올려놓았다. 그런 다음 엄마를 원래 깊이가 깊었던 쪽 가장자리에 세워놓고 아기로 하여금 세트를 건너오도록 했다. 그러자 아기는 잠시 경계선 부근을 이리저리 살피더니 세트를 건너왔다. 이번에는 바닥을 원래 상대로 돌려놓은 후 아기에게 다시 세트를 건너오도록 했다. 그런데 좀전과 달리 아기는 얕은 쪽과 깊은 쪽의 경계선 앞에서 이러지도 저러지도 못하는 모습을 보였다. 이것은 운동능력의 발달이 자신을 둘러싼 주변을 제대로 인식하도록 도와준다는 사실을 보여 준다. 즉, 운동 발달이 인지적 발달에도 영향을 미친다는 얘기다.

조셉 캄포스 교수는 운동 발달이 인지적 발달에 얼마나 중요한 영향을 미치는가를 알아보기 위해 '움직이는 세트'를 고안해 냈다. 움직이는 세트 위에 기어 다니지 못하는 아기와 기어 다닐 수 있는 아기를 각각 올려놓으면 기지 못하는 아기는 공간인식능력, 즉 공간지각능력이 떨어지기 때문에 세트를 움직여도 아무런 반응을 보이지 않는다. 하지만 길 수 있는 아기들은 공간지각능력이 발달되어 있어 세트를 움직이면 그 움직임을 느끼고 균형을 잡기 위해 몸을 앞뒤로 움직인다는 것이다. 조셉 캄포스 교수는 이와 함께 또 한 가지 사례를 소개했다.

"내가 카메라를 가리키면서 아기에게 '아기야, 이것 봐'라고 말하면 생후 6~7개월 된 아기들은 카메라가 아니라 내 손가락을 바라봅니다. 하지만 생후 9~10개월 정도 된 아기들은 손끝을 봤다가 바로 카메라 쪽으로 시선을 옮깁니다. 손가락을 보라는 것이 아니라 손가락이 가리키는 카메라를 보라는 것을 아기가 이해하기 시작한 것이지요. 이 또한 운동 발달이 인지적 능력을 향상시키는 데 얼마나 중요한 역할을 하는지를 보여 주는 좋은 예입니다."

신기하게도 아기는 일정 기간이 지나 혼자 힘으로 움직이기 시작하면 주변 환경을 의식할 뿐만 아니라, 서서히 스스로 생각하고 판단하는 수준의 능력을 발휘한다. 몸을 움직임과 동시에 본격적인 성장을 위한 첫 발을 내딛는 것이다. 그리고 그 첫 발은 아기 성장 전반에 긍정적인 영향을 주는 밑거름이 된다.

'움직임'을 마음껏 즐겨라

아기가 움직인다는 것은 그 자체만으로 큰 의미를 지닌다. 아기의 성장을 돕는 중요한 기틀이 되기 때문이다. 여기서 부모가 할 수 있는 일은 아기의 운동 발달이 제대로 이루어지도록 돕는 일이다. 그렇다면 아기의 운동 발달을 촉진시킬 수 있는 방법은 무엇일까?

과거의 과학자들은 운동능력의 발달은 뇌가 미리 짜놓은 프로그램에 따라 진행되므로 연습이나 경험은 아무 소용이 없다고 주장했다. 그들이 그렇게 생각한 결정적인 이유는 대부분 아기들의 운동 발달이 마치 미리 계획된 것처럼 거의 비슷한 시기에, 비슷한 순서로 이루어지기 때문이었다. 그들은 자신들의 가정을 증명하기 위해 다양한 연구를 시도했다. 그 대표적인 예가 1930년대에 이루어진 일란성 쌍둥이를 대상으로 한 실험이다.

연구팀은 쌍둥이 중 한 명에게는 특별한 운동을 시키지 않고, 다른 한 명에게는 구르기, 앉기, 서기, 계단 오르기 등 여러 가지 운동을 시켰다. 그 결과 오랫동안 열심히 운동을 시킨 보람도 없이 꾸준히 운동을 한 아기와 운동을 전혀 하지 않은 아기의 운동능력은 별 차이를 보이지 않았다. 특히 서기나 걷기와 같은 기본적인 운동능력일수록 별 차이가 없었다.

이 실험을 통해 과학자들은 운동 발달은 선천적으로 고정된 과정이라고 확신했다. 만약 운동 발달이 연습이나 경험에 의해 후천적으로 학습되는 것이라면, 운동을 시킨 아기가 그렇지 않은 아기보다 모든 운동기술을 빨리 습득하는 게 당연하기 때문이다.

하지만 실제로 운동 발달은 뇌의 통제를 받는다. 즉, 뇌가 근육에 정확한 명령을 내려야만 아기는 몸을 가누고, 뒤집고, 기고, 앉고, 서고, 걸을 수 있다.

가령 아기가 뒤집기를 하려 한다고 하자. 이 운동기술을 습득하려면 동작을 일으키는 운동기능인 관장 피질, 운동을 억제하고 습관적인 동작 프로그램을 저장하는 기초 신경절, 운동신경을 자극하는 소뇌의 발달이 먼저 이루어져야 한다.

과일을 집는 것처럼 간단해 보이는 동작도 배고픔을 느끼는 뇌의 영역, 시각과 후각을 관장하는 뇌의 영역, 동기유발을 관장하는 뇌의 부위, 동작을 제어하는 뇌의 부위가 서로 긴밀하게 협조할 수 있어야 가능하다.

결국 운동 발달은 근육의 양과 근력이 커진다고 해서 저절로 이루어지는 것이 아니라 그 이전에 근육을 직접 지배하는 운동신경, 운동과 관련된 정보를 받아들이는 감각신경, 운동을 계획하고 조절하는 대뇌중추신경이 조화롭게 발달해야 한다. 따라서 뇌가 특정 운동을 할 수 있는 신경망을 짜지 않은 상태에서는 아기가 아무리 부지런히 훈련을 해도 새로운 운동기술을 습득하기 어렵다는 것이다.

그러나 뇌가 새로운 운동기술을 배울 수 있는 신경망을 조성한 다음이라면 훈련과 경험이 운동 발달에 결정적인 역할을 한다. 다시 말해 적절한 시기에 훈련을 하면 운동 발달을 촉진시킬 수 있다는 말이다.

후천적인 요인이 운동 발달에 영향을 미치는 까닭은 뇌의 통제를 받는 운동 발달이 역으로 뇌 발달을 돕기 때문이다. '기는 행위'가 그 좋은 예다. 생후 8~9개월 사이에 시작되는 기는 행위는 또 다른 영역의 뇌가 발달하는 데 영향을 준다. 기는 행위가 '인지적 부트스트래핑'이 발현되도록 아기의 뇌를 재촉하는 것이다. 부트스트래핑Bootstrapping이란, 뇌가 성장하면서 새로운 경험을 하게 되면 이 새로운 경험이 뇌가 더욱 발달할 수 있도록 돕는 것을 의미한다.

미국 일리노이 대학교 심리학 교수 로지앤 커모이언과 조셉 캄포스는 실험을 통해 생후 8개월 반 된 아기의 기는 행위가 두뇌를 폭발적으로 성장시킨다는 사실을 확인했으며, 미국 퍼듀 대학교 신체운동학 다니엘라 코르베타 교수도 이와 같은 견해를 피력했다.

"많은 사람들이 운동능력 발달은 미리 프로그램된 것이라고 말하지만 제 의견은 반대입니다. 운동능력 발달은 미리 프로그래밍된 것이냐, 태어난 후 학습하는 것이냐의 선택의 문제가 아니라 두 가지가 같이 작용하는 것입니다."

운동능력 발달은 뇌라는 유전적인 요인과 경험과 훈련이라는 환경적 요인이 상호작용하며 점차 발달하는 성장과정이라 할 수 있다. 아기가 건강하고 똑똑하게 자라길 바란다면 기본적인 뇌의 신경회로가 정비되는 시점에 맞춰 아기가 마음껏 움직일 수 있도록 도와야 한다. 적절한 시기에 들어가는 적절한 훈련과 경험이 운동능력 발달에 기여하도록 말이다. 도전을 통해 새로운 운동기술을 배울 수 있도록 아기를 구속하지 않으면서, 안전한 환경을 만들어 주면 아기는 운동 자체를 즐기게 되어 훈련에 몰두하게 된다. 그렇게 반복된 훈련은 아기의 운동능력 발달을 촉진하고, 이것은 다시 뇌 발달에 영향을 미쳐 또 다른, 새로운 운동기술을 습득하는 데 도움을 준다. 그리고 결과적으로 아기의 전반적인 발달을 촉진시킨다. 이 같은 사이클이 반복되는 사이, 아기의 몸과 마음은 그야말로 쑥쑥 자라는 것이다.

세상을 배우는 사이, 아기는 자기 자신을 자각한다

　지금까지 살펴보았듯 아기는 타고난 감각을 동원해 주위에서 일어나는 일을 관찰하고, 자신의 몸을 움직여 주변을 인식하면서 세상을 배워 나간다. 이러한 과정을 거치는 동안 아기는 공간과 자기 자신에 대해 깨닫는다. 더불어 자신이 세상 어느 누구와도 다른 특별한 존재라는 생각을 스스로 하게 된다. 다름 아닌 자아가 형성되는 것이다.

　물론 몇몇 과학자들은 갓 태어난 신생아도 자기 자신을 알아보는 능력이 있다고 주장한다. 신생아들에게 자신이 아닌 다른 아기의 울음소리를 녹음한 것을 들려주면 혼란스러워하지만 자신의 울음소리를 녹음한 것에는 혼란스러워하지 않는다는 것이다. 그러나 이것을 아기의 자기 인식능력의 증거로 보기에는 충분치 않다. 그저 무의식적인 반사행동에 지나지 않을지도 모르는 일이기 때문이다.

　그렇다면 대체 아기는 언제부터 자기 자신을 알아보는 것일까? 이를 위해 한 어린이집을 대상으로 진행한 실험에서 흥미로운 결과를 얻을 수 있었다.

아기 성장 실험 13

아기는 언제부터 자기 자신을 알아볼까?

서울의 한 어린이집 아기들을 대상으로 언제부터 자기 자신을 알아볼 수 있는지에 대한 실험이 이루어졌다. 먼저 아기들의 코끝에 빨간 립스틱을 살짝 칠했다. 그런 다음 아기들에게 거울을 보여 주었다. 그 결과 생후 10개월에서 16개월의 아기들 5명 중 14개월 된 남자 아기 한 명만 빼고, 나머지 아기들은 모두 코에 립스틱이 묻은 것을 보면서도 닦아낼 생각을 하지 못했다. 그저 거울을 보며 장난칠 뿐이었다.

이번에는 20개월 이상의 아기들에게 똑같은 실험을 했다. 대부분의 아기들이 거울을 본 후 코를 만지거나 립스틱을 지우려는 행동을 보였다. 이 시기의 아기들은 거울 속의 사람이 누구인지 정확히 알고 있는 것이다.

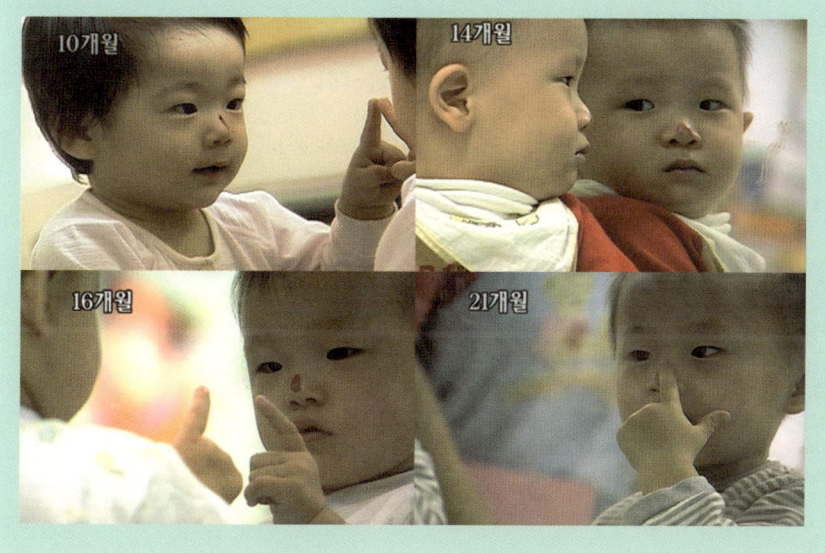

위의 실험에서 나타난 아기들의 행동에는 중요한 메시지가 담겨 있다. 코에 묻은 립스틱을 닦아내는 아기는 거울에 비친 상이 자기 모습인 줄 아는 것이고, 그렇지 않은 아기는 자기 자신을 아직까지 알아보지 못하는 것이다. 다시 말해서

10~16개월의 아기들 중 극히 일부를 제외한 대부분의 아기들은 자기 자신을 알아보지 못하고, 20개월 이후의 아기들은 대부분 자신을 분명하게 인식하고 있다는 말이다. 실제로 20개월 이후의 아기들은 거울 앞에 서서 자주 우스꽝스러운 표정을 지으며 자기 자신이 어떻게 보이는가를 실험한다. 이는 '나'라는 존재를 분명하게 인식하지 않으면 보일 수 없는 행동이다.

아기가 자기 인식을 하기 시작한다는 첫 신호는 바로 낯가림이다. 얼마 전까지 낯선 사람 앞에서도 잘 웃던 아기가 어느 날 갑자기 불안해하며 울음을 터트린다면 아기가 자기 자신을 알아보기 시작한 것으로 추측할 수 있는 것이다.

아기가 자기 인식을 하기 시작하면 차츰 자신의 연령, 성별, 행동, 성격, 신체적 특징 등 눈에 보이는 다양한 특성들을 바탕으로 다른 사람과 다른 자신을 발견한다. 자의식을 갖추게 되는 것이다.

일반적으로 자의식은 생후 18개월 무렵에 생기기 시작한다. 24개월 무렵이 되면 아기는 사진만으로도 자신과 같은 성별의 아기를 구별해내고, 자기의 이름과 가족의 이름을 알아들을 뿐만 아니라 눈, 코, 입 등 신체부위의 이름을 댈 수 있다. 또 자기중심적이 되는 이 시기의 아기들은 뭐든지 자기 방식대로 하고 싶어 하고, 혼자서 하려고 한다. 동시에 소유욕이 강해져 자기 것에 대한 집착이 심해지고, 부모나 돌봐주는 사람이 자신의 뜻에 맞춰 주지 않으면 떼를 쓰거나 성질을 부리기도 한다. 그야말로 하나의 인격체로서 자신의 존재를 알리기 시작하는 것이다.

아기 성장 실험 14

자아 형성과 함께 다른 사람의 생각을 예측한다? _ 책 찾기 실험

실험에 참가한 아이들에게 두 자매가 나오는 인형극을 보여 주었다. 그 내용은 이렇다.

언니 인형이 의자에 앉아 책을 읽고 있었다. 언니 인형은 "아, 그림 참 재미있다. 와, 신기하다."라고 말하며 재미있게 책을 보고 있다가 갑자기 쉬가 마려워 그림책을 나무 바구니에 놓고 화장실에 갔다. 그 사이 동생 인형이 들어와 나무 바구니의 그림책을 보고 "아, 이 책 재미있겠다. 내가 이따가 봐야지."하면서 책을 초록색 바구니에 놓고 나갔다. 잠시 후, 화장실에 갔던 언니 인형이 책을 보기 위해 다시 방으로 들어왔다.

인형극이 끝난 후 아이들에게 "언니는 책이 어디 있다고 생각할까"라는 질문을 던졌다. 그러자 만 3세 아이들은 한결같이 "초록색 바구니요."라며 손가락으로 초록색 바구니를 가리켰다. 하지만 만 5세 아이들은 모두 정확하게 나무 바구니를 가리켰다. 만 3세 아이들과는 다르게 만 5세 아이들은 언니 인형의 마음을 읽고 있는 것이다.

아기 성장 실험 15

자아가 형성되면 다른 사람의 마음을 읽을 수 있다? _ 빼빼로 실험

빼빼로 과자상자를 이용해 똑같은 실험을 했다. 먼저 만 3세 여자 아이에게 빼빼로 상자를 보여 주며 이 속에 뭐가 있을까, 하고 물었다. 그러자 아이는 "빼빼로."라고 답했다. 그러나 빼빼로 상자에는 크레파스가 있었고, 아이는 이 사실에 매우 놀라워했다. 이때 아이에게 빼빼로 상자를 친구에게 보여 주자는 제안을 했다. 아이는 동의를 했고, 우리는 다시 "친구는 빼빼로 상자에 뭐가 들어 있다고 생각할까?"라는 질문을 던졌다. 그러자 아이는 천진난만하게 "크레파스."라고 대답했다. 이번에는 만 5세 여자 아이에게 똑같은 상황을 재현했다. 그 결과 아이는 빼빼로 상자에 크레파스가 들어 있다는 것에 놀라워하지 않았으며, 친구에게 빼빼로 상자를 보여 주면 친구가 상자 속에 무엇이 들어 있다고 생각하겠느냐는 질문에도 "빼빼로."라고 답했다. 친구를 놀리는 것이 재미있다는 듯 웃으면서 말이다. 이때 우리는 다시 아이에게 실제로 이 상자 속에는 무엇이 들어 있냐고 물었다. 아이는 망설이지 않고 "크레파스."라고 대답했다. 역시 만 5세 아이는 다른 사람의 생각을 정확히 읽고 있었다.

위 두 가지 실험은 만 3세 미만의 아이들은 눈에 보이는 사실만을 파악하지만 만 5세 아이들은 사실은 물론, 가설을 이용해 눈에 보이지 않는 것을 예측한다는 사실을 알려 준다. 만 3세 미만의 아이들은 동생 인형이 나무 바구니에 있는 책을 초록색 바구니로 옮겼으므로 언니 인형도 당연히 그 사실을 알 것이라고 이해했지만, 만 5세 아이는 언니 인형이 책이 나무 바구니에서 초록색 바구니로 옮겨지는 것을 보지 못했으므로 이 사실을 모를 것이라고 이해했다. 이는 곧 만 3세 아이는 눈에 보이지 않는 사람의 생각을 읽을 수 없는 반면, 만 5세 아이는 다른 사람의 생각을 해석할 수 있는 능력이 있다는 것을 보여 준다. 두 번째 실험의 결과도 마찬가지다. 만 3세 미만의 아이들은 자신이 본 것만을 가지고 상황을 이해한 반면, 만 5세 아이들은 다른 사람이 사실과 다른 이야기를 할 수 있음을 예측하고 있었다. 두 실험 모두에 참여했던 충북대학교 심리학과 김혜리 교수는 이 실험이 의미하는 바를 이렇게 설명했다.

"아이들은 아주 중요한 지식을 가지고 태어나는데 그것이 경험에 의해 조금씩 더 발달되고, 그 발달과정에서 아이들 나름대로 가설검증도 하게 됩니다. 그 과정에서 4세 정도가 되면 사람은 사실과 다른 생각을 할 수 있는 존재라는 것을 알게 됩니다."

내가 아닌 다른 사람이 사실과 다른 생각을 할 수 있다는 것을 아는 것은 아이들이 다른 사람과 상호작용을 하는 데 필요한 아주 중요한 능력 중 하나이다. 아기의 독심술은 아기의 사회성 발달로 이어지기 때문이다.

🌀 자아 발달의 원동력, 부모의 관심

이처럼 자기가 누구인지도 모르고 세상에 던져진 아기는 자의식이 발달하면서 비로소 자기 자신을 알아보고, 남과 다른 '나'를 느끼며, 다른 사람의 감정까지 헤아릴 수 있는 사람으로 성장한다. 그런데 대체 아기가 가진 어떤 힘이 자의식 발달과정을 수행해 내는 걸까?

아기의 자의식 발달에 가장 중요한 원동력 중 하나는 아기 스스로 몸을 뒤집고, 앉고, 기고, 걸으면서 깨닫는 성취감과 같은 내부적 피드백이다. 그리고 또 한 가지, 아기의 자의식에 지대한 영향을 미치는 것은 아기가 보내는 신호에 즉각적으로 반응하고 알아주는 부모의 외부적 피드백이다. 아기가 울 때마다, 옹알이를 할 때마다, 새로운 운동기술을 습득할 때마다 돌아오는 부모의 즉각적인 피드백은 아기의 마음에 자긍심을 심어줄 뿐만 아니라, 외부 세계와 미래에 대한 확신을 안겨 준다. 때문에 부모 역할의 핵심은 아기의 발달 단계마다 자발적으로 도전하여 성취감과 자신감을 느낄 수 있도록 가능한 많은 기회를 제공하고, 스스로 무언가를 배우려는 아기의 노력에 적극적으로 반응하는 일이다. 특히 생후 몇 년 동안 아기에게 기울이는 부모의 노력은 아기가 지닐 자의식의 색깔을 좌우한다. 긍정적인 자의식을 가질 것이냐, 부정적인 자의식을 가질 것이냐는 상당 부분 부모의 역할 안에 놓여 있기 때문이다. 만약 이 시기에 과잉보호나 무관심으로 아기에게 긍정적인 자의식을 심어 주지 못하면 아기는 자존감이 없는 사람, 모든 일에 의욕이 없는 사람, 학습능력이 떨어지는 사람, 자기 파괴적인 사람, 감정적으로 불안한 사람으로 성장하기 쉽다. 다시 한 번 강조하지만 아기를 성장시키는 성장 원동력이자, 최대 영양소는 부모의 관심이다.

Chapter 2

베이비 아인슈타인의 탄생

아기는 태어나는 순간부터 자신의 무한한 잠재력을 발휘한다.
태어나자마자 작동되는 오감으로 세상을 탐색하는 아기는
불과 1년 사이에 스스로 뒤집고, 기고, 일어서서 걷는 법을 터득한다.
그리고 자신만이 아는 소리와 움직임으로 이렇게 외친다.
'우리도 생각할 수 있어요' 라고…….
이처럼 관찰과 실험을 거쳐 적극적으로 정보를 찾아가는
아기의 모습은 마치 과학자를 연상시킨다.
이제 과학자, 아기들의 똑똑함에 놀랄 시간이다.

아기는 과학자로 태어난다

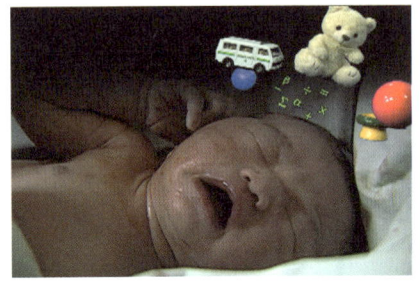

엄마 뱃속에서 열 달. 짧지 않는 기간 동안 아기는 엄마 뱃속을 터전 삼아 우주 탄생에 버금가는 거대한 창조 작업을 진행한다. 그리고 열 달 후, 아기는 낯선 세상과 마주한다. 이처럼 신비롭고 놀라운 생명 탄생에 경이로움을 느끼는 많은 엄마들은 문득 이런 궁금증을 갖곤 한다. '과연 갓 태어난 아기는 어떤 생각을 할 수 있을까? 과연 무엇을 알고 있을까?' 불과 얼마 전까지만 해도 이 질문의 답을 찾기 위해 오랜 시간 연구에 매달렸던 수많은 학자들은 아기는 정신적으로 백지상태로 태어난다고 주장했다. 하얀 도화지에 그림을 그려 넣듯이 아기의 머리도 백지상태로 태어나 교육과 학습으로 조금씩 채워진다는 것이다. 이는 수십 년 동안 아기들의 능력을 무시해온 셈이다. 아기들의 능력에 눈을 돌리기 시작한 것은 아기들이 '누가 가르쳐 주지 않았는데도' 혼자서 모든 것을 빠르게 배워간다는 점 때문이었다. 그리고 이것은 정말 아기들은 아무것도 모르고 태어나는 존재인가, 하는 의문으로 이어졌다. 그제서야 비로소 학자들은 새로운 각도에서 이를 연구하기 시작했고, 약 30년간의 노력 끝에 아기는 엄청난 '학습능력'을 가지고 태어난다는 사실을 발견했다. 그 대표적인 예가 앤드류 멜조프Andrew Meltzoff 연구팀의 연구 결과이다.

> **아기 성장 실험 16**
>
> **신생아에게도 학습능력이 있을까?**
>
> 1983년 앤드류 멜조프 연구팀은 생후 72시간이 채 지나지 않은 신생아들에게도 학습능력이 있음을 입증하기 위한 실험을 했다. 실험 방법은 매우 간단했다.
> 우선 연구팀은 아기의 얼굴로부터 약 25㎝ 되는 거리에서 20초 동안 천천히 4번에 걸쳐 혀를 내미는 동작을 보여 주었다. 그런 다음 20초 동안 무표정하게 있었다. 이런 절차를 6번 반복한 후 아기의 표정을 클로즈업해서 비디오카메라에 담아 분석했다.
> 그 결과 연구팀이 혀를 내밀었을 때 아기도 그 동작을 그대로 따라하는 모습을 목격할 수 있었다. 자기 얼굴을 한 번도 본 적 없고, 혀가 있다는 것을 알지도 못하며, 더구나 다른 사람의 동작을 따라하는 것을 한 번도 배우지 않은 아기가 모방을 하는 것이다. 모방능력은 학습능력에서 중요한 능력 중 하나로, 앤드류 멜조프 연구팀은 이 실험을 통해 아기는 놀라운 학습능력을 가지고 태어난다는 사실을 증명했다.

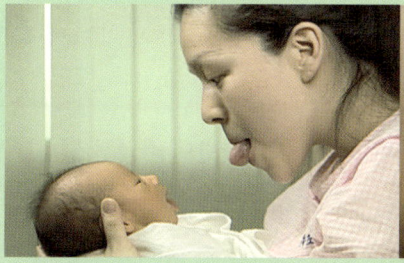 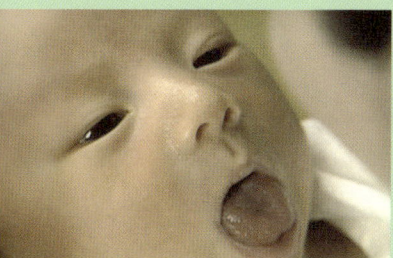

〰️ 이미 많은 것을 알고 있는 아기

　아기에게 천부적인 학습능력이 있다는 사실은 몇 가지 예를 통해 재차 확인할 수 있다. 첫 번째, 굴러가는 공을 보며 인과관계를 파악한 생후 5개월 된 아기의 이야기이다. 기기 위한 연습을 하느라 여념이 없는 5개월 된 아기 앞에 작은 공을 놓아주었다. 아기는 잠시 동작을 멈추고 두 팔로 공을 끌어안았는데, 이내 공을 놓쳐 버렸다. 앞으로 굴러가는 공을 신기한 듯 쳐다보던 아기는 공을 향해 다시 손을 뻗었다. 공을 잡으려는 걸까? 아기는 공이 사정거리 안에 들어오자 공은 잡지 않은 채 다시 툭 건드려 굴러가도록 했다. 아기의 이런 행동은 한동안 반복됐다. 아기는 짧은 순간, 공은 건드리면 굴러간다는 사실을, 즉 인과관계를 알아낸 것이다. 그리고 이 놀라운 사실을 확인하고 싶은 마음에 아기는 계속 공을 굴렸던 것이다.

　두 번째, 중력의 법칙을 알아낸 생후 13개월 된 아기의 사례이다. 아기가 혼자 일어나 낮은 가구 위에 있던 핑크색 장난감 공을 집어 바닥에 떨어뜨렸다. 한동안 반복되는 행동에 지칠 법도 한데 아기는 무엇이 그리 재미있는지 계속 공놀이에 집중한다. 어른들이 보기엔 다소 지루해 보이는 공놀이가 아기를 매료시킨 이유는 무엇일까? 그것은 바로 어른들에게는 너무나 당연한, 그래서 어른들은 잠시 잊어 버렸던 중력의 법칙을 아기는 공놀이를 통해 알아냈기 때문이다. 중력의 법칙이 너무나 신기해 아기는 계속해서 공을 바닥에 떨어뜨린 것이다.

만약 아기가 하얀 도화지와 같은 빈 여백상태로 태어난다면 태어난 지 5개월 된 아이가 인과관계를 알아차리고, 13개월 된 아이가 중력의 법칙을 발견해낼 수 있을까?

미국 U. C. 버클리 대학교 심리학과 앨리슨 고프닉Alison Gopnik 교수는 아기의 엄청난 학습능력에 대해 보다 과학적이고 명확한 주장을 보여 준다. 한마디로 아기는 태어날 때 이미 많은 능력을 가지고 태어난다는 것이다.

"아기들이 모든 것을 그렇게 빨리, 많이 배울 수 있는 이유 중 하나는 백지상태로 태어나지 않기 때문입니다. 아기들은 처음부터 상당히 많은 것을 알고 있는 채로 태어나고, 이것은 또 다른 학습을 가능하게 합니다. 마치 과학자

▲ 앨리슨 고프닉 교수

들처럼 말이지요. 이를 테면 과학자들은 아무것도 모르는 상태에서 무작정 연구를 시작하지 않습니다. 어떤 하나의 기존 이론에서 출발해 그 이론을 검증하고, 실험하고 수정을 거쳐 새로운 이론을 만들어 냅니다. 즉, 이미 알고 있는 것을 바탕으로 배우고 학습하면서 새로운 이론을 도출해 내는 것이지요. 이렇게 볼 때 아기들은 학습능력을 타고난다고 볼 수 있습니다."

그렇다면 아기의 타고난 학습능력은 과연 어디에서 어떻게 생겨나는 것일까?

많은 전문가들은 아기들의 천부적인 학습능력은 이미 유전자에 내재되어 있다고 주장한다. 새 생명이 잉태되어 성장하는 과정은 수억 년간 이루어진 인류의 진화과정을 포함하고 있고, 그 오랜 진화를 통하여 이루어 낸 인류의 자산과 능력

은 새로 태어날 아기의 유전자 속에도 고스란히 담겨 있다는 것이다. 앨리슨 고프닉 교수는 이에 대해 이렇게 덧붙였다.

"진화에 의해 아주 어린 아기도 학습할 수 있도록 설계되어 있습니다. 아기가 성숙해지는 데는 오랜 시간이 걸리고 그 동안만큼은 어른들에게 의존해야 하기 때문에 진화적인 관점에서 일정 기간 동안은 스스로 학습할 수 있도록 프로그래밍되어 있는 것이지요. 일종의 생존을 위한 학습프로그램이 만들어져 있는 것입니다. 주변 세계에서 일어나는 일들을 파악할 수 있는 능력이 유전자에 내재되어 있는 것이지요."

인지발달연구회 박선미 박사도 앨리슨 고프닉 교수의 의견에 동의했다.

"세상을 이해하려면 아주 기본이 되는 몇 개의 학습능력이 필요한데, 예를 들면 수리능력, 기본적인 물리적 작용에 대한 이해능력, 사물의 범주를 구분할 수 있는 능력과 같은 것들입니다. 학자들은 아기들이 이러한 능력들을 어떻게 갖게 되는 것일까에 의문을 가지고 연구를 시작했고, 그 결과 아주 어린 아기들도 이러한 학습능력을 가지고 있다는 것을 발견했습니다. 그래서 학자들은 이 능력들이 인류가 진화하면서 오랫동안 가지고 있었던 것이기 때문에 유전자에 담겨 있다가 아기가 생물학적으로 적절한 성숙을 하면 그때 발현된다고 생각했죠. 또한 아기들은 이런 중요한 능력들을 미리 가지고 태어나기 때문에 세상에 잘 적응할 수 있다고 보았습니다."

　이처럼 갓 태어난 아기들도 생각하고 실험하며, 자신이 알아낸 것들을 토대로 자기를 둘러싼 세계를 탐색하고 배워 나간다. 그 능력을 활용해 세상을 들여다보고 새로운 개념을 흥미롭게 익히는 것이다. 물론 이들이 가지고 있는 인지적 능력은 완전한 형태의 개념이나 기능은 아니다. 간단한 기본 원리에 대한 이해와 초보적 수준으로 작동하는 기능 정도가 대부분이다. 하지만 인지 발달을 비행기라 가정한다면 아기들이 지닌 능력은 비행기를 이륙시키는 힘에 해당한다. 인지 발달에 동력을 불어넣어 시동을 거는 것이다. 만약 아기들이 아무것도 모르는 백지상태였다면 인지 발달이란 비행기는 아마도 이륙조차 하기 힘들지도 모른다. '세상에 태어나 첫 울음을 터트리는 순간부터 아기는 이미 과학자'란 말이 새삼 와닿는 이유도 이 때문이다.

아기 과학자의
경이로운 능력들

앞서 말했듯이 인류가 탄생한 이래 수억 년간 배우고 익혀 왔던 것들은 정자와 난자가 수정되는 바로 그 순간, 태아의 유전자에 내재된다고 한다. 그래서 아기는 태어날 때부터 엄청난 학습능력을 지니며 이는 주변에서 일어나는 일들을 탐색하고 관찰할 수 있게끔 한다는 것이다. 이제 아기가 천부적인 학습능력을 가지고 태어난다는 것은 단지 추측이 아니라 과학적으로 증명된 사실이 되었다. 그렇다면 우는 것 외에 의사표현을 할 수 없는 아기에게 그러한 놀라운 능력이 있다는 것을 학자들은 어떻게 증명할 수 있었을까?

원인과 결과를 이해하는 아기

과학자들은 매우 간단한 몇 가지 실험으로 아기의 타고난 여러 가지 능력을 입증했다. 그중 하나가 '조건 모빌 실험'이다. 이 실험은 아기의 타고난 능력 중 하나인 인과관계를 파악할 수 있는지를 알아보는 실험이다.

> **아기 성장 실험 17**
>
> **아기는 인과관계를 파악할 수 있을까?**
>
> 미국 룻거 대학교 캐롤린 로비콜리어 교수가 고안해 낸 이 실험은, 출생 시 아기들이 인과관계를 인식할 수 있는 능력을 가지고 태어나는지를 알아보기 위한 실험이다. 실험은 로비콜리어 교수가 했던 방식 그대로 생후 3개월 된 아이에게 조건 모빌 실험을 실시했다. 우선 아기가 누워 있는 천장에 모빌을 달았다. 이때 아직 발달되지 않은 아기의 시력을 감안하여 아기가 모빌을 잘 볼 수 있도록 눈으로부터 약 25㎝ 되는 위치에 모빌을 설치했다. 그런 다음 아기의 발에 리본을 묶어 모빌과 연결시킨 후, 아기가 발을 움직이면 모빌이 움직이도록 했다. 발차기를 계속하는 과정에서 아기는 자신의 발과 모빌 사이의 연관성을 서서히 깨닫는 듯했다. 자신이 발차기를 하면 모빌이 움직인다는 연관성을 알아차린 것이다. 그리고 잠시 후 모빌에 연결된 리본을 풀었다. 그러자 아기는 리본 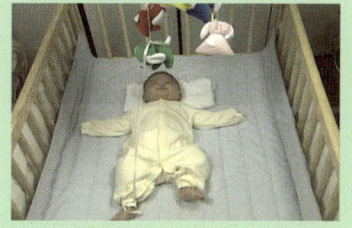 을 푼 뒤에도 모빌을 움직이기 위해 계속 발차기를 했다. 자신의 발과 모빌 사이의 연관성을 알기 전과 알고 난 이후의 발차기 횟수를 살펴보니, 연관성을 알기 전의 발차기 횟수는 평균 5~6회인데 반해 연관성을 알고 난 후의 발차기 횟수는 평균 17~20회로 늘어난 것을 알 수 있었다.
>
> 아기는 아주 짧은 시간 안에 자신이 발차기를 하면 모빌이 따라 움직인다는 인과관계를 파악했고, 학습한 것을 증명이라도 하듯 리본을 푼 뒤에도 연방 같은 동작을 반복한 것이다.

모빌과 발차기의 인과관계를 알아보는 실험에서도 알 수 있듯이 아기들은 원인과 결과가 나타나는 상황에 놓이면 그 상관관계를 파악할 수 있는 능력을 발휘한다. 선천적으로 아기들은 과학적 사고를 하기 위해 필요한 능력인 인과관계를 파악할 수 있는 능력, 수리능력, 사물을 범주화하는 능력 등 여러 가지 학습능력을 빨리 습득할 수 있는 인지적 틀, 인지적 골조를 가지고 태어나기 때문이다.

학습능력의 핵심, 뭐든지 기억하는 아기

　또 한 가지, 아기가 선천적으로 가지고 태어나는 능력 중 하나는 바로 기억능력이다. 이는 아기의 거대한 학습능력을 배가시키는 역할을 한다. 심지어 생후 2개월 된 아기도 잠재의식 속이긴 하지만 특정 행동을 하면 보상을 받는다는 사실을 기억할 수 있다고 한다. 실제로 인간이 자신에게 닥친 상황을 효과적인 방법으로 해결하고, 논리적으로 생각하며, 과거의 경험을 새로운 상황에 적응할 수 있는 것은 모두 기억능력을 가지고 있기 때문이다. 태어나서 죽을 때까지 인간은 모든 학습의 상당 부분을 기억력에 의존하는 것이다. 이처럼 기억능력은 모든 학습능력의 밑바탕이 되는 핵심능력으로, 아기에게 기억능력이 없다면 그 어떤 것도 배우거나 학습할 수 없을 것이다.

　여기 한 아기가 피아노를 연주한다고 상상해 보자. 어떤 곡을 연주하든 아기는 피아노의 어떤 건반이 어떤 소리를 내는지 기억해야 한다. 어떤 건반을 눌렀을 때 '도' 소리가 나고, '레' 소리가 나는지, 또는 미, 파, 솔, 라, 시, 도 소리가 나는지 기억해야만 피아노 연주를 할 수 있다. 이러한 정보를 머릿속에 저장하지 못하면 아기는 아무리 오랜 시간 피아노 레슨을 받는다 해도 단 한 곡도 제대로 연주할 수 없을 것이다.

그렇다면 아기가 천부적인 기억능력을 가지고 태어난다는 사실을 어떻게 증명할 수 있을까? 아기가 인과관계를 파악할 수 있음을 알려 준 조건 모빌 실험은 아기의 기억능력에 대한 궁금증 또한 풀어 주었다.

> **아기 성장 실험 18**
>
> **아기의 기억능력은 어느 정도일까?**
>
> 실험방법은 앞서 진행했던 조건 모빌 실험과 같다. 먼저 인과관계를 알아내기 위한 실험이 끝난 후 3일, 8일, 13일 간격으로 아기를 모빌 실험을 했던 장소로 다시 데려가 모빌과 발이 연결되지 않은 상태에서 3분 동안 몇 번이나 발차기를 하는지 기록했다. 그 결과, 3일이 지난 후에는 발차기 횟수가 거의 변하지 않았고, 8일 후는 조금 줄었으며, 13일 후에는 발차기 횟수가 자신의 발과 모빌 사이의 인과관계를 알기 전 상태로 돌아갔다. 이러한 변화가 의미하는 것은 과연 무엇일까?
> 이것은 생후 3개월 된 아기도 보통 3일 전의 일은 또렷이 기억하며, 시간이 지날수록 점점 희미해지기는 하지만 그때의 기억은 적어도 13일 이전까지는 지속됨을 뜻한다.

아기가 천부적으로 기억능력을 가지고 태어난다는 사실을 보다 과학적으로 확인하기 위해 찾아간 미국 미네소타 대학의 찰스 넬슨 연구소는 기억 발달 실험, 이른바 ERP실험으로 세계적으로 주목받은 곳이다. ERP실험이란 아기에게 청각 혹은 시각적 자극을 주었을 때 뇌파의 변화를 측정할 수 있는 것으로 직접 뇌를 열어 보지 않고도 아기의 뇌 활동을 검사할 수 있는 획기적인 실험방법이다. 이 실험은 신생아가 엄마의 목소리를 기억할 수 있는지에 대해 알려 준다. 동시에 임신 기간 동안 익숙해진 엄마 목소리를 기억할 정도로 아기에게 천부적인 기억능력이 있는지를 확인할 수 있는 실험이기도 하다.

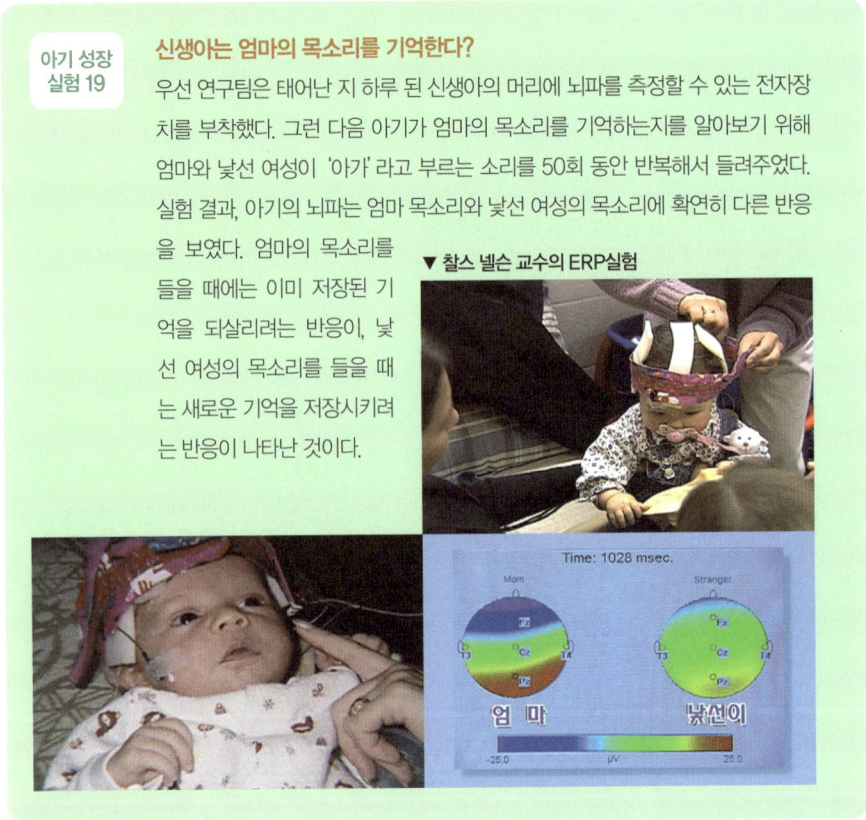

아기 성장 실험 19

신생아는 엄마의 목소리를 기억한다?

우선 연구팀은 태어난 지 하루 된 신생아의 머리에 뇌파를 측정할 수 있는 전자장치를 부착했다. 그런 다음 아기가 엄마의 목소리를 기억하는지를 알아보기 위해 엄마와 낯선 여성이 '아가'라고 부르는 소리를 50회 동안 반복해서 들려주었다. 실험 결과, 아기의 뇌파는 엄마 목소리와 낯선 여성의 목소리에 확연히 다른 반응을 보였다. 엄마의 목소리를 들을 때에는 이미 저장된 기억을 되살리려는 반응이, 낯선 여성의 목소리를 들을 때는 새로운 기억을 저장시키려는 반응이 나타난 것이다.

▼ 찰스 넬슨 교수의 ERP실험

위 실험 결과에 대해 찰스 넬슨Charles Nelson은 이렇게 말했다.

"태어난 지 24시간이 채 되지 않은 신생아도 엄마의 목소리를 구별할 수 있습니다. 이것은 임신 마지막 6주 동안 아기의 청력이 급격히 발달해 엄마 목소리를 듣고 뇌가 그 소리에 대한 기억을 형성하기 때문에 가능한 일입니다. 이런 작용을 실제 두뇌활동을 통해 보여 주고자 하는 것이 이 실험의 목적인 셈이죠."

아기의 기억능력은 유아기 내내 꾸준히 발달한다. 생후 3, 4개월 된 아기가 몇 초 동안 책에 실린 그림을 들여다보고 몇 분 후 그 그림을 기억할 수 있다면, 생후 5개월이 된 아기는 그 기억을 2주 정도까지 지속시킬 수 있다. 또한 생후 4개월이면 과거에 한 행동뿐만 아니라 보고 들은 것을 기억해 내는 인식 기억이 형성되는데, 이 시기가 되면 아기는 끊임없이 새로운 것을 추구한다. 그리고 완전한 의식적 기억인 '회상'이 가능한 시기는 생후 7~10개월이 되어야만 나타난다. 만약 아기가 말로 자신의 기억을 표현할 수 있다면 지나간 일을 의식적으로 기억하는 능력을 갖췄다고 볼 수 있다. 이처럼 신생아부터 유아기까지 급속도로 발달되는 기억능력은 성인이 될 때까지 다양한 정보와 논리적 사고를 가능케 한다. 그런데 신기한 건 성인이 되었을 때, 대부분의 사람들이 세 살 이전의 일을 기억하지 못한다는 사실이다. 대체 이때의 기억들은 어디로 사라지는 걸까?

《요람 속의 과학자》의 공동 저자이자 미국 워싱턴 대학교 발달심리학 교수인 앤드류 멜조프는 이를 검증하기 위한 간단한 실험을 소개했다. 실험방법은 이랬다. 무엇인가가 닿으면 불이 들어오는 상자를 만든 다음, 생후 9개월 된 아기에게 자기 이마를 갖다 대 상자에 불이 들어오는 모습을 반복적으로 보여 주었다. 그러자 아기는 그 모습에 완전히 매료된 듯 집중해서 쳐다보았다. 그로부터 일주일 후 아기를 다시 실험실로 데려와 일주일 전 그 상자 앞에 앉혔다. 그랬더니 아기는 곧장 상자에 이마를 대 불을 켜는 것이었다. 이는 기억능력이 없는 아기에게서는 절대 나타날 수 없는 반응으로, 세 살 이전의 초기 기억 또한 저장됨을 보여 준다.

아기들은 선천적으로 기억능력을 가지고 태어난다. 다만 어른이 되어서 3세 이전의 일을 기억하지 못하는 이유는 성인이 되면서 그 기억에 의식적으로 접근하지 못할 뿐더러 그 기억을 다시 꺼낼 수도 없기 때문이다.

더하기 빼기를 이해하는 아기

아기가 지닌 또 하나의 경이로운 학습능력은 바로 수리능력이다. 놀랍게도 아기는 선천적으로 더하기와 빼기, 다시 말해 계산능력을 가지고 태어난다. 이는 어떤 사물에 다른 사물이 더해지면 전체의 사물은 더 많아져야 하며, 어떤 사물들에서 사물의 일부를 빼면 전체의 사물은 적어져야 한다는 사실을 이해함을 뜻한다. 과연 아기들의 어떤 행동들이 아기는 선천적으로 수리능력을 타고 난다는 사실을 증명해 줄 수 있을까? 이를 증명하기 위해 미국 애리조나 대학교 심리학과 캐런 윈 교수는 매우 흥미로운 실험 하나를 고안해 냈다. 실험방법은 이랬다.

아기 성장 실험 20	**아기는 선천적으로 수리능력을 타고나는 것일까?**
	먼저 스크린이 부착된 간단한 실험 세트를 만들고, 생후 4개월 된 아기를 세트와 마주보게 한 뒤 의자에 앉혔다. 그런 다음 아기가 지켜보는 가운데 미키 마우스 인형 한 개를 세트 위에 올려놓았다. 그리고 다시 인형이 놓여진 세트를 스크린으로 가린 뒤, 아기에게 스크린 뒤로 또 한 개의 인형이 들어가는 모습을 보여 주었다. 그러니까 스크린 뒤에는 '1+1=2'가 되어 두 개의 인형이 놓여 있는 것이다. 그 상태에서 스크린을 치우고 아이의 반응을 지켜보았다. 아기는 5초 정도 세트 위에 놓여진 두 개의 인형을 바라보더니 이내 고개를 돌려 버렸다. 이번에는 위 실험과 같은 방법으로 한 개의 인형이 놓여진 상태에서 스크린을 가린 후 또 하나의 인형이 들어가는 모습을 보여 준 뒤, 세트 뒤에 미리 뚫어놓은 구멍을 통해 인형 한 개를 밖으로 빼냈다. 따라서 세트 위에는 '1+1=1'이 되어 한

개의 인형만이 놓여 있었다. 잠시 후 스크린을 치우고 아기의 반응을 살폈다. 가려진 스크린 때문에 인형이 빠져나간 것을 보지 못한 아기는 세트 위에 놓여 있는 한 개의 인형을 12초 이상 빤히 바라보았다.

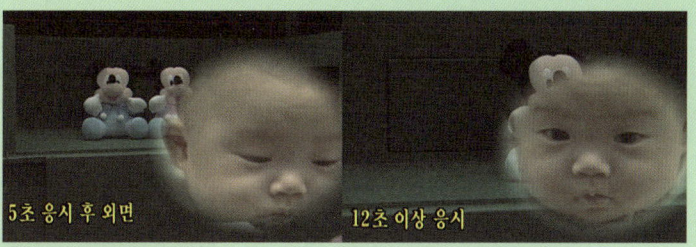

▲ '1+1=2'를 본 아기의 반응   ▲ '1+1=1'을 본 아기의 반응

두 실험 모두 아기는 하나의 특정한 상황에, 마치 신기한 일이라도 벌어진 듯 한참을 인형에서 눈을 떼지 않았다. 혹 인형이 늘어나고 줄어든 상황을 인지했던 것일까? 그렇다면 아기는 이미 기본적인 더하기와 빼기의 개념을 알고 있다는 말이다. 이 물음에 박선미 박사는 보다 명쾌한 해답을 제시했다.

"아기들은 친숙하고 예측 가능한 결과보다 새롭고 예측 불가한 결과를 더 오래 바라봅니다. 바꿔 말하면 아기들이 무언가를 응시하는 시간의 차이를 비교해 보면 어떤 것이 아이에게 새로운지 그렇지 않은지를, 또는 미리 예상한 것인지 아닌지를 추론할 수 있습니다."

이번에는 기본적인 더하기와 빼기 상황보다 더욱 새롭고 예측 불가능한 상황을 제시했을 때 아기가 어떤 반응을 보이는지 알아보았다.

> **아기 성장 실험 21**
>
> **아기는 수학적 오류를 발견할 수 있다?**
>
> 세트 위에 미키 마우스 인형 한 개씩을 차례로 놓은 다음 스크린으로 이를 가렸다. 그런 다음 아기가 볼 수 있도록 스크린 뒤에서 인형 한 개를 빼냈다. 그리고 다시 아기가 볼 수 없도록 세트 뒤에 뚫린 구멍으로 한 개의 인형을 몰래 올려놓았다. 아기가 본 상황만으로는 스크린 뒤에는 '2-1=1'이 되어 한 개의 인형이 남아 있어야 하지만 실제 인형은 다시 두 개로 늘어난 것이다. 그 상태에서 스크린을 치우자 아기는 놀란 표정을 지으며 위의 두 실험보다 더 오랫동안 인형을 쳐다보았다. 한 개가 있어야 할 인형이 두 개가 된 이 상황이 아기에겐 너무나 새롭고 미처 예측하지 못한 것이었기 때문에 앞의 두 실험보다 더 오랫동안 인형을 응시했던 것이다.
>
>

이처럼 아기들은 수학적 오류까지도 발견, 인식할 수 있다. 놀랍게도 아기는 더하기, 빼기는 물론 수학적 오류의 인식이 가능한 수리능력을 선천적으로 타고 나는 것이다.

✿ 사물의 범주를 구분하는 아기

아기가 선천적으로 가지고 태어나는 또 하나의 능력, 그것은 동일한 성질을 가진 부류나 범위를 분류할 수 있는 능력이다. 즉, 사물의 범주를 구분하는 능력이다. 일반적으로 대다수의 아기들은 만 한 살이 되기 전에는 큰 범주만을 구분할 수 있다. 그리고 첫 돌이 지나면서부터 아기는 사물을 좀 더 의미 있는 그룹으로 분류하기 시작한다. 그러다 2~3세가 되면 겉으로 보이는 모습을 뛰어넘어 본질적인 개념으로 사물을 구분할 수 있게 된다. 이 시기의 아기들은 새끼 호랑이가 고양이처럼 보이긴 하지만 사실은 어미 호랑이와 같은 부류에 속한다는 것을 알아차린다. 그렇다면 아기의 어떤 행동에서 사물의 범주를 구분하는 능력을 확인할 수 있을까? 이를 위해 생후 3개월 된 아기를 대상으로 간단한 실험을 진행했다.

아기 성장 실험 22

아기는 사물의 범주를 어느 정도 구분할 수 있을까?

생후 3개월 된 아기에게 각각 다른 고양이가 찍힌 사진 두 장을 세트에 붙여 보여 주었다. 아기는 잠시 두 장의 사진에 눈길을 주더니 바로 시선을 돌렸다.

두 번째, 처음 사진 속 고양이와는 다른 고양이 사진 두 장을 세트에 붙여 다시 아기에게 보여 주었다. 아기는 두 장의 사진 속 고양이를 좌우로 번갈아 보더니 이내 사진을 외면했다.

세 번째, 이번에는 한쪽은 고양이 사진을, 다른 한쪽은 말 사진을 보여 주었다. 그러자 아기는 고양이 사진보다 말 사진을 훨씬 더 오래 응시했다. 이전에 봤던 사진과는 뭔가 다른 형태의 사진이 아기의 시선을 잡아끌었던 것이다. 고양이와 말은 다르다는 사실을 깨닫는 것. 그것은 아기가 넓은 의미로 사물의 범주를 파악할 수 있음을 보여 준다.

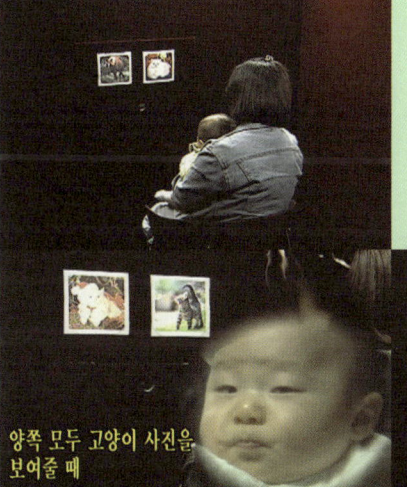

양쪽 모두 고양이 사진을 보여줄 때

말과 고양이 사진을 동시에 보여줄 때

물론 갓 태어난 아기가 보여줄 수 있는 사물의 범주화는 아주 원시적인 수준이다. 하지만 선천적으로 사물의 범주를 구분할 수 있는 능력을 가지고 있기 때문에 적어도 3세가 되면 겉모습을 뛰어넘어 사물을 분류할 수 있는 능력을 발휘하는 것이다.

중력의 개념을 이해하는 아기

이처럼 적지 않은 아기의 능력들은 아기들은 무지하며 사고할 수 없으리라 여겼던 어른들의 착각을 거대한 해일처럼 완전히 뒤집어놓았다. 이를 다시 한 번 곱씹게 만드는 또 하나의 능력, 그것은 아기가 중력의 개념을 안다는 사실이다.

생후 5개월 된 아기들을 대상으로 한 실험에서 아기가 인식하고 있는 중력의 개념은 어느 정도인지 확인할 수 있었다.

아기 성장 실험 23

아기가 인식하고 있는 중력의 개념은 어느 정도일까?
스크린이 장착된 세트를 향해 아기를 앉힌 후, 스크린으로 세트를 가리고 아기가 스크린 뒤를 볼 수 없도록 했다. 그리고 스크린 뒤에서 공을 떨어뜨려 아이에게 '툭' 하고 공 떨어지는 소리만을 들려주었다. 그런 후 스크린을 치우고 바닥에 떨어진 공을 보게 했다. 아기는 8초 동안 공을 바라보더니 관심 없다는 듯 고개를 돌렸다. 이번에는 위 실험과 마찬가지로 스크린을 가린 상태에서 아기에게 공이

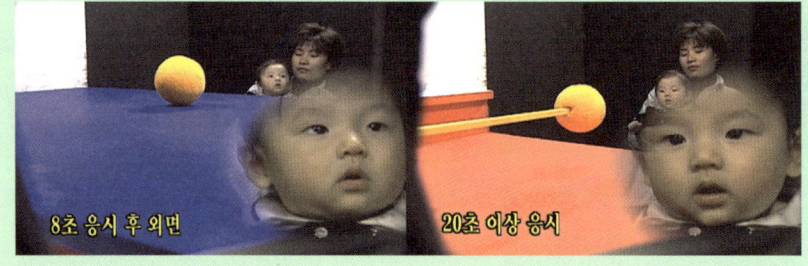

> 떨어지는 소리를 들려주고 오렌지색 막대에 오렌지색 공을 꽂아 마치 공이 공중에 떠 있는 것처럼 만들어 아기에게 보여 주었다. 그러자 아기는 무려 20초 동안 꼼짝하지 않고 떠 있는 공을 쳐다보았다. 공이 허공에 떠 있는 모습이 낯설고 신기했던 아기는 공이 바닥에 떨어져 있는 장면보다 허공에 떠 있는 장면에 더 몰입하는 모습이었다. 아기는 지극히 초보적인 중력의 개념, 즉 모든 물체는 밑에서 무언가가 받쳐 주지 않으면 떨어진다고 믿고 있었기 때문이다.

중력은 뉴턴이 중년이 되어서야 터득한 과학적 개념이다. 복잡한 과학 공식으로 이루어진 중력의 개념은 중학생에게도 쉽지 않다.

물론 아기가 인식하는 중력의 개념은 지극히 초보적 수준이다. 하지만 이는 아기가 중력의 개념을 아는 상태로 태어난다는 사실을 방증하기에 충분하다. 이미 아기는 본격적으로 중력을 학습할 준비를 마친 것이다.

한 세대 전만 해도 심리학자들은 신생아의 경우 사고를 관장하는 대뇌피질이 없다고까지 주장했다. 하지만 지금은 이미 많은 사람들이 아기는 학습 프로그램이 갖춰진 뇌를 가지고 태어난다는 사실을 알고 있다. 그리고 아기의 능력에 놀라워하고 경이로워한다. 이제 거대한 학습능력을 지니고 태어나는 아기를 어떻게 자극하고 도와줘야 하는가에 초점을 맞출 때이다. 그렇다면 아기들에게 세상을 탐색하고 배우게 하는 가장 적절한 촉진제는 과연 무엇일까?

학습능력을 키우는 자양분, 경험

태어나면서부터 '아기 과학자' 라 불리며 다양한 학습능력을 발현하는 아기들. 이러한 사실이 과학적으로 입증됐을 때 엄마들은 흥분했다. 내 아기가 장차 자라서 과학자, 교수가 되고, 의사, 변호사가 되며, 유능한 CEO가 될 것이라는 확신이 생겼기 때문이다. 하지만 세상 모든 아기들이 부모의 바람대로 자라지는 않는다. 왜 어떤 아기는 과학자, 교수, 의사, 변호사로 자라고 어떤 아기는 그렇지 못한 것일까?

그것은 아기에게 주어진 천부적인 학습능력은 저절로 성장하지 않기 때문이다. 학습능력이 제대로 발현되려면 일종의 성장촉진제가 있어야 한다. 많은 학자들은 그것을 '경험' 이라 주장한다. 실제로 경험이 아기의 학습능력을 키우는 결정적 요소라는 사실을 증명한 연구 결과는 수없이 많다. 캐나다 맥길 대학교 심리학과 도널드 헵Donald Hebb 교수의 연구 결과가 그 대표적인 경우다.

헵의 가족들은 아이들이 키우는 애완용 쥐를 집 주변에 풀어놓고 길렀다. 그러던 어느 날 헵에게 기발한 아이디어가 떠올랐다. 헵은 몇 주 동안 자유롭게 풀어놓은 쥐들을 실험실로 데려와 실험실 우리에 갇혀 살던 쥐들과 함께 미로를 빠져나가게 했다. 그랬더니 흥미롭게도 집 밖에서 마음대로 돌아다니던 쥐들이 실험실 우리에만 갇혀 살던 쥐들보다 미로를 훨
씬 쉽게 빠져나갔다. 헵은 이 실험 결과를 통해 경험의 차이가 문제해결능력, 즉 학습능력의 차이를 가져온다는 사실을 알아냈다.

U. C. 버클리 대학교 연구팀의 연구 결과도 매우 흥미롭다. 연구팀의 실험은 아기들이 말하는 방식에 따라 특정작업을 더 능숙하게 해내는가, 라는 의문에서 시작되었다.

실험대상은 한국 아기들과 미국 아기들이었는데, 연구팀이 이 두 나라의 아기를 선택한 데는 나름의 이유가 있다. 한국어는 특성상 동사 어미에 많은 의미가 담겨 있기 때문에 부모들이 아기와 대화를 할 때 명사를 많이 사용하지 않고도 이야기를 할 수 있는 반면, 영어는 동사가 적고 명사가 많아 부모들이 명사를 주로 사용해 아기와 이야기를 나눈다. 다시 말해 한국 아기들은 동사를 많이 듣게 되는 환경에서 자라고, 미국 아기들은 명사를 많이 듣게 되는 환경에서 자라기 때문에 여러 가지 면에서 확연한 차이를 보일 거라 예측한 것이다.

연구팀의 추측대로 한국 아기들은 이야기할 때 주로 동사를 많이 쓰고, 미국 아기들은 동사보다 명사를 더 많이 구사했다. 뿐만 아니라 손이 닿지 않는 통 속에 물건을 넣어 둔 상태에서 두 나라의 아기들에게 갈퀴를 이용하여 물건을 꺼내도록 한 결과, 한국 아기들이 미국 아기들보다 물건을 훨씬 빨리 꺼냈다. 행동상의 문제해결 방법을 터득하는 속도가 동사를 많이 사용하는 한국 아기들이 더 빨랐다는 얘기다. 반면, 명사를 많이 사용하는 미국 아기들은 한국 아기들에 비해 사물의 범주를 구분하는 범주의 개념을 더 빨리 익혔다.

이는 단순히 언어적 차원을 넘어 언어적 경험이 학습능력에 영향을 미친다는 사실을 보여 주는 결과이다. '경험'이 아기의 타고난 학습능력을 발현시키는 데 결정적 역할을 한다는 사실을 다시금 확인시켜 주는 또 하나의 실험이 있다. 바로 '대상영속성' 실험이다.

아기 성장 실험 24

아기에게 대상영속성 개념이 있을까?

실험은 생후 6개월 된 아기를 대상으로 진행됐다. 먼저 아기가 가지고 놀던 딸랑이를 엄마가 담요 밑에 숨겼다. 그러자 아기는 곧바로 울음을 터트렸다. 아기는 딸랑이가 보이지 않자 사라졌다고 생각한 것이다. 딸랑이가 아닌 장난감 핸드폰으로도 같은 실험을 해보았지만 아기의 반응은 똑같았다. 이는 생후 6개월 된 아기에게는 아직 대상영속성 개념이 형성되지 않았음을 의미한다.

이번에는 생후 9개월 된 아기와 11개월 된 아기에게 같은 실험을 했다. 아기들은

▲ 대상영속성이 생기기 전 생후 6개월 된 아기

▲ 대상영속성이 생긴 생후 9개월 된 아기

생후 6개월 된 아기와는 달리 숨긴 장난감을 금방 찾아냈다. 이 또래의 아기에게는 이미 대상영속성 개념이 생긴 것이다.

대상영속성이란 물체가 눈에 보이지 않거나 소리가 들리지 않아도 그 물체가 계속 존재한다는 사실을 이해하는 것을 말한다. 저명한 아동발달 심리학자였던 장 피아제Jean Piaget는 아기의 대상영속성 개념은 생후 8~9개월이 되어야 나타나기 시작하고, 생후 12개월은 되어야 물체의 존재뿐만 아니라 물리적 특성을 이해할 수 있다고 주장했다.

그러나 미국 일리노이 대학교 르네 발라르장 교수 연구팀은 실험을 통해 피아제가 주장하는 생후 8~9개월보다 훨씬 이전부터 대상영속성 개념이 형성된다는 사실을 밝혀냈다.

이처럼 아기는 태어나서 일정 시간이 지나면 눈에 보이지 않는 사물도 존재한다는 사실, 즉 대상영속성을 이해한다. 이는 나이와 경험이 많아질수록 더욱 분명해진다. 다양하고 많은 경험이 아기가 타고난 학습능력을 배가시키는 것이다.

그렇다면 경험은 어떻게 아기의 타고난 학습능력을 발달시키는 걸까? 그 해답

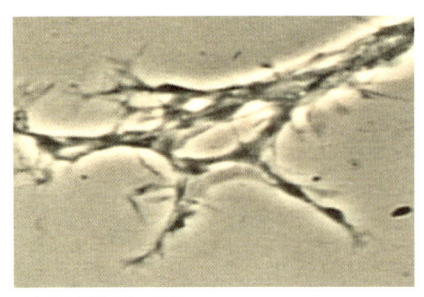
▲ 뉴런이 증가하는 모습

은 바로 경험이 두뇌 발달에 결정적인 영향을 미친다는 사실에 있다.

과학자들은 최근 인간 두뇌의 복잡한 신경회로를 결정짓는 것은 선천적 요인보다 후천적 경험이란 사실을 깨닫기 시작했다. 유전적인 요인보다는 출생 초기의 경험이 두뇌 발달에 더 많은 영향을 준다는 것이다.

아기는 태어날 때 약 1,000억 개의 신경세포 '뉴런neuron'과 뉴런과 뉴런의 결합으로 형성되는 50조 개 이상의 '시냅스synapse'를 가지고 태어난다.

뉴런이란 핵이 있는 신경세포체와 다른 뉴런에서 신호를 받아들이는 수상돌기, 다른 뉴런에 신호를 보내는 축색돌기로 구성된 신경세포로, 이는 쉴 새 없이 정보를 주고받아 두뇌를 가동시키는 역할을 한다. 만약 뉴런이 제대로 움직이지 않는다면 뇌는 작동하지 않는다.

시냅스란 A뉴런이 신호를 보내기 위해 길게 뻗은 축색돌기와 이 신호를 받는 B뉴런의 수상돌기 사이에 존재하는 아주 미세한 틈으로, 이곳에서 아드레날린, 도파민, 세로토닌과 같은 신경전달물질의 화학작용이 일어나 뉴런과 뉴런 사이에 정보가 오갈 수 있도록 한다.

아기의 두뇌를 구성하는 요소 중 태어나면서부터 부모에게 물려받은 유전자에 의해 이미 결정되는 것은 두뇌의 기본적인 신경회로 정도이다. 이것은 호흡, 순환, 소화, 배설과 같은 기본적인 기능을 관장하는 신경회로로 이미 유전자들에 의해 뇌간에 형성되어 있다. 하지만 이것만으로 사고, 기억, 수리 등 복잡한 문제해결능력이나 고도의 정신능력을 담당하는 대뇌피질을 형성하고 운영하기에는 역부족이다. 다시 말해 아기가 선천적으로 가지고 태어나는 신경회로만으로는 두뇌가 제대로 작동하기 힘들다는 것이다.

물론 아기의 뉴런 개수는 성인의 그것과 맞먹는다. 그러니까 아기는 평생을 살아가는 데 필요한 뉴런을 거의 다 가지고 태어나는 셈이다. 그럼에도 제 역할을 할 수 없는 까닭은 마치 결합이 채 되지 않은 기계처럼 뉴런과 뉴런 사이를 연결하는 시냅스가 너무 약하고 그 숫자 또한 너무 적기 때문이다.

뇌 발달은 뉴런의 양도 중요하지만 그보다는 뉴런의 돌기들이 가지를 뻗어 시냅스의 접속이 얼마나 많이, 그리고 얼마나 튼튼하게 연결되어 있는지가 더 중요하다. 그래서 경험의 역할이 중요한 것이다. 경험이란 신생아가 외부 세계로부터 수신하는 모든 신호로, 이것이 시냅스의 숫자를 늘리고 시냅스를 강화시키기 때문이다.

실제로 출생 초기 몇 달 동안의 경험은 아기의 시냅스를 20배 늘어난 1,000조 개 이상으로 만들어 준다. 이것은 아기가 가지고 태어나는 뉴런과 시냅스만으로는 결코 만들어 낼 수 없는 양으로, 유전적으로 이미 결정된 신경회로에 의해 형성되는 시냅스를 제외한 나머지는 대부분 경험에 의해 만들어진다고 해도 과언이 아니다.

이렇게 경험에 의해 시냅스의 수가 늘어나면 아기의 두뇌 무게가 눈에 띄게 변화하는데, 태어날 때 약 340g이었던 두뇌 무게는 생후 1년 정도가 되면 출생 당시의 약 2배가 되고, 5세 무렵에는 성인 두뇌의 약 90%에 달하는 1,450g으로 급증한다. 이것은 뉴런의 수가 증가하기 때문이기도 하지만 뉴런과 뉴런 사이의 연결고리 역할을 하는 시냅스가 급격하게 늘어나는 것이 가장 큰 원인이다. 이처럼 시냅스가 늘어남에 따라 두뇌가 커지게 되면 아기의 학습능력에도 상당한 변화가 일어난다.

　또한 경험의 영향으로 두뇌가 커지면 아기의 두뇌 구조에도 큰 변화가 생긴다. 학습능력과 직접적인 관련이 있는 대뇌피질이 미성숙 상태에서 벗어나 본격적으로 발달하기 시작하는 것이다. 생후 6~12개월 무렵이면 대뇌피질에서는 성인의 두뇌보다 배나 많은 에너지를 소모할 정도로 시냅스 형성이 빠르게 진행된다. 이와 동시에 학습능력 또한 놀라운 속도로 발달한다. 이 맹렬한 추세는 10세 때까지 지속된다고 한다.

　특히 경험과 대뇌피질의 상관관계를 보여 준 미국 캘리포니아 대학교 로스앤젤레스 캠퍼스 아널드 셰이벨 연구팀의 연구 결과를 살펴보면 경험이 대뇌피질에 어떤 영향을 미치는가에 대해 좀 더 자세히 알 수 있다.

　연구팀은 생후 3개월부터 6세까지 총 17명의 죽은 아이들의 뇌 표본을 얻어 경험이 대뇌피질에 어떤 영향을 미치는가에 대해 관찰했다. 그들이 주목한 것은 오직 뉴런의 수상돌기 모양이었다. 왜냐하면 뉴런의 수상돌기는 마치 나무처럼 작은 가지를 뻗는데, 얼마나 길게 자라 얼마나 많은 가지를 내느냐에 따라 대뇌피질의 발달정도를 측정할 수 있기 때문이다. 가령 수상돌기가 길게 자라 많은 가지를 뻗어 무성해진 대뇌피질은 그렇지 않은 대뇌피질에 비해 더 발달되었다는 의미로 해석할 수 있다.

　죽은 아이들의 뇌를 관찰한 결과, 어린 아기일수록 뉴런의 수상돌기가 가지를 많이 내지 못했으며, 연령이 높아질수록 수상돌기가 길고 가지도 많이 뻗은 것을 확인할 수 있었다. 이는 아기가 태어나 주변 환경에 적응하기 위해 오감과 신체를 활용해 쌓은 경험이 대뇌피질 성숙에 결정적인 영향을 미친다는 것을 보여 주는 것이다. 다시 말해 경험은 수상돌기가 가지를 뻗게끔 이끄는 햇볕과 같은 존재로, 대뇌피질 발달을 촉진시키는 밑거름이자 학습능력의 발달 여부를 결정짓는 중요한 열쇠인 셈이다.

두뇌 발달의 보석, 생후 3년간의 경험

두뇌는 우리가 감히 상상할 수 없을 정도로 경이로운 기관이다. 엄마의 자궁을 떠난 이후에도 지속적으로 경험이 제공되면 평생 발달하는 것 또한 두뇌이다. 바꿔 말하면 대뇌피질의 수상돌기가 더 많은 자극과 경험을 기다리고 있으며, 이러한 대뇌피질 수상돌기의 잠재력은 아기가 타고난 학습능력을 언제든지, 혹은 얼마든지 발달시킬 수 있다는 말이다.

이처럼 아기의 타고난 학습능력이 제대로 발달하기 위해서는 생후 몇 년간의 경험, 특히 초기 3년간의 경험이 매우 중요하다. 왜냐하면 바로 이 시기에 '두뇌의 가지치기'가 이루어져 신경회로가 다듬어지기 때문이다.

두뇌의 가지치기란, 뇌에 지속적인 경험이 제공되지 않아 사용되지 않는 시냅스를 솎아내는 일을 말한다. 인간이 기억력을 제대로 사용하지 않으면 점차 약화되는 것과 같은 이치이다. 생후 21개월에 무려 전체 시냅스의 40%가 제거되고, 생후 10년 가까이 두뇌의 가지치기는 계속 진행된다고 한다. 그런데 왜 두뇌는 가지치기를 하는 걸까?

사실 두 살배기 아기의 시냅스 수는 웬만한 어른보다 훨씬 많다. 무력한 아기가 낯선 환경에 적응하고 생존해 나갈 수 있도록 아기의 두뇌가 모든 가능성을 열어 두었기 때문이다. 생후 초기의 맹렬한 시냅스 증가 현상은 아기를 위한 두뇌의 배려인 셈이다.

하지만 이때 맹렬히 증가하는 시냅스를 따라잡을 만큼의 경험이 주어지지 않으면, 사용되지 않는 시냅스는 가지치기 과정을 통해 약화되기 시작한다. 또한 과도하게 생산된 시냅스도 가지치기 과정을 거친다. 정원사가 불필요하게 자란 나무의 잔가지를 잘라 더 보기 좋은 나무를 만들듯 두뇌 또한 가지치기를 통해 불필요한 시냅스를 '경험'이라는 정원용 가위로 가다듬고, 가지치기로 약화된 시냅스의 결합 상태를 적절한 자극으로 더욱 견고히 만드는 것이다. 이는 본격적으로 정신능력, 학습능력, 신체협응력 등이 발달할 수 있도록 틀을 만드는 과정이라고 볼 수 있다.

따라서 시냅스가 줄어든다고 해서 두뇌 발달이 쇠퇴하는 건 아니다. 오히려 적절한 자극으로 남은 시냅스의 연결을 견고히 하면 더 똑똑한 두뇌로 발달함은 물론 학습능력 또한 향상된다. 그러나 이것은 어디까지나 아기에게 정상적으로 풍부한 경험이 제공되었을 때의 얘기다. 아기의 두뇌가 주위 환경에 잘 반응하고 외부 자극을 적절히 받아들여 두뇌 발달이 75% 이상 이루어지는, 이른바 '두뇌 발달의 결정적 시기'인 생후 3년 동안의 경험이 차단된 경우라면 얘기는 달라진다. 두뇌 발달의 결정적인 시기에 경험이 결핍되었을 때 두뇌 발달에 미치는 영향을 연구한 한 연구팀의 실험은 이를 여실히 보여 준다.

> **아기 성장 실험 25**
>
> **결정적 시기에 경험이 결핍되었을 때, 아기의 두뇌 발달에 미치는 영향은 어느 정도일까?**
>
> 연구팀은 스코티쉬 테리어 종의 어린 새끼 개들을 아주 어두운 곳에 가두고 가능한 한 모든 자극을 차단했다. 얼마 후 경험이 없는 열악한 환경에서 자란 개들은 사람이나 다른 개들을 보고도 거의 반응하지 않았다. 심지어 핀으로 찔러도 고통을 느끼지 못했다. 뿐만 아니라 지능검사에서도 경험이 풍부한 환경에서 자란 개들이 쉽게 푸는 문제를 매우 더디게 풀거나 아예 풀지 못했다. 이 실험은 생후 초기의 경험이 다른 어떤 시기의 경험보다 중요하다는 사실을 알려 준다.

다시 말하지만 아기의 천부적인 학습능력을 제대로 발달시키려면 생후 3년간 아기에게 풍부한 경험이 가능한 환경을 조성해 주어야 한다. 이 시기에 적절한 경험 자극이 주어지지 않으면 학습능력뿐만 아니라 신체적, 정서적 발달 등 아기의 전반적인 발달이 늦어질 수 있다. 단, 이때의 경험은 긍정적인 경험이어야 한다. 미국 미네소타 대학교의 찰스 넬슨 연구소장 찰스 넬슨은 그 이유를 이렇게 설명했다.

"우리 뇌는 매우 유연합니다. 뇌가 얼마나 유연한지를 나타내는 개념이 바로 '두뇌 가소성'인데, 이것은 경험이 갖는 영향의 방향을 결정합니다. 이를테면 경험이 아기에게 유익한 것이면 좋은 결과, 유익하지 않은 것이면 나쁜 결과가 나타나는 것이지요."

▲ 찰스 넬슨

실제로 앞서 언급했던 루마니아 고아들처럼 부정적인 경험에 오래 노출되면 아기의 뇌는 직접적으로 손상을 입는다. 특히 학습능력과 밀접한 관련이 있는 대뇌피질은 매우 연한 부위이기 때문에 부정적인 경험에 의해 쉽게 다친다. 뇌의 뛰어난 신경회로 형성능력도 정신적 외상에 매우 약하기 때문이다.

미국 베일러 의과대학교 교수이자, 아동 두뇌 발달 분야의 전문가인 브루스 페리 교수는 연구를 통해 부정적인 경험이 뇌에 미치는 영향을 밝혀냈다. 그의 연구 보고에 의하면 부정적인 경험에 오래 방치된 아기들은 대뇌 변연계 및 대뇌피질의 크기가 정상아보다 20~30% 작고, 시냅스의 수도 적다고 한다. 뿐만 아니라 경계·각성을 담당하는 부위가 활성화되어 과민반응, 불안, 충동적인 행동을 보이며, 신경전달물질의 신호체계가 혼란해져 학습능력도 많이 떨어진다는 것이다.

이처럼 생후 3년간의 경험은 아기의 미래를 좌우하는 중요한 열쇠가 된다. 아기의 타고난 재능과 능력에 날개를 달아 주는 것은 다름아닌 부모와 사회가 제공하는 긍정적이고 풍부한 경험이란 사실을 기억해야 할 것이다.

베이비 아인슈타인으로 키워라

아기가 기기 시작하면, 그래서 스스로 세상을 탐색할 수 있게 되면, 아기의 호기심은 끝없이 증폭된다. 쓰레기통을 넘어뜨리고, 전화 수화기를 들었다 놓았다, 전등 스위치를 켰다 껐다, 옷장 서랍을 열었다 닫았다 하는 등 방 안 구석구석을 휘젓고 다니는 것이 일상다반사이다. 어디 그뿐인가. 눈에 보이는 물건들은 죄다 바닥에 집어던지고는 소파에 올라가 팔짝팔짝 뛰며 먼지를 날리

는가 하면 방문을 열었다 닫았다 하며 TV 리모컨으로 채널 돌리기까지, 엄마의 인내심을 시험하기 일쑤다. 이쯤 되면 엄마의 인내심에도 한계가 온다. 결국 엄

마의 입에선 갑자기 위압적인 목소리가 튀어나오고, 아이가 듣든 말든 상관없이 잔소리를 쏟아내기 시작한다. 그때 아기의 반응은? 엄마의 화 따위는 관심 없다는 듯, 하던 장난을 멈추지 않는다. 대체 아기의 속마음은 어떤 걸까? 대부분의 엄마들은 아기의 이런 행동이 엄마의 관심을 끌기 위해서 혹은 엄마를 괴롭히는 게 재미있어서라고 생각한다. 물론 엄마들의 생각이 100% 틀린 것은 아니다. 아기들은 분명 재미있고 신이 나서 계속 장난을 치는 것이다. 하지만 진짜 이유는 엄마를 괴롭히는 일이 신이 나서가 아니라 전등 스위치를 켰다 껐다 하면 왜 주변이 환해지고 어두워지는지, 고무공은 던지면 튀어 오르는데 베개는 왜 튀어 오르지 않는지, 리모컨을 누르면 TV 화면에 왜 자꾸 다른 광경이 펼쳐지는지가 신기하고 궁금하기 때문이다. 궁금해서 자꾸만 만지고, 누르고, 던지고, 빨고 하는 것이다. 엄밀히 말하자면 아기의 이러한 행동은 단순한 장난이 아니라 주변 사물을 대상으로 하는 일종의 실험이다. 아기는 탐구와 실험의 과정을 통해 스스로 세상을 배워 나가는 어린 과학자들이기 때문이다.

어마어마한 탐구 욕구는 아기 두뇌의 영양소

아기들은 탐구 욕구가 아주 강하다. 어른들에겐 그저 번거롭고 복잡하게만 보이는 일들을 아기들은 언제나 반짝이는 눈으로 관찰하고 탐구한다. 왜 아기는 굳이 번거롭고 복잡한 탐구 과정을 거쳐 무언가를 배우려 하는 것일까?

낯선 세상에 던져진 아기는 세상을 배우는 일에 대단한 흥미를 가지고 있기 때문이다. 세상을 제대로 알고 이해하기 위해서 탐구와 실험이라는 과정을 흥미롭게 거쳐 가는 것이다.

여기 아기의 탐구욕과 실험 정신을 보여 주는 두 가지 실험이 있다. 바로 하누스 파포섹 연구팀이 연구 시행한 '빨간 불 켜기'와 '인형 잡기' 실험이다.

아기 성장 실험 26

아기의 탐구욕은 어느 정도일까? _ 빨간불 켜기

파포섹 연구팀은 사람이 고개를 돌리면 빨간 불이 켜지는 실험도구를 고안했다. 그리고 생후 2개월 된 아기들을 대상으로 실험을 실시했다. 연구팀은 먼저 아기가 오른쪽으로 고개를 돌리면 빨간 불이 켜지도록 상황을 설정했다. 실험을 시작한 지 얼마 지나지 않아 아기들은 오른쪽으로 고개를 돌리면 불이 켜진다는 사실을 발견했다. 이를 처음 발견했을 때 아기들은 무척 신나했고, 이 재미있는 놀이를 결코 멈출 생각이 없다는 듯 계속 오른쪽으로 고개를 돌려 불을 켜려고 했다. 하지만 계속 같은 상황이 반복되자 싫증이 났는지 고개를 돌리는 횟수가 점점 줄어들었다. 나중에는 '내 마음대로 불을 켤 수 있는지 확인이나 해보자'라는 표정으로 아주 가끔 고개를 돌릴 뿐이었다.

연구팀은 이번에는 규칙을 바꿔 왼쪽으로 고개를 돌리면 빨간 불이 켜지도록 상황을 재설정했다. 아기는 오른쪽으로 고개를 돌렸는데도 불이 켜지지 않자 잠시 당황하는 기색을 보였다. 그러다 이내 자신에게 주어진 문제를 해결하기 위해 열심히 궁리하기 시작했다. 그러던 중, 왼쪽으로 고개를 돌리면 불이 켜진다는 것을 알아냈다. 이 사실을 매우 흥미로워한 아기는 이번에도 한동안 왼쪽으로 고개를 돌려 불을 켜려고 했다. 하지만 첫 번째 실험과 마찬가지로 아기는 곧 흥미를 잃고 더 이상 불을 켜려 하지 않았다.

아기 성장 실험 27

아기의 실험 정신은 어느 정도일까? _ 인형 잡기

침대 밖, 아기의 손이 닿지 않은 곳에 곰 인형을 놓아두었다. 곰 인형이 무척 갖고 싶어진 생후 15개월 된 아기는 혹시 침대를 빠져나갈 수 있는지를 알아보기 위해 침대를 둘러싸고 있는 틀을 만지작거리기 시작했다. 그러나 아기는 곧 혼자서 침대 밖으로 나갈 수 없다는 사실을 깨닫고는 바닥에 털썩

> 주저앉았다. 하지만 이 행동은 항복의 표시가 아니었다. 아기는 이내 침대 위에 놓인 천을 발견하고는 그것을 오랫동안 이리저리 만져 보고 흔들며 탐구했다. 그 천은 인형 밑에 미리 깔아놓은 것으로, 그것을 잡아당기면 인형도 자동적으로 딸려오게 되어 있었다. 천과 한참 씨름하던 아기는 문득 뭔가 깨달은 듯 조금씩 천을 잡아당기기 시작했다. 아기는 이런 저런 실험과 탐구 끝에 천을 잡아당기면 인형이 끌려온다는 사실을 스스로 터득한 것이다.

이처럼 아기들에게 어마어마한 탐구학습 욕구가 존재한다는 사실은 주변에서도 어렵지 않게 찾아볼 수 있다.

생후 15개월 된 명환이는 두 명의 누나가 있다. 그런데 누나들은 항상 어린 동생을 따돌리고 이층 침대 위로 올라가 자기들끼리만 노는 일이 많았다. 15개월 된 명환이는 늘 그것이 불만이었다. 어떻게 해서든 누나들과 함께 놀고 싶었지만 명환이에게 이층 침대는 에베레스트 산과 다를 바 없었다.

그러던 어느 날, 명환이는 누가 가르쳐 주지 않았는데도 의자를 가져와서는 그것을 밟고 침대 위로 올라가려고 했다. 명환이의 도전은 번번이 실패했다. 높은 침대 난간이 명환이의 도전을 매번 방해했기 때문이다. 하지만 명환이는 포기하지 않고 수없는 시행착오와 실험을 거듭했다. 그리고 마침내 스스로 터득한 방법으로 이층 침대에 오를 수 있었다. 이층 침대로 올라가자마자 명환이는 해맑게 웃으며 점프를 했다. 수차례의 실험을 통해 스스로 문제를 해결한 사실이 너무 신나고, 또 그 일을 해낸 자신이 너무 자랑스러웠던 것이다.

이렇게 아기들은 주변의 사물을 끊임없이 탐구한다. 그 과정을 통해 아기는 베이비 아인슈타인으로 성장한다. 마치 과학자들이 하나의 가설을 설정해놓고 실

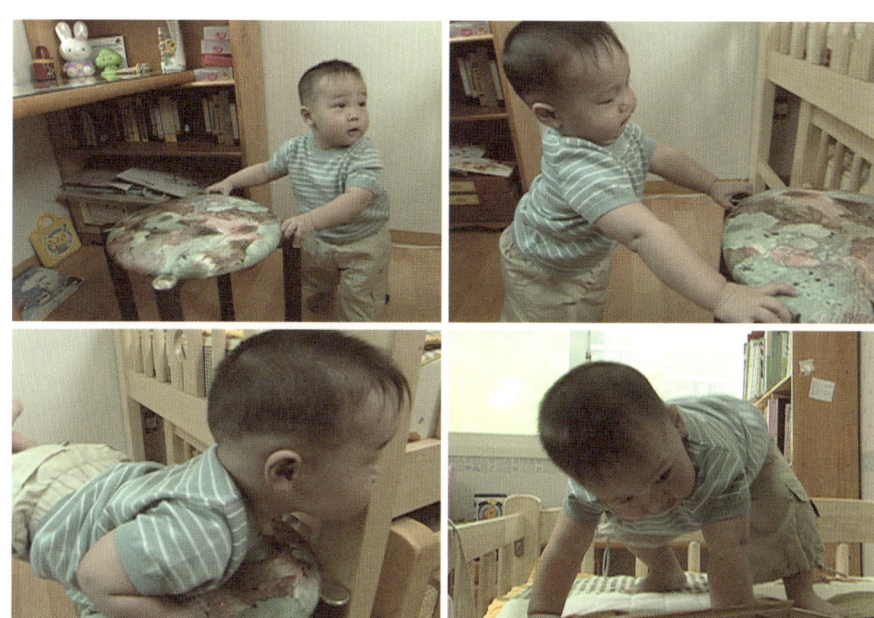

▲ 이층 침대에 올라가기 위해 수차례의 실험을 거듭하고 있는 명환이

험을 거듭해 하나의 원리를 발견해 내는 것처럼 아기는 세상과 만나는 방법을 스스로 터득하면서 배워 나가는 것이다. 이때 많은 부모들은 무언가를 활용해서라도 아기의 맹렬한 탐구욕이 식지 않고 두뇌 발달과 학습능력을 배가시킬 수 있도록 '뇌 자극'을 촉진시켜야 한다고 생각한다. 과연 선천적으로 놀라운 학습능력과 어마어마한 탐구 욕구를 가지고 태어나는 아기를 제대로 잘 키울 수 있는 방법은 무엇일까? 어떤 방법으로 아기의 뇌를 자극해 줘야 할까?

아기의 두뇌 발달에 가장 좋은 자극, 칭찬

많은 엄마들이 내 아기를 슈퍼 베이비로 만들기 위해 학습능력 발달에 영향을 주는 각종 학습 도구들을 활용한다. 하지만 유감스럽게도 아기의 잠재력은 조기 교육용 장난감이나 도구들만으로 촉발되지 않는다. 집 안에서 흔히 볼 수 있는 물건들과 간단한 놀이, 이를테면 냄비뚜껑, 베개, 양말, 젖병, 까꿍 놀이, 숨기고 찾는 놀이만으로도 아기의 잠재력은 충분히 발현될 수 있다. 이에 대해 전문가들도 아기에게 무리한 조기교육을 시키다 보면 오히려 아기들에게 진정 필요한 학습을 할 수 없게 된다고 지적한다. 미국의 저명한 소아과 의사이자 아동학자인 베리 브라질톤T. Berry Brazelton 교수는 부모의 잘못된 생각이 아이의 잠재력을 망칠 수 있다고 경고한다.

"요즘 부모들은 아기에게 무엇을 하는 방법을 일일이 가르쳐야 한다고 생각하는데, 이건 대단한 착각입니다. 이러한 행동은 불필요하고 때로는 아기가 스스로 무엇인가 해보려는 마음을 방해할 수 있습니다. 아기를 과보호하고, 억지로 아기에게 그림 카드를 보여 준다든가, 테이프를 들려준다든가, 비디오를 보여 준다든가 하면서 아기들의 잠재력을 키우려고 안간힘을 쓰는 부모는 아기의 입장에서 보면 결코 좋은 부모라 할 수 없습니다."

그렇다면 아기의 잠재력을 키우는 좋은 부모는 어떤 사람일까? 이에 브라질톤 교수는 아기의 성장에 있어 가장 중요한 것이 무엇인지에 대해, 그리고 왕성한 호기심을 지니고 태어나는 아기에게 부모는 어떤 피드백을 주어야 하는지에 대해 이렇게 설명했다.

"아기들의 성장에서 가장 중요한 것은 스스로 달성했다고 생각하는 내부적 피드백입니다. 아기는 스스로 뭔가를 달성하고 칭찬받음으로써 성장하는 존재이기 때문이지요. 이렇게 볼 때 좋은 부모는 "응, 잘했다. 내가 도와줄게. 하지만 그건

네가 직접 스스로 하는 거야."라며 아기에게 자신감을 심어 주고, 아기가 호기심을 가질 수 있는 환경을 제공해 주어야 합니다. 또 그 속에서 스스로 세상을 탐구하며 배워 가는 아기의 모습을 애정 어린 시선으로 지켜보면서 아기가 무엇인가를 달성했을 때는 칭찬을 아끼지 않는 부모여야 합니다."

베리 브라질톤 교수의 말처럼 아기에게 일방적인 학습을 강요하는 것은 아기의 잠재력을 죽이는 행위와 다름없다. 끊임없이 쏟아지는 학습 도구나 교육 서비스가 아기의 두뇌 발달을 촉진시켜줄 거라 믿는 것 또한 아기들의 왕성한 호기심을 꺾는 행위이다. 진정, 아기가 지닌 무한한 잠재력을 믿는다면 부모는 수없는 시행착오를 경험할지라도 아기 스스로 엄청난 탐구욕을 발휘해 세상을 배우는 해법을 찾아내기를 기다려야 한다. 칭찬과 격려라는 도구만으로 말이다.

Chapter 3

엄마가 주는 최고의 선물, 애착

이미 태내에서 엄마의 목소리를 인식하고, 생후 10일이면
엄마와 다른 사람의 젖 냄새를 구분할 수 있는 아기는 언젠가부터
자신이 보내는 신호를 알아차리고, 반응하는 이에게 애정의 표시를 보낸다.
때론 울음으로, 때론 옹알이로, 때론 미소로.
아기와 엄마 사이의 사랑은 이렇게 발전해 간다.
서로를 만지고 안아 주며, 원하는 무언가를 기쁘게 들어주면서
아기는 엄마에게, 엄마는 아기에게 유일무이한 '애착'을 쌓아 가는 것이다.
이는 불과 생후 1년간 이뤄지는 엄청난 사건이다.
엄마가 아기에게 주는 최고의 선물, '애착'에 관한 이야기다.

아기는
애착 시스템을 타고난다

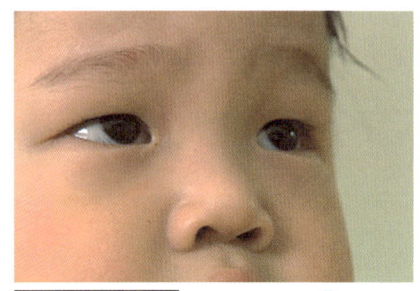

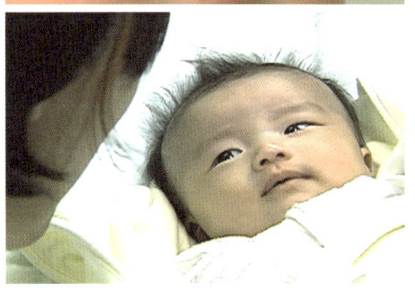

아기는 이미 세상을 살아가는 데 필요한 주된 능력을 가지고 태어난다. 하지만 태어나서 일정 기간 동안은 누군가의 도움 없이는 먹을 수조차 없는 나약한 존재다.

이 때문에 아기는 자신이 무기력한 기간 동안 누군가의 보살핌을 받을 수 있도록 특별한 시스템을 가지고 태어난다. 바로 '애착 시스템'이다. 여기서 애착이란 아기와 아기를 돌보는 사람, 즉 아기와 엄마 사이에 형성되는 친밀한 정서적 유대감을 말한다. 아기는 자신이 지니고 태어난 애착 시스템을 활용해 엄마가 자신에게 애착을 갖기 이전부터 자신을 사랑하고 보호할 수 있도록 유도하는 것이다.

실제로 아기와 엄마와의 관계 발전은 아기가 태어나는 순간부터 비로소 구체화된다. 울음과 함께 자신의 존재를 알린 아기는 엄마와 다른 사람의 젖 냄새를 구별한다. 또한 생후 5주 정도가 지나면 엄마에 대한 애정을 표시하기에 이른다. 미소를 짓기도 하고, 옹알이를 하며 눈으로 손으로, 울음으로 '날 내버려두지 마세요!' 라는 사인을 보낸다. 이렇게 아기와 엄마와의 애착이 형성되는 사이, 아기와 엄마와의 사랑은 점점 발전해 가는 것이다. 어찌 보면 자신을 보호하기 위해 지니고 태어나는 아기의 애착 시스템 역시 낯선 세상과 마주하기 위한 아기들의 생존전략인 셈이다.

성균관대학교 신경정신과 노경선 교수는 아기와 엄마 간에 형성되는 애착 시스템에 관해 이러한 설명을 덧붙였다.

"생물이 태어나서 살아가는 방법에는 여러 가지가 있는데, 부모의 도움을 거의 필요로 하지 않는 생물도 있고, 그렇지 않은 동물도 있습니다. 예를 들면 물고기와 같은 생물은 부모의 도움이 거의 필요하지 않고, 원숭이나 인간 같은 경우는 부모가 장기간 돌봐주지 않으면 새끼가 생존할 수 없습니다. 때문에 인류가 수백만 년의 진화를 거쳐 얻어낸 아기의 유전인자 속에는 어떻게 살아야 생존할 수 있는지가 각인되어 있고, 엄마의 유전인자 속에는 자식을 어떻게 길러야 한다는 인식이 각인되어 있습니다. 애착은 이러한 유전인자를 가진 두 사람이 만나서 만들어 가는 관계죠."

애착론을 처음 제기한 사람은 1950년대 영국의 정신과 의사이자 정신분석학자였던 존 볼비John Bowlby이다. 평소 아기와 엄마와의 관계에 깊은 관심을 가지고

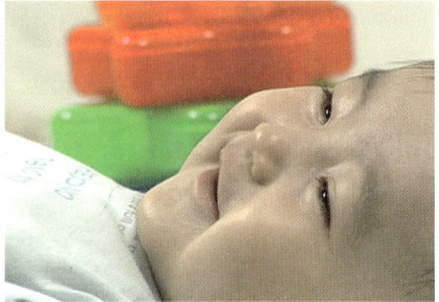

있었던 그는 제2차 세계대전 때 부모와 헤어진 고아들을 관찰하면서 아기와 엄마는 태어나기 이전부터 생물학적으로 밀접한 정서적 유대관계를 형성하도록 입력되어 있다는 이론을 정립했다. 이는 1970년대 잠시 인기를 끌었던, 아기와 엄마가 제대로 된 관계를 맺으려면 출생 후 지속적으로 피부를 맞대며 접촉해야 한다는 '유대론'과는 달리 인성개발 이론 중 가장 근거 있는 이론으로 손꼽히고 있다.

아기는 '날 내버려두지 마세요.'라는 의미가 담긴 매혹적인 몸짓과 신호들을 이용해 엄마의 사랑과 보호본능을 불러일으킨다. 이 유혹의 힘은 매우 강력해 엄마는 이를 도저히 거부할 수가 없다.

그렇다면 이 같은 아기의 애착 시스템은 어떻게 가동되는 것일까? 도대체 아기들의 어떤 몸짓과 신호들이 엄마를 옴짝달싹 못하게 만드는 것일까?

〰️ 엄마의 보호본능을 자극하는 아기의 애착행동

아기들이 엄마를 자기 곁에 붙잡아 두는 대표적인 애착행동은 바로 '울음'이다. 배가 고프거나, 기저귀가 젖어 불쾌할 때, 혹은 몸 어딘가가 불편하거나 두려움을 느낄 때 아기는 언제든 울음으로 엄마의 도움을 요청한다. 또 자신을 쳐다보고 있던 사람이 눈앞에서 사라져도 아기의 울음은 여지없이 터진다. 거의 성공률 100%다. 대부분의 엄마들은 아기의 울음에 아주 민감하게 반응하기 때문이다. 아기에게 곧바로 달려오는 것은 물론이거니와 "우리 아가, 왜 그래? 기분이 별로 안 좋아?"라며 품에 안고 달래며 젖을 주기도 하고, 기저귀를 갈아 주기도 한다. 그런 과정 속에서 엄마는 아기가 더욱 친밀하고 애틋하게 느껴지며, '아기는 내 도움이 절실하게 필요한 존재'라는 사실을 다시 한 번 절감하게 된다.

아기의 또 다른 애착행동은 바로 타인을 향한 웃음, 즉 '사회적 미소'다. 출생 후 3주 전까지 아기는 소위 '배냇 웃음'을 짓는다. 이 웃음은 반사행동이기 때문에 어떤 사회적 의미도 담겨 있지 않다. 이 시기의 아기는 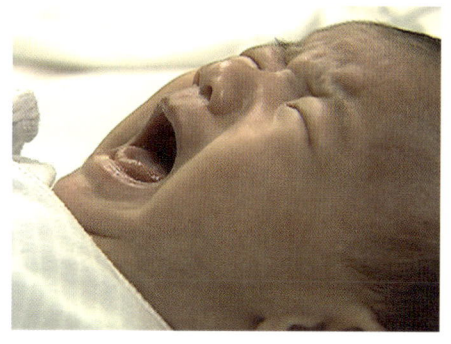 사람을 향해 웃지 않는다. 눈앞에 보이는 존재가 사람이든 아니든 상관없이 그냥 잠깐 입을 움직여 히죽거릴 뿐이다.

그러다가 생후 약 5주 정도가 되면 뚜렷한 사회적 미소를 짓기 시작한다. 이 시기가 되면 자신을 바라보는 사람과 눈을 마주치며 활짝 웃기도 한다. 그 순간 엄마는 사랑스러운 아기의 미소에 감격한다. 아기에 대한 애착이 한층 깊어지는 것이다.

옹알이도 아기가 엄마를 향해 보이는 애착행동 중 하나다. 아기들은 주로 사람의 목소리를 듣거나 특히 사람의 얼굴을 보면서 옹알이를 자주 한다. 아기는 옹알이를 하면서 미소를 짓곤 하는데, 이 때문에 아기를 바라보는 대부분의 사람들은 자연스럽게 행복감을 느끼며 아기에게 말을 걸게 된다. 또 무엇인가를 열심히 말하려는 아기를 돕기 위해 알아듣지도 못하는 옹알이를 열심히 경청하거나 "어이구, 우리 아기 말도 잘하네.", "응, 우리 아기 배고파요?"하는 식으로 아기와 대화하기 위해 애쓴다. 아기의 얼굴 표정과 손짓을 그대로 따라하면서 말이다.

아기와 엄마 사이에 이루어지는 이 같은 대화는 아기의 언어습득은 물론 정서적 교류를 촉진하여 아기와 엄마 사이의 애착관계를 더욱 돈독하게 만든다.

이외에도 엄마의 사랑과 보호본능을 자극하는 애착행동들은 또 있다. 손바닥에 무언가가 닿았을 때 자동적으로 손을 꽉 쥐는 '잡기반사', 큰 소리에 놀라거나 자신을 지탱하는 지면에 변화가 생겼을 때 누군가에게 매달리려는 '모로반사', 어떤 물체가 볼에 닿았을 때 자동적으로 대상물을 향해 머리를 돌리는 '젖찾기 반사', 무엇인가가 입에 닿았을 때 무조건 빠는 '빨기 반사' 등 모두 아기와 엄마 사이에 정서적 유대감을 형성하는 애착행동들이다.

이처럼 아기들은 태어나자마자 타고난 애착 시스템을 이용해 엄마에게 먼저 신호를 보낸다. 그리고 신호를 받은 엄마는 이에 적절히 반응하면서 아기와의 정서적 끈을 더욱 견고히 한다. 엄마와 아기 간에 적극적인 상호작용 즉 '애착'이 이루어지는 것이다. 이때 한 가지 기억할 것은 아기에 대한 엄마의 애착이 형성되는 시점과 엄마에 대한 아기의 애착이 형성되는 시점에 다소 차이가 있다는 것이다. 그렇다면 아기와 엄마 중 먼저 서로를 향한 애착을 형성하는 쪽은 누구일까? 태어날 때부터 애착 시스템을 가지고 태어나는 아기일까, 열 달 동안 아기를 기다려 온 엄마일까? 대부분 애착 시스템을 가지고 태어나는 아기일 거라 생각하지만 의외로 갓 태어난 아기는 엄마를 향해 특별한 애정을 표시하지 않는다. 아무리 애착 시스템을 가지고 태어나는 아기라 할지라도 말이다.

실제로 엄마에 대한 아기의 애착은 생후 6개월 이상이 지나야만 생긴다. 이에 비해 아기에 대한 엄마의 애착은 아기가 태어나고 불과 며칠 혹은 몇 주가 지나면 자연스럽게 생성된다.

그렇다면 아기의 다양한 애착행동은 누구를 향한 신호일까?

울음, 사회적 미소, 옹알이 등 생후 3개월 전에 보이는 다양한 애착행동들은 가장 많은 시간을 아기 곁에서 보내는 이를 향한 것이다. 많은 아기들이 엄마에게 반응하고 애착을 갖게 되는 것은 바로 이 때문이다. 생후 3개월 이전의 아기들에게 누가 자신을 돌봐 주느냐는 그다지 문제가 되지 않는다. 누군가 자신의 옆에 계속 있거나 원하는 반응을 보여 주면 아기는 울음을 그치고 미소를 지으며 옹알이를 하는 등 애착을 표현하기 때문이다.

이와 같은 맥락으로 미국 펜실베니아 주립대학교 인성개발학과 제이 벨스키 교수은 아기의 애착반응에 대해 이렇게 말했다.

"만약 신생아를 남자 사촌에게 맡기더라도 그가 엄마처럼 아기를 대하면 전혀 문제될 것이 없다."

이처럼 신생아들은 엄마는 물론 엄마 이외의 사람과도 애착관계를 형성할 수 있다. 마치 자연의 법칙처럼, 아기들은 1차적 육아책임자주로 엄마를 잃을 만약의 경우를 대비해 자신을 보호할 수 있는 보호막을 지니고 태어나는 것이다.

개인차가 있긴 하지만 일반적으로 아기가 엄마에 대한 애착을 확실히 형성하는 시기는 대개 생후 6~8개월부터이다. 이 시기가 되면 아기는 친숙한 사람과 낯선 사람을 구분할 수 있고, 낯선 이에 대해 두려움을 느끼기 시작한다. 자신에게 친숙한 사람 앞에서만 미소를 짓고 옹알이를 하며, 친숙한 사람이 달래야만 울음을 그친다. 뿐만 아니라 자신에게 친숙한 사람, 자신의 애착인물이 자리를 뜰 때에만 당황하며 울음을 터트린다. 누구든 자신을 쳐다보던 사람이 시야에서 사라지면 울음을 터트리던 예전과는 확연히 다른 모습이다.

비로소 아기는 자신을 돌봐 주고, 자신에게 무한한 사랑과 애착을 보내줄 이가 엄마라는 사실을 깨닫고 엄마와의 정서적인 유대를 맺는 것이다. 더불어 자신을 돌봐 주는 소수의 사람들만을 향해 뚜렷한 애착행동을 보이기 시작한다.

애착은 모든 발달의 씨앗이다

아기와 엄마 사이에 긍정적이고 친밀한 정서적 유대감이 형성되면 아기는 낯선 세상을 자신을 환영하는 안전하고 좋은 곳으로 인식한다. 그리고 엄마에게서 느꼈던 좋은 감정을 일반화시켜 세상에 적용한다.

이렇게 세상에 대해 호의적인 감정과 생각을 가진 아기는 다른 사람과도 쉽게 친해진다. 이는 엄마와의 관계에서 형성된 기본적인 신뢰감이 모든 사람에게 확대되기 때문인데, 이러한 경향은 장기간 지속되어 아기가 성인이 된 이후에도 다른 사람들과 조화로운 관계를 맺는 데 많은 영향을 미친다. 부모에 대한 긍정적인 애착을 가진 아기는 다른 사람에게 더 친절하게 반응하고 상대방의 입장을 더 잘 이해하며, 타인을 잘 보살피는 동시에 긴밀한 관계를 유지한다.

뿐만 아니라 엄마와 긴밀한 애착을 형성한 아기는 엄마를 안전기지 삼아 두려움 없이 세상을 자유롭게 탐색한다. 이러한 탐색욕구는 지적 발달을 도와 나중에 아기가 자란 후에도 학습능력에 적지 않은 영향을 미칠 수 있다. 더불어 애착형성이 잘된 아기는 새로운 것에 대해 긍정적인 생각을 가지고 있기 때문에 낯선 환경에 잘 적응하고 도전적인 과제를 쉽게 해결한다. 뿐만 아니라 실패를 하더라도 좌절감을 잘 극복하고 자기감정을 잘 억제하며, 특별한 문제 행동 없이 부모로부터 자연스럽게 독립한다.

한마디로 아기와 엄마 사이의 안정적인 애착관계가 정서 발달, 사회성 발달, 지적 발달 등 아기의 전반적인 발달을 좌우한다고 볼 수 있다.

미국 미네소타 대학교 아동발달학과 앨런 쓰루페L. Alan Sroufe 교수는 이와 관련해, 18개월 이전에 형성된 아기와 1차 애착대상주로 엄마과의 관계에 따라 앞으로 아기가 사회적으로 어떻게 행동할지를 미리 알 수 있다고 말했다. 그만큼 아기와 엄마의 안정적이고 긍정적인 애착관계 형성은 아기의 미래를 가늠하는 중요한 척도가 된다는 말이다.

▲ 앨런 쓰루페 교수

그렇다면 안정적이고 긍정적인 애착관계는 어떻게 형성되는 걸까? 그 시작은 아주 작은 실천에서 비롯된다. 아기의 신호에 적극적으로 반응하는 것, 변함없이 아낌없는 사랑을 보여 주는 것, 그리고 무엇보다 중요한 건 아기와의 접촉이다.

아기가 훌륭한 어른으로 자라길 바란다면, 부모는 아기와의 안정적인 애착관계 형성을 위해 끊임없이 노력해야 하는 것이다.

아기 성장의 열쇠, 접촉

아기의 유전자에는 자신을 돌봐 주는 사람에게 사랑을 표현하도록 입력되어 있다. 그리고 자신을 돌봐 주는 사람에게 향하는 사랑은 곧 애착관계로 이어진다. 그렇다면 가장 오랜 시간 아기 옆

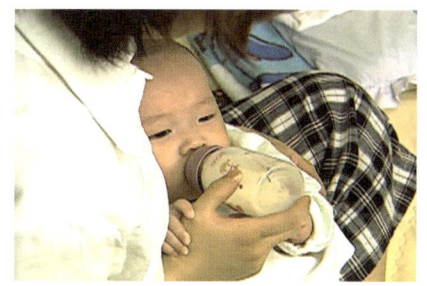

에 붙어 있는 엄마와 아기와의 애착은 어떤 과정을 거쳐 만들어지는 걸까? 말 그대로 아기가 배 고플 때 먹을 것을 주고, 제때 기저귀를 갈아 주며 옷을 입혀 주는 과정 등 아기를 돌보는 과정에서 생기는 걸까? 이렇게 단순한 욕구만 충족되어도 아기는 엄마에게 특별한 감정을 느낄 수 있는 걸까?

적어도, 과거 얼마 전까지만 해도 적지 않은 사람들은 아기가 포만감을 느끼도록 하는 것만으로도 아기와 엄마와의 애착이 형성된다고 믿었다. 하지만 이후 미국의 심리학자 해리 할로 Harry Harlow는 몇 가지 실험을 통해 '신체적 접촉'이 애

착형성의 결정적인 요인이라는 사실을 밝혀냈다.

접촉으로 쌓아 가는 애착의 성城

부드러운 접촉이 아기와 엄마와의 애착관계에 얼마나 많은 영향을 미치는가를 증명해 주었던 실험은 먹이와 부드러운 접촉 중 아기가 어떤 것에 더 친밀감을 느끼는가, 라는 물음에서부터 시작되었다.

아기 성장 실험 28

아기가 엄마에게 친밀감을 느끼게 되는 결정적인 요인은?
새끼 원숭이들이 먹이와 접촉 중 어떤 것을 선택하는지를 통해 아기와 엄마 사이에 애착관계가 형성되는 결정적 요인을 알아보는 실험이다.
1950년 15~100마리까지 대가족을 이루고 사는 습성을 지닌 원숭이 종족의 새끼들을 실험실로 데려와 생명이 없는 원숭이 모형의 대리모를 이용해 키웠다.
이 대리모 중 하나는 젖병은 달았지만 차가운 철망으로 몸통을 만들었고, 또 하나

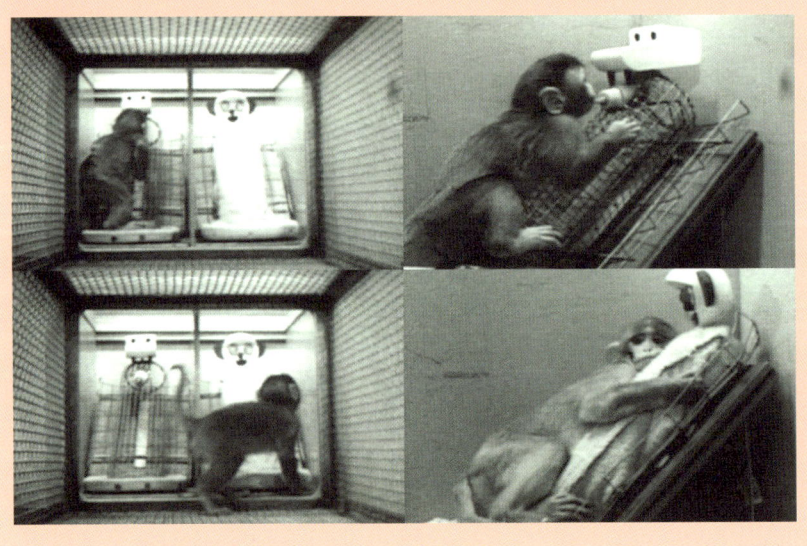

는 몸통에 부드러운 천을 씌웠지만 젖병은 달지 않았다. 그리고 두 대리모가 있는 우리 안으로 새끼 원숭이를 넣었다. 새끼 원숭이들의 반응은 확연했다. 모든 새끼 원숭이들이 젖을 먹을 수 있는 철사 대리모보다 천으로 된 대리모에게 달라붙어 더 많은 시간을 보냈다. 새끼 원숭이들은 젖을 먹을 때만 철사 대리모를 찾았고, 그 외의 시간은 천으로 덮인 대리모 곁에서 보냈다. 어미에게 친밀감을 느끼게 하는 것은 먹이가 아니라 부드러운 접촉이라는 사실을 확인하는 순간이었다.

이번에는 원숭이 모형 대리모를 이용해 공포 상황에 놓인 새끼 원숭이들이 어떤 행동을 보이는지 알아보았다. 새끼 원숭이들은 공포 상황에서 어떤 대리모를 통해 안정을 찾을까?

아기 성장 실험 29

공포 상황에서 새끼 원숭이는 어떤 대리모를 통해 안정을 찾을까?
연구팀은 우리 안에 무섭게 생긴 모형물을 집어넣어 새끼 원숭이들을 공포 상황으로 몰아넣었다. 무서운 모형물을 본 새끼 원숭이들은 공포를 느끼고 곧바로 천으로 된 대리모에게 달려가 몸을 바싹 붙이고 안정을 얻으려 했다. 반면 철사 원숭이 모형을 향해 달려가는 새끼 원숭이는 단 한 마리도 없었다.
이번에는 우리에서 천으로 감싼 대리모를 없앤 뒤 무섭게 생긴 모형물을 다시 집어넣었다. 그러자 새끼 원숭이들은 우리 구석으로 가 몸을 바짝 움츠리고 불안한 표정을 지으며 손가락을 빨았다. 역시 철사 대리모에게는 가지 않았다.

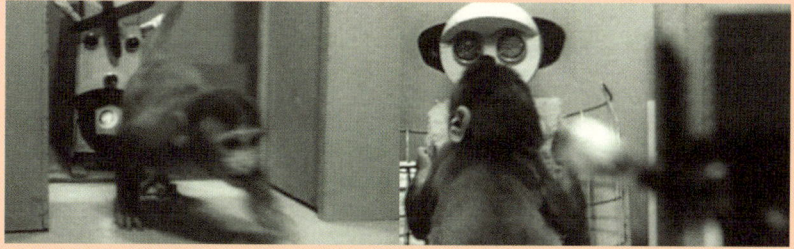
▲ 공포 상황을 느끼고 곧바로 천으로 된 대리모에게 달려가는 새끼 원숭이

새끼 원숭이들은 공포 상황에서 의지하거나 접촉할 수 있는 대상이 사라지자 자기의 손가락을 빨아서라도, 즉 자기 스스로를 터치해서라도 불안한 마음을 진정시키려고 애썼다.

이처럼 애착이란 위험 상황 속에서 얻는 위안과 다름없다. 이때 위안을 얻는 대상은 보다 많은 시간, 보다 많은 횟수의 접촉이 이루어진 엄마가 되는 것이다. 다시 말해 기본적인 욕구를 충족시켜 주는 것만으로는 엄마와 아기만의 애착의 성城을 쌓기 힘들다는 얘기다.

사랑 가득한 엄마의 손길이 아기에게 얼마나 소중한 것인지에 대해 성균관대학교 신경정신과 노경선 교수는 이렇게 말했다.

"아기에게 먹을 것을 주고, 위생적으로 깨끗하게 해주면 아기가 생존하는 데 큰 문제가 없을 거라고 생각하던 때가 있었습니다. 그런데 그렇게 양육된 아기들은 대부분 신체 발달이 더디거나 정신지체아가 되는 등 정상적으로 발육하지 못했습니다. 이를 통해 학자들은 아기에게 먹을 것을 주고, 깨끗하게 해주는 것보다 중요한 것은 사랑이 담긴 엄마의 손길이라는 것을 알게 되었습니다."

실제로 한 연구소에서 진행한, 신생아의 접촉과 애착형성이 어떤 관계가 있는지 알아보는 실험에서도 이 같은 사실이 증명되었다.

> **아기 성장 실험 30**
>
> **접촉과 애착형성 사이에는 어떤 관계가 있을까?**
> 우선 연구팀은 신생아가 있는 부모들을 두 그룹으로 나누었다. 그런 다음 한 그룹의 부모들에게는 플라스틱으로 만든 유아용 의자에 아기를 앉혀 키우도록 하고, 다른 그룹의 부모들에게는 부드러운 아기 띠로 아기를 안아 주며 키우도록 했다. 그렇게 3개월이 지난 후, 연구팀은 놀라운 결과를 목격하게 되었다. 바로 부드러

운 아기 띠로 안아 준 아기들이 딱딱한 플라스틱 의자에 앉아 지낸 아기들보다 자주 엄마를 바라본다는 사실이었다.

연구팀은 두 그룹을 더 오래 지켜보기로 하고, 13개월이 지났을 때 다시 이 두 그룹을 비교했다. 결과는 역시 아기 띠로 안아서 키운 아기들이 의자에 앉혀 키운 아기들보다 부모에 대해 더 높은 친밀감을 보였다.

접촉 없이 애착은 자라지 않는다

이렇듯 접촉은 애착형성에 지대한 영향을 미친다. 때문에 접촉 없이 아기를 오랫동안 방치했을 경우, 아기는 부모와의 정서적 유대감을 느끼지 못할 뿐만 아니라 전반적인 발달 장애를 초래할 수 있다. 원숭이를 이용해 아기와 엄마의 접촉의 중요성을 입증했던 해리 할로는 접촉을 장기간 차단했을 때 어떤 현상이 벌어지는가에 대한 연구도 병행했다.

아기 성장 실험 31

신체적 접촉이 차단된다면 어떤 현상이 일어날까?

해리 할로와 연구팀은 새끼 원숭이에게 접촉을 차단했을 때 일어날 수 있는 현상들을 파악하기 위해 짧게는 몇 주, 길게는 2년까지, 기간별로 나누어 여러 우리에 새끼 원숭이를 길렀다. 이때 우리마다 접촉으로부터 격리시키는 기간뿐만 아니라 몇 가지 조건을 다르게 설정했다. 이를테면 새끼 원숭이와 진짜 어미 원숭이를 함께 넣은 우리가 있는 반면, 새끼 원숭이와 모형 대리모를 넣은 우리도 있었으며, 새끼 원숭이와 또래 원숭이를 함께 넣은 우리도 있었다. 또 새끼 원숭이 한 마리를 넣되, 다른 원숭이들을 볼 수 있도록 한 우리도 있었다.

그 결과, 다른 원숭이들을 볼 순 있었지만 실질적인 신체 접촉은 없었던 우리의 원숭이와 모형 대리모와 함께 지냈던 원숭이들에서 문제가 나타났다. 특히 혼자 격리되어 자란 원숭이들에게서 심각한 장애가 발생했다. 다른 원숭이와 함께 어울리지 못할 뿐 아니라 다른 원숭이와의 교배는 물론, 성에 흥미조차 보이지 않았다.

> 또한 공격을 받았을 때 방어하는 능력이 턱없이 부족했다. 뿐만 아니라, 호기심이 적어 주변 환경을 탐색하는 것 또한 서툴렀고 자신의 몸을 반복적으로 흔드는 데만 집중하는 모습을 보였다. 이러한 장애 증상은 격리기간이 길수록 심했다.

새끼 원숭이를 이용한 해리 할로의 실험 결과는 원숭이뿐만이 아니라 고양이, 쥐, 말, 양 등 실험대상을 바꿨을 때도 동일했다. 장기간 신체적 접촉 없이 이들을 양육할 경우, 새끼들은 여러 가지 이상증세를 보인다는 것이다. 하물며 동물보다 더 오랫동안 양육자의 보살핌을 받아야 하는 인간의 경우, 접촉의 유무가 아기의 전반적인 성장에 영향을 미친다는 것은 말할 것도 없다.

1940년대 르네 스피츠Rene Spitz 박사의 연구 결과는 장기간 접촉 없이 아기를 키웠을 때 어떠한 결과를 초래하는지 잘 보여 준다.

프랑스 국립병원 의사였던 르네 스피츠 박사는 감옥에서 태어나 길거리에 버려진 아기들을 돌보는 일을 시작했다. 그는 이 아기들을 위해 깨끗한 주변 환경은 물론 충분한 음식을 제공했다. 그런데 웬일인지 아기들은 전염병에 걸리는 일도, 사망하는 일도 적지 않았다. 뿐만 아니라 엄마를 잃고 4개월 이상 병원에서 자란 아기들은 이상행동까지 보였다. 생후 4개월 된 한 아기는 잘 울지도 않고, 울더라도 힘이 없었으며, 몸도 잘 움직이지 않고, 그 어떤 것에도 반응하지 않았다. 또한 9개월 된 한 아기는 계속 머리를 흔드는가 하면 알 수 없는 손동작을 취했고, 15개월 된 한 아기는 정상적으로 발육이 이루어지지 않아 머리 둘레가 정상수치를 밑돌고 생후 3개월 정도 된 아기에 해당하는 체구를 가지고 있었다.

대체 왜 이런 현상이 일어난 걸까? 이 같은 상황을 이해할 수 없었던 스피츠

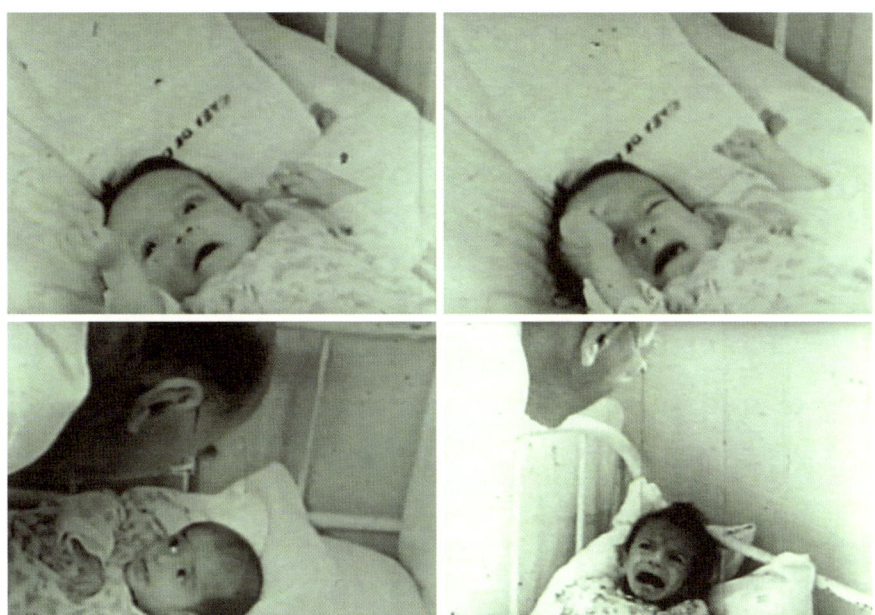

▲ 스피츠 박사가 돌보는 아기들로 머리를 흔들거나 이상한 손 움직임을 보이기도 한다.

박사는 우연히 휴양을 위해 찾았던 멕시코의 한 고아원에서 놀라운 사실을 발견했다.

그 고아원은 매우 비위생적인데다 아기들에게 제대로 음식을 주지도 못하는 열악한 환경에 놓인 곳이었다. 하지만 그곳 아기들의 건강상태는 상당히 양호해 보였다. 뿐만 아니라 대부분의 아기들이 울거나 보채지 않았으며, 이상행동을 보이지도 않았다. 이에 호기심을 갖게 된 스피츠 박사는 몇 달간 고아원을 지켜보기로 했다. 그 결과, 박사는 자신이 돌보는 병원의 아기들과 다른 점 한 가지를 발견했다.

멕시코의 고아원에는 매일 이웃 마을에 사는 여자들이 방문하곤 했다. 그들은 매일 고아원에 찾아와 아기들을 안아 주고, 이야기를 들려주었으며, 노래를 불러주었다. 고아원 아기들은 이들과 살을 부비며 특별한 친밀감을 쌓아갔던 것이다. 이곳 아기들이 르네 스피츠 박사 병원의 아기들보다 나은 건강과 정서 발달 정도 수준을 유지할 수 있었던 건, 바로 살과 살이 맞닿는 접촉의 과정이 있었기 때문이었다.

이후 휴양을 마치고 프랑스로 돌아간 스피츠 박사는 8명 당 1명이었던 보모의 수를 4명 당 1명으로 늘려 아기와의 피부 접촉을 늘렸다. 그 결과, 아기들은 훨씬 건강하게 자랐고, 이상행동 또한 거의 보이지 않았다.

애착이 형성되고 다듬어지는 시기인 생후 6~24개월 된 아기들의 경우, 부모와 오랫동안 떨어져 있게 되면 기가 죽거나 침울해 하는 것은 물론, 걸을 수 있는데도 기어 다니거나 음식을 질질 흘리는 등 이상행동을 보인다. 또한 이전에 학습한 것을 잊어버리고 부모를 다시 만나도 이를 거부하는 등 부정적인 반응을 보이기도 한다. 상당 기간 부모가 아기 곁에 있어 주지 못하면 아기는 낯선 세계에 대해 '아무도 내 요구를 들어줄 사람이 없어'라고 생각하게 되는 것이다. 또한 아무에게도, 아무것도 기대하지 않는 행동 방식이 나타난다. 더 이상 누군가를 향해 미소 짓지도, 눈을 맞추지도, 안아 달라고 손을 뻗지도 않게 되는 것이다.

부모는 자신에게 '다른 사람과는 구별되는 특별한 사람이고, 무언가를 필요로 할 때 그에 응답해 줄 사람'이라는 것을 아기가 이해할 때 아기와 엄마 혹은 아빠와의 애착이 시작된다. 그리고 이 애착은 부모의 사랑이 담긴 부드러운 손길에 의해 보다 안정적으로 탄탄해진다. 다시 말해 아기가 따뜻한 피부를 그리워하는 정도는 음식을 원하는 생리적 욕구보다 훨씬 강하다는 얘기다.

때문에 적어도 애착형성의 결정적 시기인 생후 1년 정도까지는 많이 어루만져 주고, 토닥여 주며 안아 주어야 한다. 사랑스런 접촉을 통해 아기에게 사랑과 위안을 준다면 설사 돌보는 시간이 적더라도 엄마와 아기 사이의 애정전선에는 전혀 문제가 없을 것이다. 실제로 여러 차례 보고된 연구 결과에 따르면, 엄마와 아기가 함께 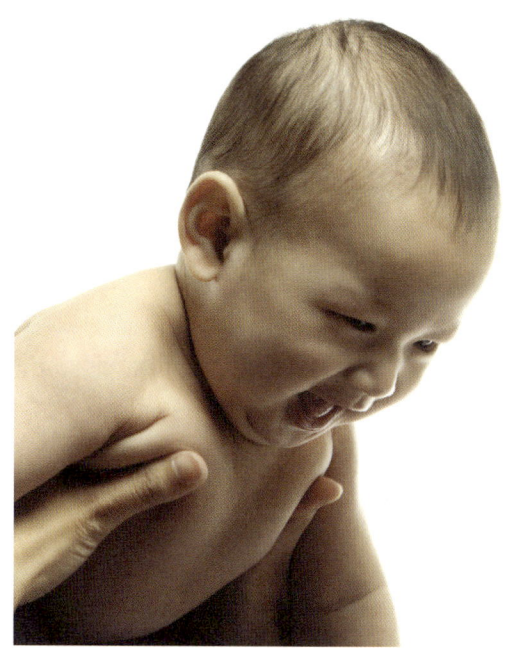 보내는 시간이 부족하다 해도 아기를 돌보는 동안 아기의 신호에 민감하게 반응하고, 많이 어루만져 주고 안아 준다면, 아기와 안정적인 애착관계를 맺는 데는 전혀 문제가 없다고 한다.

피부 접촉은 애착형성의 씨앗이고, 애착은 아기의 생명이다. 아기를 돌보는 사람이 피부 접촉이라는 씨앗을 잘 뿌리고, 잘 키우면 애착이라는 탐스러운 열매가 열리는 것이다.

아기를 양육하고 사랑을 전하는 일, 안정적이고 긍정적인 애착관계를 형성하는 일이야말로 아기의 건강한 성장을 도와주는, 최선의 사랑이자 최고의 양육법이다.

애착의 질은
저마다 다르다

드디어 아기에게 엄마에 대한 애착이 생기기 시작하면 아기는 '낯가림stranger anxiety'을 경험한다. 엄마에게서 떨어지거나 낯선 사람을 접하게 되면 불안한 반응을 보이는 것이다. 어떤 사람이 자기를 돌보든 크게 개의치 않던 아기들은 생후 3개월 이후부터 조금씩 낯선 사람과 익숙한 사람을 가리기 시작하면서 아기는 익숙한 사람과 있을 때 울음을 더 잘 그치고, 더 잘 웃으며, 더 잘 옹알거린다. 그리고 최소 생후 6개월 정도가 되면 자기를 돌보는 사람에게 강한 애착행동을 보인다.

이 시기의 아기들은 낯선 사람에 대한 두려움이 매우 커 부모 품에 안겨 있을 때조차 낯선 사람을 경계하고, 심지어 울음까지 터트린다. 하지만 이것은 아기의 마음 속에 특정인에 대한 애정과 애착이 싹텄다는 뜻이기도 하다. 낯가림은 애착이 형성되면서 나타날 수 있는 자연스런 현상이기 때문이다.

이 같은 아기의 낯가림이 서서히 사라질 즈음인 생후 약 8~18개월이 되면 아기에게는 애착관계를 이룬 사람과 떨어지는 것에 대해 불안감을 느끼는 '분리불안'separation anxiety' 증상이 나타난다. 분리불안은 낯가림과 함께 아기의 애착형성 여부를 체크할 수 있는 특징적인 현상으로, 엄마 품에 있어도 낯선 사람에 대해 두려움을 느끼는 낯가림과는 달리 애착관계를 이룬 사람과 떨어질 때 불안을 느낀다는 차이점이 있다. 정상적인 애착 유대를 형성한 아기들은 엄마와 분리되면 슬퍼하고 두려워하며 울음으로 자신의 의사를 명확히 표현한다. 이 때문에 이 시기의 아기들은 엄마와 어떻게든 떨어지지 않으려고 필사적으로 매달린다. 무기력하게 엄마의 사랑을 갈구하는 것이 아니라 곁에 있던 엄마가 떠나려고 하면 두 팔을 뻗어 안아 달라는 몸짓을 보내고, 소리쳐 부르며, 엄마를 향해 기어간다.

분리불안은 낯가림보다 아기의 애착이 보다 확실하게 형성되었을 때 나타나는 현상으로, 양육자와 떨어질 때의 아기 반응은 특정인에 대한 아기의 애착유무를 측정할 수 있는 중요한 지표가 된다.

그런데 재미있는 건 모든 아기들이 엄마와 분리될 때 똑같은 반응을 보이지 않는다는 것이다. 어떤 아기들은 엄마가 자리에서 일어나기만 해도 울고불고 난리를 치는 것은 물론, 잠시도 떨어지지 않기 위해 엄마가 화장실 갈 때에도 졸졸 쫓아다닌다. 아무리 좋아하는 장난감이 쌓여 있어도 엄마를 쫓느라 장난감에 눈 돌릴 틈이 없는 아기도 있다. 반면에 어떤 아기는 엄마가 자신의 곁에 있든 없든 무관심하다. 낯선 장소에서도 엄마가 옆에 있든 없든 크게 상관하지 않는다. 이러한 행동의 차이는 대체 무엇 때문일까?

그것은 엄마와 아기 간에 형성된 애착의 질이 저마다 다르기 때문이다. 엄마와 아기 사이에 만들어지는 애착은 제각각 다른 색깔, 다른 형태로 형성된다는 말이다. 그렇다면 엄마와 아기 사이에 형성되는 애착의 유형에는 어떤 것이 있을까?

∞ '낯선 상황 실험'으로 본 애착형성 유형

1983년 심리학자 매리 애인스워드Mary Ainsworth는 8가지 에피소드로 구성된 '낯선 상황 실험'을 통해 애착형성 유형을 크게 '안정애착'과 '불안정애착'으로 나누고, 다시 불안정애착을 '회피애착', '저항애착', '혼란애착'으로 분류했다. 여기서 낯선 상황 실험이란 생후 12~18개월 된 아기들을 대상으로 엄마와 낯선 사람이 교대로 나타나고 사라지는 상황에서 아기의 행동을 관찰하여 애착의 질, 즉 애착형성 유형을 측정하는 실험이다.

아기 성장 실험 32

애착형성 유형에는 어떤 것이 있을까?

'낯선 상황 실험'을 재연, 애착형성 유형을 측정해 보았다. 먼저 방 안에 아기들이 좋아할 만한 장난감들과 의자 두개를 놓아두고 카메라를 설치했다. 그리고 방 안에서 약 3분 동안 부모와 아기가 놀게 했다. 엄마는 의자에 앉고 아기는 장난감을 가지고 노는 방식으로, 이들의 반응을 살폈다. 그렇게 3분이 지난 후, 낯선 여성을 방으로 들여보내 의자에 앉도록 했다. 낯선 여성은 1분 정도 의자에 가만히 앉아 있다가 1분 동안 엄마와 얘기를 나눈 후, 아기에게 접근하여 1분 정도 아기와 놀도록 했다. 그 사이 엄마는 조용히 방을 빠져 나갔다. 이후 엄마가 사라진 것을 알게 된 아기의 반응을 3분 정도 살펴본 후 다시 엄마를 방으로 들여보냈다. 그리고 다시 3분 동안 아기의 반응을 살폈다. 그 사이 낯선 사람은 방을 빠져 나갔다.

실험 결과, 아기 A는 엄마와 있을 때 편안하게 장난감을 가지고 놀면서 주변을 탐색했다. 낯선 사람이 다가와도 큰 거부 반응 없이 적응했다. 엄마가 방을 나갔을 때는 순간 당황하여 놀이를 중단하고 방문 앞으로 달려갔지만 엄마가 돌아와 안아 주자 금방 안정을 찾고는 다시 장난감에 열중했다.

반면 아기 B는 아기 A와는 달리 엄마가 옆에 있어도 자유롭게 장난감을 가지고 놀지 못하고 엄마 주위를 계속 맴돌았다. 또 엄마가 사라지자 울음을 터트리고 저항했으며, 낯선 여성이 위로했지만 계속 울어댔다. 뿐만 아니라 엄마가 돌아와 달래도 아기는 쉽게 울음을 그치지 않았다.

▼ 낯선 상황 실험

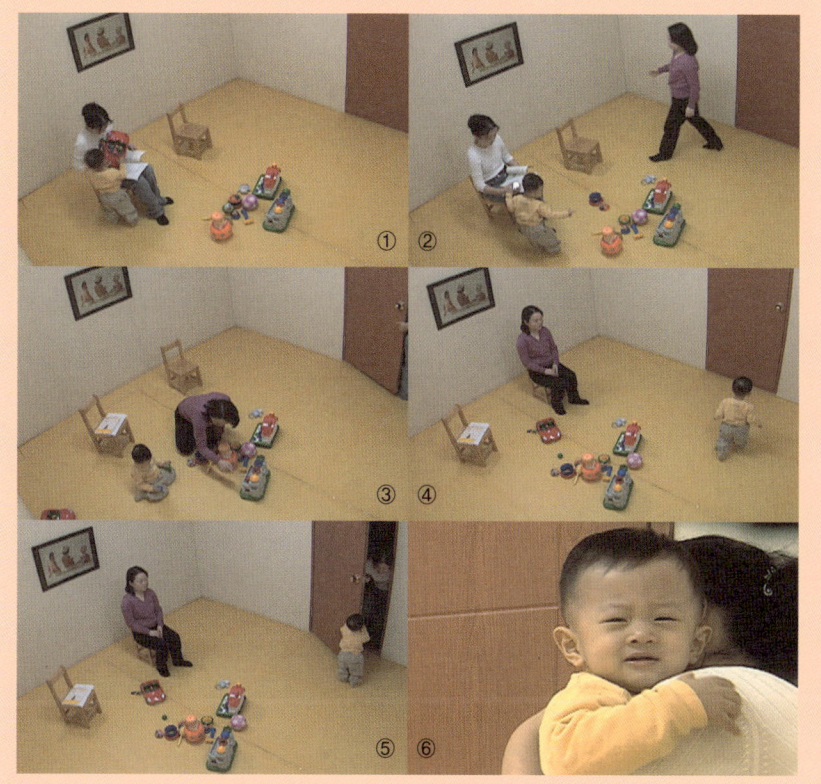

① 장난감이 있는 낯선 방에 엄마와 함께 들어간다.
② 잠시 후 낯선 사람이 들어와 의자에 앉는다.
③ 낯선 사람이 아기에게 접근할 때 엄마는 조용히 방을 나간다.
④ 엄마가 사라지고 낯선 사람이 의자에 앉아 외면한다.
⑤ 엄마가 사라진 것을 알고 당황한 아기는 방문 앞으로 달려간다.
⑥ 엄마가 돌아와 안아 주자 아기는 안정을 되찾았다.

여기서 가장 주목해야 할 점은 엄마가 방을 나갔다가 돌아왔을 때 보이는 아기의 반응이다. 왜냐하면 엄마와 아기 사이에 형성된 애착의 성격을 결정하는 것이 바로 엄마와 재결합했을 때 보이는 아기의 반응이기 때문이다. '낯선 상황 실험'을 처음 시도했던 매리 애인스워드는 실험 결과를 토대로 엄마가 돌아왔을 때 엄마를 반기며 이내 안정을 찾아 다시 자신의 놀이에 집중하는 아기를 '안정적 애착관계를 가진 아기', 엄마가 돌아와도 아랑곳하지 않거나 이를 거부하는 아기를 '불안정 애착관계를 가진 아기'로 분류했다. 실험에 참여했던 아기 A는 전형적인 '안정적 애착관계를 가진 아기'이고, 아기 B는 '불안정 애착관계를 가진 아기', 더 정확하게 표현하자면 '저항애착'이었다.

매리 애인스워드의 연구 결과를 토대로 좀 더 구체적으로 애착형성 유형과 그 특징을 살펴보면, 가장 많은 비율을 차지하는 유형은 역시 '안정애착형'이다. 연구대상 아기들 중 약 65%를 차지한 유형으로, 여기에 속하는 아기들 대부분은 엄마를 안전기지 삼아 주위 환경을 비교적 자유롭게 탐색하며 낯선 사람과도 잘 어울린다. 하지만 엄마에게 보다 많은 관심을 보이며 밀접한 관계를 유지하려고 한다. 또 엄마가 곁에 없을 때 당황하거나 울기도 하지만 엄마가 돌아오면 반가워하고 빨리 울음을 그친다.

약 20%를 차지한 '회피애착' 유형은 엄마와 함께 있어도 반응이 없고, 엄마가 자신의 곁을 떠나도 당황하거나 슬퍼하지 않는다. 뿐만 아니라 엄마가 돌아와도 이를 무시하거나 회피한다. 낯선 사람에게도 엄마와 같은 반응을 보인다.

반면 엄마가 있어도 불안해하는 것은 물론, 엄마에게서 한시라도 떨어지지 않으려고 안간힘을 쓰는 '저항애착'은 약 10~15%의 아기들이 보인 유형이다. 이 유형의 아기들은 주변을 탐색하는 일에 그다지 흥미를 보이지 않는다. 또 엄마가 곁을 떠나면 매우 슬퍼하지만 막상 엄마가 돌아와 자신을 안아 주면 오히려 분노하며 소리 지르고 엄마를 발로 차고 밀어내는 등 쉽게 울음을 그치지 않는다. 특히 이 유형의 아기들은 엄마에게 다가가고 싶지만 엄마로부터 안정감을 얻지 못한 채 이를 화로 분출하는 양면성을 보인다.

다음은 애착 유형 중 가장 큰 불안정성을 보이는 유형으로 극심한 회피애착과 저항애착이 결합된 형태인 '혼란애착'이다. 이 유형의 아기들은 여러 가지 형태의 모순되고 혼란스러운 행동들을 보인다. 평소에도 자주 멍한 표정으로 있기 때문에 아기가 무슨 생각을 하는지 도통 알 수가 없다. 엄마와 떨어졌다가 다시 만난 경우에도 우울한 표정으로 엄마를 맞을 뿐만 아니라 엄마가 안아 줘도 다른 곳을 응시한다. 심지어는 엄마로부터 도망쳐 벽에 머리를 기대기도 한다. 연구대상의 약 5~10%에 해당되는 아기들이 이 유형에 속했다.

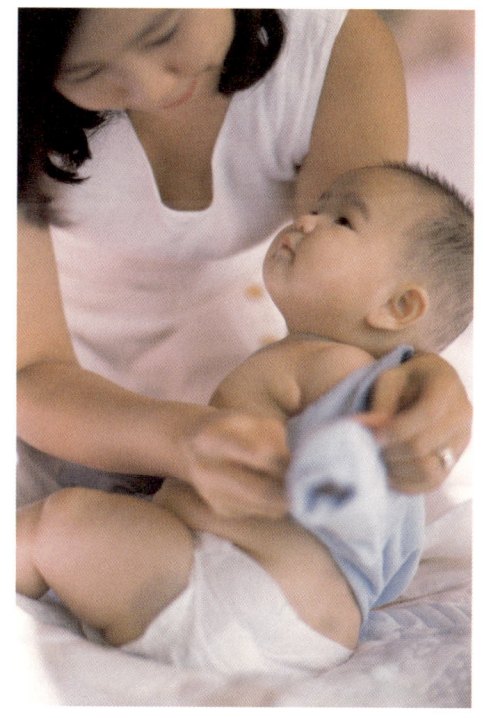

하지만 매리 애인스워드가 주장한 애착관계에 있어서의 안정과 불안정 개념은 실제로 많은 논란이 되고 있는 부분이기도 하다. 대표적으로 매리 애인스워드의 주장에 불만을 표시한 미국 하버드 대학교 심리학과 제롬 케이건 교수는 엄마와 아기와의 관계를 결정 짓는 가장 중요한 요소를 안정이냐 불안정이냐로 단정짓는 것은

무리라며 이를 반박했다.

또한 부모가 방으로 들어왔을 때의 아기의 반응에 근거하여 애착 유형을 단정 짓는 '낯선 상황'은 적합한 실험 방법이 아니며, 그 실험에서 아기가 보이는 행동은 아기의 성격과 가정에서 아기가 어떻게 다뤄져 왔는지를 나타내는 것일 뿐이라고 주장했다. 이는 매리 애인스워드의 애착론을 옹호하는 학자들도 어느 정도 한계를 인정하는 부분이다.

이 때문에 최근에는 '애착 Q 분류법Attachment Q-sort'이 낯선 상황 실험의 대안으로 떠오르고 있다. 이 방법은 부모에게 애착과 관련된 행동이 적힌 90개의 문항을 보여 주고 질문에 답하도록 하여 각 답변마다 점수를 매긴 후, 이를 총 합산하여 점수에 따라 애착 유형을 구분하는 것이다. 그런데 한 가지 재미있는 것은 애착 Q 분류법의 결과와 낯선 상황 실험 결과가 상당히 일치한다는 점이다. 이 때문에 낯선 상황 실험의 신빙성이 점점 높아지고 있는 추세다.

애착의 핵심은 아기와 엄마의 상호작용이다

이처럼 엄마와 아기 사이의 애착이 저마다 다르게 형성되는 이유는 뭘까? 그 해답은 바로 '엄마의 양육태도'에 있다. 애착형성에 영향을 미치는 요인 중 가장 결정적인 요소는 바로 '아기를 돌보는 엄마의 태도'이다.

대부분 먹고 놀거나 안심하고 혼자 있고 싶어 하는 등 아기의 요구에 민감하게 반응하는 부모들은 아기와 강한 애착관계를 형성한다. 실제로 대다수의 심리학자들에 의하면 애착관계를 형성하기 어려운 특성을 가진 아기라 할지라도 양육자가 아기의 신호에 빨리 반응하고 적절한 도움을 준다면 거의 모든 아기들이 안정된 애착관계를 형성할 수 있다고 한다. 엄마가 아기의 신호에 얼마나 민감하게 반응하느냐에 따라 애착관계의 유형이 달라진다는 말이다. 미국 미네소타 대학교 아동발달학과 교수 앨런 쓰루페와 테리 로즈Terrie Rose도 이와 같은 의견에 동의한다.

"아기가 안정된 애착관계를 가지고 있다는 것은 양육자에 대한 확신을 가지고 있다는 의미입니다. 자신이 무언가를 필요로 할 때 양육자에게 가면 그가 그 요구를 들어줄 것이라는 믿음을 갖고 있는 것이지요. 아기가 이러한 믿음을 갖게 되는 이유는 양육자가 신뢰감이 느껴지도록 민감하고 일관되게 아기의 신호에 대답해 줬기 때문입니다. 아기들은 이러한 일을 반복적으로 경험함으로써 양육자가 자기의 신호에 반응할 것이라는 것을 믿어 의심치 않는 것입니다. 이러한 특징을 보이는 아기를 우리는 '안정애착아'라고 부릅니다."

동시에 테리 로즈 교수는 좀 더 구체적으로 엄마의 어떤 행동이 아기에게 안정적인 애착관계를 만들어 주는지에 대해 설명했다.

"안정적으로 애착이 형성된 아기의 엄마를 보면 아기가 보내는 신호를 빨리 알아채고, 안아 주거나 기저귀를 갈아 주거나 젖을 주는 등 아기에게 즉각적으로 무엇인가를 해줍니다. 그러면 아기들은 이런 생각을 갖게 되지요. '좋아, 내가 신호를 보내면 누군가가 와서 기저귀를 갈아 주고, 우유를 주는구나.' 아기에게 이것은 매우 좋은 느낌입니다. 그래서 한밤중에 울 때 이를 무시하지 않고 돌봐주면 아기는 누군가가 내 욕구를 들어준다는 느낌을 더욱 실감하게 되고, 이런 아기들이 엄마와 안정된 애착관계를 맺게 되는 것이지요."

이와는 반대로 엄마가 아기의 요구에 빠르고 적절하게 대응하지 못하거나 아기에게 화나 짜증을 내며, 신체적 접촉을 피한다면 아기는 회피애착, 저항애착, 혼란애착과 같은 불안정 애착관계를 맺게 된다.

이렇듯 아기와 엄마의 애착관계는 엄마가 아기의 곁에 얼마나 오래 머무느냐가 아니라 엄마가 아기의 신호에 얼마나 민감하게 반응하느냐에 따라 달라진다. 아기와 함께 보내는 시간의 양보다 중요한 건 아기와 만들어가는 상호작용의 질인 셈이다.

1980년대에는 생후 1년 이내의 아기를 엄마가 직접 키우지 않고 대리모나 보육시설의 교사에게 맡기는 경우, 엄마의 손에 자란 아기들보다 불안정한 애착관계가 형성된다는 인식이 지배적이었다. 하지만 그 후 수많은 연구를 통해 엄마와의 애착관계는 아기와 함께 있는 시간에 비례하는 것이 아니며, 아기와 함께 하는 시간 동안 엄마가 아기의 요구에 얼마나 빠르게 대응하느냐의 문제라는 사실이 밝혀졌다. 오히려 어린이집에 일찍 보낸 아기들이 사회성 발달이 빠르고, 친구들 사이에서 인기도 높다는 연구 결과가 보고된 바도 있다.

애착은 엄마와 아기의 상호작용에 의해 형성된다. 일방적인 요구와 반응은 좋은 애착관계로 이어지지 않는다는 얘기다. 엄마가 아기의 신호에 민감하게 반응할수록 아기는 엄마에게 적극적으로 반응하고, 이를 통해 아기와 엄마와의 안정적인 애착관계가 만들어진다. 결국 엄마의 양육태도가 애착의 질을 결정하는 셈이다. 아기가 안정된 애착을 형성할 수 있도록 끊임없이 관심과 애정을 쏟는 것, 이것이야말로 아기를 사랑하는 엄마들의 몫이다.

엄마로부터 초래된
불안정애착

　안타깝게도 모든 엄마들이 아기를 향한 사랑을 안정적인 애착관계로 연결시켜주지 못한다. 아기의 신호에 민감하게 반응하지 못한다는 얘기다. 아기가 울어도 그냥 내버려두거나 오히려 아기의 울음소리에 본인이 당황해 어쩔 줄 모르는 경우도 있다. 어떤 엄마는 자신의 감정을 이기지 못해 짜증을 부리거나 화를 내는 등 아기를 불안하게 만들기도 한다.

　엄마가 무심코 화내고 짜증을 내는 동안 아기는 점점 엄마와의 안정적인 애착관계를 잃어가는 것이다. 이처럼 '민감하지 못한 양육'은 불안정애착 형성의 주된 요인이 된다. 그 이유에 대해 성균관대학교 신경정신과 노경선 교수는 이렇게 설명했다.

　"만약 아기가 배가 고파 울었을 때 엄마가 젖은 주지 않고 신경질을 부리거나 야단을 치면 아기는 부정적인 엄마의 반응에 당황하게 됩니다. 이러한 경험이 계속 쌓이게 되면 '엄마는 내 요구를 들어주지 않는구나. 그러니까 이제 필요한 것이 있어도 엄마에게는 가지 말아야겠다'라고 생각하게 되죠. 이렇게 되면 엄마와 아기 사이에 상호작용이 일어나지 않게 되고, 더불어 불안정한 애착관계가 형성됩니다. 안정애착은 두 사람이 서로 의사소통을 활발하게 할 때 이루어지는 것이니까요."

아기가 보내는 신호에 민감하지 못한 양육과 함께 불안정애착을 만드는 또 하나의 요인은 애착형성 시기에 벌어지는 '모성박탈', 즉 엄마와의 헤어짐이다.

정신분석학자인 존 볼비와 르네 스피츠는 애착형성 시기에 아기가 부모와 장기간 떨어져 있게 되면 아기는 행동적, 심리적으로 문제행동을 보인다는 사실을 밝혀냈다. 그들이 말하는 문제행동은 부모와 격리되는 기간이 증가하면 할수록 한층 심화된다. 저항행동으로 시작된 아기들의 감정 변화는 절망을 거쳐 자포자기의 과정에까지 이른다는 것이다.

이를테면 부모를 잃고 사설기관에서 자란 아기들의 경우, 처음에는 엄마와 헤어진 슬픔에 크게 울부짖고, 몸을 여기저기 부딪치며, 눈에 보이거나 들리는 소리에 민감하게 반응한다. 이것이 모성박탈을 겪은 아기들이 보이는 첫 번째 행동, '저항'이다. 그 후 누구의 도움도 받지 못하리라는 느낌이 커진 아기는 침대에 그냥 엎드려 있거나 힘없이 울며, 울음 횟수와 신체적 동작이 감소한다. 또한 좋아하는 장난감을 흔들어도 전혀 흥미를 느끼지 못하고, 눈 맞춤을 피한다. '절망'의 단계에 들어선 것이다. 그러다가 아기는 다른 사람들을 더 이상 거부하지 않으며, 심지어 미소를 지어 보이기까지 한다. 아기는 이제 '자포자기'라는 감정의 변화를 겪고 있는 것이다. 이처럼 모성박탈 경험은 아기에게 불안정애착을 갖게 한다. 혹 엄마와 재회하게 되더라도 아기는 엄마를 반기는 대신 관심 없다는 듯 몸을 돌리거나 멀리 떨어져 냉담하게 바라본다. 미네소타 대학교 테리 로즈 교수의 설명은 모성박탈을 경험하는 아기들의 감정 변화를 다시금 일깨워준다.

"오랫동안 부모가 아기 곁에 있어 주지 못하면 아기는 '아무도 내 요구를 들어 주지 않는다.'라고 생각하게 됩니다. 그러면 그 어떤 사람에게도, 그 어떤 것도 기대하지 않게 될 뿐만 아니라, 모든 것에 흥미가 없는 아기가 되어 버리고 맙니다. 왜냐하면 부모가 없는 동안 아기는 이제 뭔가를 기대해선 안 된다는 것을 배워 버렸기 때문이지요."

엄마의 양육태도에 따른 불안정애착 유형

앞서 말했듯이 불안정애착은 다시 '회피애착', '저항애착', '혼란애착' 등 3가지 유형으로 나누어지는데, 이는 불안정애착을 가져오는 엄마의 양육태도에 개인차가 있기 때문이다.

대체 엄마의 어떤 양육태도가 회피애착, 저항애착, 혼란애착을 만드는 것일까? 다시 한 번 낯선 상황 실험을 통해 이를 살펴보았다.

아기 성장 실험 33

무엇이 불안정애착아를 만드는가?

애착형성 유형을 측정하기 위해 사용했던 낯선 상황 실험 방식을 그대로 활용했다. 엄마와 아기를 장난감이 있는 방에 데려다 놓은 후, 일련의 상황들을 각 3분씩 진행하고 엄마가 방을 나갔다 돌아왔을 때 아기들이 어떠한 반응을 보이는지 관찰하는 방식이다. 그런 다음 엄마와의 인터뷰를 통해 지금까지 아기를 어떻게 키워왔는지 확인했다. 각기 다른 불안정애착 유형을 보이는 아기의 행동과 엄마의 인터뷰를 대조해 보면 엄마의 어떤 행동이 아기를 불안정애착으로 만들었는지 파악할 수 있기 때문이다. 실험 결과는 상당히 흥미로웠다. 엄마의 양육 방식

> 이 고스란히 아기에게 적용되어 아기가 왜 불안정애착을 형성하게 되었는지 파악하는 데 그다지 오랜 시간이 필요치 않았다.

엄마가 자리를 떴는데도 별다른 반응을 보이지 않았던 아기 A. 고개를 돌려 방을 나가는 엄마를 힐끗 쳐다볼 뿐, 엄마를 찾지 않았다. 엄마와 다시 만났을 때도 상황은 별반 다르지 않았다. 엄마의 부재라는 낯선 상황에 대한 불안감이 고조됨에도 불구하고 엄마에 대한 애착을 표현하지 않았다. 아기 A는 전형적인 회피애착 유형이다. 그렇다면 아기 A 엄마의 양육태도는 어떠했을까?

"솔직히 제겐 집안일과 제 일이 우선이에요. 일을 다 마친 후에 아기와 놀아 줘야겠다는 생각을 많이 했고, 실제로 그렇게 했어요."

회피애착을 가진 아기들의 엄마 대부분은 아기 A의 엄마와 같이 평상시에 아기의 요구를 무시하거나 짜증을 내며 야단치는 경우가 많다. 이런 경우 아기들은 엄마로부터 거절당했던 기억 때문에 엄마가 자신을 안아 주고 진정시켜 줄 것이라는 믿음을 갖지 않게 된다. 결국 엄마를 향한 애착행동을 포기하고 다른 곳으로 관심을 돌리는 것이다. 엄마를 무시하고 회피하면서 말이다. 이와는 반대로 아기를 지나치게 자극하거나 강압적으로 보살피는 엄마들의 아기 중에서도 회피애착아를 발견할 수 있다. 아기는 자고 싶고 쉬고 싶은데 자꾸 말을 걸고 귀찮게 해서 아기가 엄마를 피하게 만드는 것이다.

엄마가 곁에 있을 때는 물론, 방을 나갈 때 극심한 불안감을 표현했던 아기 B는 엄마가 돌아와 안아 줘도 좀처럼 울음을 그치지 않았다. 또 엄마가 권하는 장난감조차 뿌리쳤다. 그리고 잠시 후 엄마가 자신을 내려놓으려 하자, 아기는 다시 울음을 터트리며 엄마에게 매달렸다. 이런 행동은 저항애착을 가진 아기에게서 흔히 볼 수 있다. 아기 B의 엄마는 자신의 양육태도에 대해 이렇게 설명했다.

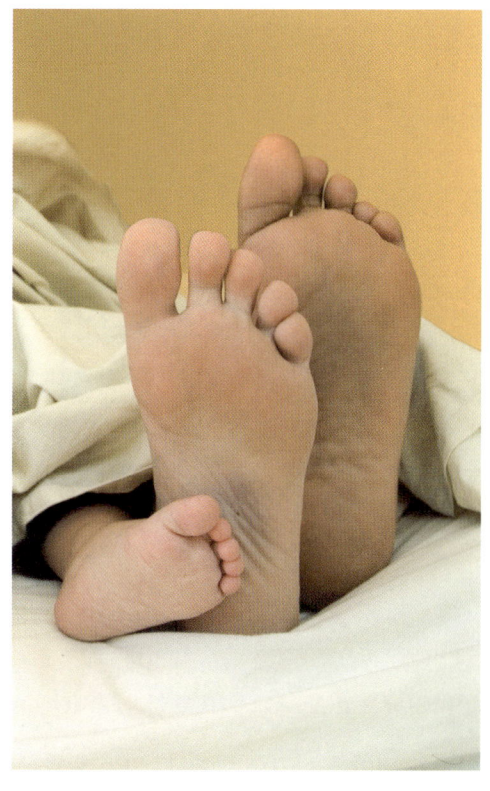

"솔직하게 말하면 저는 제 기분에 맞춰 아이를 대하는 경향이 있어요. 제가 기분이 좋으면 아이가 무엇을 해달라고 해도 잘 들어주지만 기분이 좋지 않을 때는 '너 혼자 놀아.'라고 할 때도 있고, '어휴, 하지 마. 엄마 힘들어.' 하고 제 감정을 애한테 이입시키는 경우도 있어요."

연구 결과에 의하면 아기 B의 엄마처럼 어떤 때는 아기의 신호에 민감하게 반응하고, 어떤 때는 이를 무시하는 일관성 없는 양육태도를 가진 엄마들 밑에서 자란 아기들 대부분이 아기 B처럼 저항애착을 보인다고 한다. 매번 들쭉날쭉하는 엄마의 모습에 자신이 어떻게 행동해야 할지 예측할 수 없어 불안하고 화가 나 엄마에게 과도하게 의존하거나 또는 과장된 애착행동을 보이는 것이다.

이처럼 불안정애착 중 저항형과 회피형은 발달상의 차이에서 기인하는 것으로

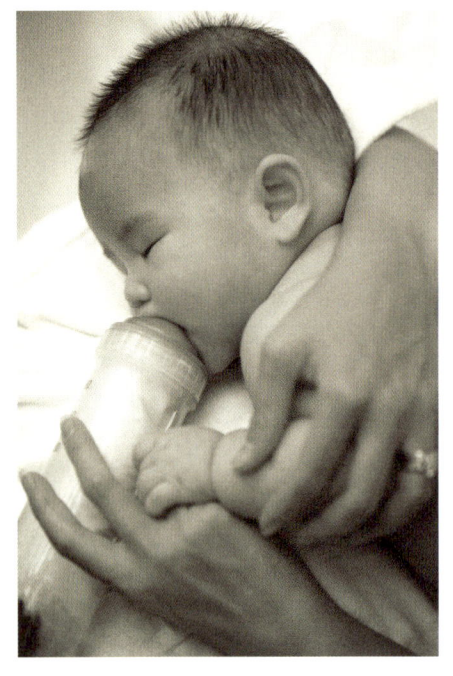
회피형은 다른 사람과의 긴밀한 관계를 피하는 경향이 짙다. 타인을 믿는 것 자체에 어려움이 있어 주로 혼자 노는 경우가 많고 친밀하고 가까운 관계 형성에 어려움을 겪는 것이다. 저항형 또한 타인과 접촉하고자 하는 마음은 있지만 그 방법이 효과적이지 못하다. 그래서 이 두 가지 유형의 아이 대부분은 유치원 선생님이나 다른 어른들에게 의존하는 성향을 보인다고 한다.

마지막으로 혼란애착을 보인 아기 C는 방에 자신과 낯선 사람만 있다는 것을 알고는 엄마를 찾기 시작했다. 그런데 막상 엄마가 돌아오자 아기는 뒷걸음질치며 선뜻 엄마한테 안기지 않고 몸을 옆으로 돌렸다. 뿐만 아니라 엄마가 아기를 안자, 아기는 몸을 늘어뜨리고 무기력한 표정을 짓는 등 전혀 위로받지 못한 듯한 모습을 보였다. 실험 후 이어진 아기 C 엄마의 인터뷰는 왜 아기가 혼란애착을 보일 수밖에 없었는지를 분명하게 보여 주었다.

"저는 아기 때문에 제 인생이 희생당하고 있다는 생각을 많이 했어요. 그러다 보니 아기 옆에 잘 있어 주지도 못하고, 이유식도 제대로 챙겨 주지 못했죠."

혼란애착을 보이는 아기들의 엄마 대부분은 대체로 아기 C 엄마처럼 아기 양육에 대해 무기력함과 두려움을 가지고 있다. 또는 아기를 신체적, 성적, 감정적으로 학대하거나 전혀 돌보지 않으며 내팽개쳐 두기도 한다. 이런 엄마를 가진 아기들은 엄마가 위로의 대상인지, 아니면 또 다른 불안감의 대상인지 판단하지 못한다. 엄마에게 의지하고 싶어도 선뜻 다가서지 못하는 것이다. 엄마에 대한 공포와 의지하고 싶은 마음이 공존하는 셈이다.

가장 위험한 불안정애착, 혼란애착

사실 불안정애착 중 가장 위험하고 염려스러운 유형이 바로 이와 같은 혼란애착 유형이다. 회피애착아들은 자기 감정을 위로받은 경험이 없는 탓에 오히려 감정을 억제해서 표현하는 방법을 알고 있으며 혼자 있고 싶어 하는 경향을 보인다. 그러면서 다른 사람에게 칭찬이나 사랑을 받기 위해 무례한 행동 또한 하지 않는다. 저항애착아들의 경우도 마찬가지이다. 상대방의 반응을 예측할 수 없어 쉽게 감정적이 되고 가끔은 공격성을 띠지만, 상대의 행동에 따라 자신의 감정을 조절할 줄은 알기 때문에 긍정적인 사회적 관계를 형성하는 데 그다지 큰 무리가 따르지 않는다. 하지만 혼란애착아는 다른 사람의 반응을 짐작할 수 없을 뿐 아니라, 타인은 다가가고 싶지만 두려운 존재라고 생각한다. 때문에 보다 공격적이고 파괴적이며 이상행동까지도 불사한다. 다시 말하면 혼란애착아는 세상에 대해 적대적인 동시에 사회성이 부족해 사람들에게 따돌림을 당하기 쉽다. 한신대학교 재활학과 이경숙 교수는 혼란애착아들의 특성에 대해 이렇게 말했다.

"혼란애착아들은 어떤 상황에 처했을 때 자신이 어떻게 해야 할지 굉장히 혼란스러워하고, 어떻게 행동해야 할지에 대한 기준을 세울 수 없습니다. 아주 극심한 혼란 상태라고 볼 수 있지요. 이것은 엄마가 잘못된 양육으로 아기를 매우 심한 혼란 상태에 빠뜨렸기 때문입니다. 엄마가 아기에게 '내가 다가가면 엄마가 좋아할까? 아니면 내가 가만히 있어야 엄마가 좋아할까?' 라는 생각을 심어 주었기 때문에 아기는 다른 사람에게도 같은 반응을 보이는 것입니다."

불안정애착이 병은 아니다. 하지만 불안정애착을 보이는 아기 대부분은 여러 가지 발달장애를 일으키곤 한다. 특히 정서와 사회성에서 안정애착아보다 훨씬 심각한 문제를 안고 있는 것으로 보고되고 있다.

지금 당장 불안정애착이 심각한 병을 유발하진 않겠지만, 영유아기에 만들어진 안정애착은 아기들의 올바른 성장의 밑거름이 된다는 사실을 기억해야 한다. 생후 1년 안에 빚어지는 엄마와 아기와의 애착관계는 이후 아기가 만나게 되는 수많은 사람들과의 긍정적인 관계를 위한 예행연습이기 때문이다.

엄마와의 안정된 관계는 인간관계의 원형이 된다

엄마와의 애착관계는 아기 인생 전반에 걸쳐 지속적인 영향을 미친다. 영유아기 때, 엄마와 안정적인 애착을 형성한 아기들은 굳이 타인과 원만한 관계를 유지하는 기술을 학습하지 않아도 친구들과 자연스럽게 어울려 노는 법을 스스로 터

득한다. 반면 엄마와 불안정 애착관계를 맺은 아기들 대부분은 그렇지 못하다.

이처럼 엄마와의 초기 애착관계는 인간관계의 원형이 된다. 엄마와의 사이에 형성된 기본적인 신뢰감이 타인에 대한 신뢰로 이어지기 때문이다. 따라서 엄마와 긍정적인 애착관계를 만든 아기는 누구와도 쉽게 친해진다. 안정적인 애착을 통해 적절하게 감정을 조절할 줄 알게 된 아기는 자신의 감정을 다른 사람과 공

유할 줄도, 필요한 경우에는 도움을 청하거나 타협할 줄도 안다. 뿐만 아니라 타인의 감정을 제대로 해석해 상대방의 마음을 잘 이해하고 배려하며 사람들과 긴밀하고 조화로운 관계를 맺어 간다.

하지만 엄마와 불안정한 애착관계를 형성한 아기들은 자신의 요구에 민감하게 반응하지 않았던 엄마처럼 다른 모든 사람도 그럴 거라 믿는다. 엄마를 신뢰하지 않듯 다른 사람도 신뢰하지 않는 것이다. 이처럼 타인에 대한 기본적인 신뢰감이 없는 불안정애착아는 다른 사람을 대할 때 긍정적이기보다는 부정적인 감정을 강하게 느낀다. 스스럼없이 친구를 사귀는 안정애착아와는 전혀 다른 모습이다.

특히 회피애착아는 자신의 감정 표현을 억제하고 특별한 감정을 일으키는 활동 자체를 회피한다. 자신이 신호를 보낼 때 엄마가 이를 거부하고 무시했기 때문에 다른 사람들도 마찬가지라고 생각한다. 또 다시 상처받는 것보다 혼자 노는 것이 오히려 더 편하다고 생각하는 것이다. 게다가 이들은 타인의 감정을 해석하지 못한다. 모든 것을 자신의 생각에만 의존해 행동하며 동시에 다른 사람들에게 인정받기 위해 과장된 행동을 보이지도 않는다.

그렇다면 저항애착아의 경우는 어떨까? 정상적인 사회적 관계를 맺는 데 어떤 문제가 있을까? 저항애착아는 자신이 예측할 수 없을 정도로 불규칙적인 반응을 보인 엄마로 인해 자신의 감정을 어떻게 조절해야 할지 모른다. 그런 이들이 타인의 감정을 파악하고 대응하는 방법을 터득했을 리 만무하다. 이들은 타인의 반응을 짐작하지 못해 상대방의 눈치를 보며 감정표현을 조절한다. 다른 사람들의 관심을 끌기 위해 과도하게 화를 내거나 공격을 하다가도 상대가 그 행동으로 인해 분노하면 금방 위축되고 수그러드는 경우가 대부분이다.

안정애착아의 특권, 인기 많은 리더가 된다

유아기를 거치면서 아기들은 점점 사회적으로 노출되어 엄마와의 애착관계가 또래관계로 이어진다. 본격적인 인간관계가 시작되는 셈이다. 그렇다면 엄마와의 애착관계는 또래관계에 어떤 영향을 미칠까. 초등학생을 대상으로 이루어진 다음 실험은 엄마와의 애착관계가 인간관계 형성에 어떤 영향을 미치는지를 알려 준다.

> **아기 성장 실험 34**
>
> **엄마와의 애착관계가 또래관계에 어떤 영향을 미칠까? |**
>
> 실험은 대전 모 초등학교 1학년 중 한 반을 선택해 그중 8명을 무작위로 골라 부모와의 애착관계를 검사하는 것으로 시작됐다. 그 결과 5명은 안정애착이었고, 3명은 불안정애착이었다. 그런 다음 반 아이들에게 다음과 같은 내용의 설문조사를 실시했다.
>
> '내 생일에 친한 친구 세 사람을 데려올 수 있다면 누구를 데려오고 싶은가?'
>
> 설문조사 결과, 놀랍게도 안정애착아 5명은 많게는 7명에서 적게는 4명으로부터 초대를 받았다. 하지만 불안정애착아 3명은 모두 단 한 명에게도 초대를 받지 못했다.
>
> 같은 학교 3학년 학생들에게도 똑같은 설문조사를 실시했다. 설문 결과, 2~3명에게 초대받은 아이들이 가장 많았고, 무려 12명으로부터 초대받은 아이도 있었다. 반면 단 한 명에게도 초대받지 못한 아이도 5명 있었다. 그런데 놀랍게도 이 아이들 모두 불안정애착이라는 공통점을 가지고 있었다. 영유아기 때 만들어진 엄마와의 애착의 질이 인간관계 형성에 적지 않은 영향을 미친 것이다.

성균관대학교 노경선 교수는 안정적인 애착을 형성한 아기들이 어떻게 인간관계를 맺어 가는지에 대해 좀 더 구체적으로 설명을 덧붙였다.

"안정적인 애착을 형성한 아기들은 다른 사람을 봐도 우리 엄마처럼 좋은 사람이라고 느낍니다. 그래서 엄마가 아닌 다른 사람과 있어도 불안해하지 않고, 기대를 합니다. 이러한 경험이 수백만 번 반복되는 동안 아기의 성격은 아주 편안한 사람, 남을 믿을 수 있는 사람, 남하고 잘 지낼 수 있는 사람, 또 내가 필요한 게 있으면 기댈 줄 알고 남이 필요로 하면 그 요구를 받아 줄 줄도 아는 사람이 됩니다. 대인관계능력에 있어 결정적 역할을 하는 원만한 성격이 만들어지는 것이지요."

이외에도 미네소타 대학교 앨런 쓰루페 교수 연구팀의 연구 결과 또한 애착이 인간관계에 어떤 영향을 미치는지 잘 보여 준다.

> **아기 성장 실험 35**
>
> **엄마와의 애착관계가 또래관계에 어떤 영향을 미칠까? II**
> 연구팀은 생후 15개월 된 아기의 애착유형을 측정한 후, 아기가 3,5세가 되었을 때 유아원에서 어떤 행동을 보이는지 관찰했다. 그 결과, 15개월 때 안정애착을 보였던 아이들은 자신의 욕구와 감정을 잘 표현하는 것은 물론 다른 아이의 욕구와 감정에도 민감하게 반응했을 뿐만 아니라, 여럿이 함께 하는 놀이에도 적극적으로 참여했다. 그 때문인지 또래들 사이에서도 인기가 높았다.
> 반면 15개월 때 불안정애착을 보였던 아이들은 또래 아이들과 제대로 감정을 나눌 줄 몰랐다. 놀이에 참여하긴 하지만 문제를 일으키는 빈도가 높았고 아예 혼자 놀려고 하는 경우도 있어 또래들에게는 그다지 환영받지 못하고 있음을 확인할 수 있었다.

이처럼 아기의 폭넓고 원만한 인간관계는 바로 엄마와의 애착관계에서 비롯된다. 그리고 안정적인 엄마와의 애착관계는 인간관계는 물론 학습능력에도 영향을 미친다. 엄마와 안정된 애착을 맺은 아기는 엄마를 안전기지 삼아 세상을 능동적으로 탐색하기 때문에 지적 발달은 물론 학습능력에 이르기까지 빠른 향상을 보인다는 것이다.

실제로 새로운 환경을 탐색하는 아기에게 엄마는 안전한 기초 기지와 같다. 앞서 보여진 '낯선 상황 실험' 결과에서도 이 같은 사실을 확인할 수 있다.

연구팀은 생후 12개월이 된 아기 50명을 낯선 장소에 두고 엄마가 있을 때와 없을 때, 그리고 낯선 사람과 있을 때 어떤 반응을 보이는지 관찰했다. 그 결과 아기들은 엄마가 있을 때 가장 많이 주변을 탐색하는 것으로 나타났다. 이 같은 탐색욕구는 아기의 지적 발달을 돕고, 지적 발달의 결과는 다시 학습능력의 향상을 가져온다고 할 수 있다. 새로운 환경을 탐색하는 아기에게 엄마는 안전하고 든든한 기초 기지와 같은 역할을 하는 것이다.

또한 안정애착아에게는 엄마처럼 다른 사람들도 자신에게 좋은 감정을 갖고 있을 거란 믿음이 있다. 그 믿음은 넘치는 자신감과 왕성한 호기심을 유발시킨다. 뿐만 아니라, 선생님과의 관계에 무리가 없으며, 수업에도 자발적이고 열정적으로 참여하기 때문에 학업성적 또한 좋을 수밖에 없다. 실제로 최근 연구 결과를 살펴보면 안정애착을 가진 초등학생들이 전반적으로 학업성적이 높은 것으로 나타났다. 반대로 엄마가 세상을 탐색하기 위한 안전기지가 돼주지 못하는 불안정애착아들의 경우는 탐색욕구는 물론 지적 발달이 더디고, 호기심이나 학습 흥미도에서도 안정애착아와 현격한 차이를 보였다. 당연히 학업성적에서도 낮은 성취도를 나타냈다.

이처럼 안정애착아가 지닌 장점은 불안정애착아에 비해 월등히 많다. 생후 1년 동안 엄마가 아기에게 만들어 준 '애착'이란 선물은 아기가 어른이 될 때까지

지속적으로 긍정적인 영향을 미치는 것이다.

한 발 더 나아가 안정애착아들이 지닌 강점을 들여다보면, 학습능력보다도 더 밀접한 연관을 보이는 영역이 있다. 바로 리더십이다.

앨런 쓰루페 교수는 학습능력은 애착과 간접적인 연관이 있을 뿐이지만, 리더십은 보다 직접적으로 애착의 영향을 받는다고 말했다. 어떤 근거에서였을까? 이어지는 초등학교 5학년을 대상으로 한 실험은 애착의 질과 리더십의 관계를 살펴보는 데 아주 유용한 자료가 된다.

아기 성장 실험 36

애착의 질과 리더십은 어떤 관계가 있을까?

먼저 아이들의 애착 유형을 측정하기 위해 몇 가지 검사를 실시했다. 우선 아이들에게 가족 그림을 그리게 했다. 가족 그림은 현재 아이의 감정 상태는 물론 아이의 애착 유형을 추측해 볼 수 있는 좋은 자료가 된다. 그림으로 표현된 가족들의 표정이나 움직임 등을 보면 아이의 애착 유형을 짐작할 수 있기 때문이다.

그 결과, 모든 가족들이 밝은 표정으로 웃는 그림도 있었고, 엄마와 아빠, 동생은 웃고 있는데 아이 자신만 화를 내고 있는 그림도 있었다. 그 밖에 엄마와 아이는 웃고 있는데 아빠만 화를 내고 있는 그림, 몸통은 빼고 가족의 얼굴만 그린 그림, 가족 중 누군가가 빠져 있는 그림도 있었다.

대개 안정애착아의 가족 그림을 보면 가족 구성원들이 적당한 크기에 좋은 표정, 개, 꽃, 나비 등 그림을 밝게 만드는 요소들이 함께 그려져 있다. 반면 불안정애착아가 그린 가족 그림은 다른 신체 부분은 빼고 가족의 얼굴만 그려져 있거나 가족 구성원 중 누군가 빠져 있는 경우가 많다. 애착관계가 좋을수록 밝고 기분 좋은 그림을 그리는 것이다.

가족 그림 그리기 외에도 부모와의 애착 정도, 자아존중감, 친구들 사이에서의 인기도 등을 검사한 결과를 종합해 아이들의 애착 유형을 측정했다. 그 결과, 총 33명의 아이들 중 안정애착아는 17명, 불안정애착아는 12명, 애착 유형을 구분하기 어려운 아이는 4명으로 나타났다. 아이들의 애착 유형을 파악한 후, 안정애착아와 불안정애착아가 골고루 섞이도록 3, 4명씩 짝을 지워 모두 10개 팀으로 나누고, 각 팀마다 5만 원을 지급했다. 그리고 팀의 리더를 뽑아 5만 원을 어떻게 사용할 것인가를 회의해서 발표하라는 미션을 주었다. 이때 리더로 뽑힌 사람에게는 발표에서부터 집행까지 모든 과정을 총괄하는 책임을 부여했고, 돈을 사용하는 방법에도 몇 가지 기준을 제시했다. 팀원끼리 돈을 나눠 가질 수 없고, 팀 전체를 위해 사용해야 하며, 사용 용도에 대해서도 팀원 모두의 동의가 필요하도록 한 것이다.

이 실험에서 주목한 점은 누가 리더에 뽑히고, 그들이 어떤 애착 유형을 가지고 있는가였다. 각 팀의 대표로 뽑힌 10명의 아이들의 애착 유형을 살펴본 결과, 놀랍게도 애착 유형을 구별하기 애매한 아이들 3명을 빼고는 안정애착아 6명, 불안정애착아 1명이었다. 그러니까 안정애착아는 전체 17명 중 6명이 리더로 뽑힌 반면, 불안정애착아는 전체 12명 중에서 단 1명만이 리더로 선출된 것이다.

이는 애착의 질과 리더십의 직접적인 관련성을 확인함과 동시에 안정애착아가 불안정애착아보다 리더가 될 확률이 훨씬 높다는 사실을 보여 준다. 구성원의 입장을 잘 조정하고, 이에 따라 자신의 감정과 의지를 적절히 조절하며 목적한 바를 이루어 나갈 수 있는 사람을 리더라고 본다면, 이를 해낼 수 있는 능력은 불안

정애착아보다 안정애착아의 성향에 더 가깝다는 말이다. 그렇다면 안정애착아들의 어떤 점이 리더가 될 확률을 높이는 걸까? 앨런 쓰루페 교수은 이렇게 말했다.

"안정애착아들은 어떤 문제가 주어지면 '어떤 식으로 풀까?' 하고 생각합니다. 결코 '난 이 문제를 풀 수 없어.' 라고 생각하지 않아요. 항상 자신이 할 수 있다고 믿습니다. 왜냐하면 엄마와의 사이에서 자신이 문제를 해결할 수 있다는 경험을 했기 때문입니다. 또 엄마와 상호작용을 하는 기술을 익혔기 때문에 다른 아이들의 말도 잘 들어주고, 자신의 의견도 표현할 줄 알며, 또 자신과 타인의 의견을 조정할 줄도 압니다. 의사소통과 타협을 잘하는 것이지요. 따라서 이러한 태도와 기술을 가진 아이는 또래 집단 속에서 당연히 리더가 됩니다. 다른 아이들도 안정애착아의 이러한 특성을 인식하기 때문에 문제를 잘 해결할 것이라 믿고 그 아이가 리더가 되어 지도력을 발휘하기를 원하는 것입니다."

물론 이것은 어디까지나 확률의 문제이다. 안정애착을 형성한 아기들이 불안정애착아보다 커서 더 많은 사람들의 사랑을 받고 리더가 될 가능성이 크다는 의미일 뿐이다. 하지만 생후 1년 동안 맺은 애착의 질에 따라 내 아기의 인생이 달라질 수 있다면, 달라질 가능성이 그토록 크다면, 이 세상의 모든 엄마들은 아기와 엄마와의 애착의 질에 더 많은 관심과 시간을 쏟아부어야 할 것이다.

안정애착이 두뇌 발달을 부른다

앞서 강조했듯이 엄마와 아기 사이의 애착은 아기의 육체적·정신적 발달은 물론 삶의 질을 좌우한다. 이러한 애착은 최소 생후 6개월이 지나야 생기기 시작하는데, 그 이유는 두뇌 발달이 어느 정도 이뤄지지 않으면 아기는 그 누구와도 애착관계를 맺지 못하기 때문이다. 사실 애착은 아기가 자신의 감정을 인식하고, '물체가 보이지 않더라도 존재한다'는 사실을 이해하는 대상영속성이 생겨야 가능한 일이다. 이 또한 일정 기간 동안 사람이나 물체를 기억할 수 있는 능력이 있어야만 가능하다. 누구인지도 기억하지 못하는 사람을 사랑할 수는 없을 테니 말이다. 그렇다면 애착형성에 직접적으로 관여하는 뇌 부위는 과연 어디일까?

그곳은 바로 고도의 정신능력을 담당하는 대뇌피질의 구조 중 하나인 '전두엽'이다. 대뇌피질은 전두엽앞이마엽, 두정엽머리꼭대기엽, 후두엽뒷머리엽, 측두엽옆머리엽, 소뇌 등으로 이루어져 있는데, 이 중 전두엽이 전체 대뇌피질의 40%를 차지한다.

전두엽은 사고, 기억, 학습, 추리, 의사결정능력, 언어능력 등 사람을 사람답게 만드는 여러 기능을 관장한다. 자신이 느끼는 감정의 정체를 인식하고, 진정한 애정과 관심이 무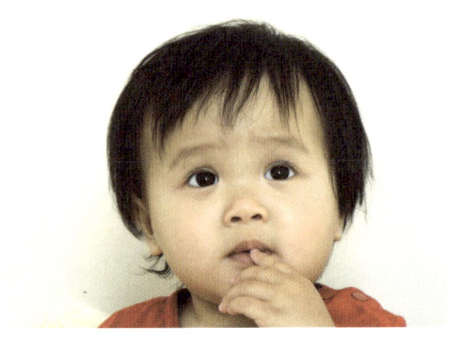엇인지 깨달으며, 자신의 울음소리를 듣고 한걸음에 달려와 안아 주고 달래 주며, 젖을 주기도 하고 기저귀를 갈아 주는 엄마의 각별한 사랑을 감지하는 것도 전두엽이 발달한 아기에게나 가능한 일이다. 자신에게 특별한 사랑을 보내는 이가 누구인지 기억하는 일 또한 전두엽에서 담당하는 일이기 때문이다.

준비된 두뇌가 애착을 만든다

전두엽은 최소 생후 6개월부터 본격적으로 발달하기 시작하는데 이는 다른 뇌 부위의 발달보다 비교적 느리다고 할 수 있다. 때문에 아기의 애착형성 시기도 생후 6개월 이후로 늦게 나타나는 것이다.

미국 미시건 주립 아동병원의 해리 추거니 박사가 시도한 '양전자 단층촬영PET을 이용한 신생아의 두뇌 관찰' 결과에서도 이러한 사실을 확인할 수 있다. 관찰 결과, 생후 6~8개월 된 아기의 전두엽이 그 이전보다 활성화된 것이다.

이처럼 애착형성과 전두엽의 연관성을 증명할 수 있는 증거들은 적지 않다. 우선 애착이 형성되고 다듬어지는 결정적 시기와 전두엽 발달의 결정적 시기가 일치한다는 점이다. 아기의 애착형성 시기는 대개 생후 6개월~1년 사이, 그리고 이것이 성숙되는 시기를 생후 1~2년으로 보는데, 전두엽 역시 생후 6개월~2년 사이에 가장 왕성하게 발달한다.

또한 모든 아기들이 전두엽이 발달하기 시작하는 생후 6개월경부터 애착이 형성된다는 점도 주목할 만하다. 하지만 아기를 오래 방치해 전두엽이 손상되거나 선천적으로 전두엽에 문제가 있는 아기들은 애착형성의 결정적 시기에도 안정적인 애착관계를 맺지 못한다. 한 연구팀이 아기의 뇌파를 직접 촬영한 실험 결과에서 이에 대한 좀 더 과학적인 근거를 찾을 수 있다.

> **아기 성장 실험 37**
>
> **애착형성은 전두엽의 발달과 밀접한 연관이 있다?**
> 태어난 지 얼마 안 된 신생아와 생후 10개월 된 아기에게 감정 자극을 주고 뇌파를 측정, 비교했다. 감정 자극을 주기 위해 설정한 조건은 두 아기에게 웃고 있는 사람과 울고 있는 사람의 모습을 찍은 비디오를 보여 주는 것이었다. 그 결과, 신생아는 두 개의 비디오를 보고도 별 반응을 보이지 않았다. 신생아의 전두엽 반응 또한 마찬가지였다.
> 반면 10개월 된 아기는 웃고 있는 모습의 비디오를 볼 때는 왼쪽 전두엽이, 울고 있는 모습의 비디오를 볼 때는 오른쪽 전두엽이 활성화되는 것을 확인할 수 있었다. 왼쪽 전두엽은 기쁨, 애정, 흥미 등을 느낄 때 활성화되는 곳이고, 오른쪽 전두엽은 괴로움, 슬픔, 불쾌감을 느낄 때 왕성해지는 부위이다. 다시 말하면 아기가 생후 10개월 정도가 되면 전두엽의 발달로 자신의 감정을 인식할 수 있는 능력이 생기며, 이러한 능력은 다시 애착형성을 돕는다는 것이다.

앞서 확인한 몇 가지만으로도 애착형성과 전두엽은 떼려야 뗄 수 없는 밀접한 연관을 지님을 알 수 있다. 하지만 전두엽의 발달만으로는 완전한 애착형성을 기대할 순 없다. 알다시피 인간의 뇌는 매우 유기적으로 연결되어 있기 때문이다.

만약 전두엽이 정상적으로 작동한다 해도 감정을 담당하는 '변연계'에 문제가 생기면 희喜, 노怒, 애哀, 락樂을 느끼지 못한다. 한 연구 결과에 따르면 변연계의 편도체를 제거한 쥐는 고양이 앞에서 두려움을 느끼기는커녕 잠자는 고양이 등에 올라타 귀를 물기도 한다고 한다. 편도체가 손상된 원숭이 역시 뱀을 손으로 잡으려고 한다거나 불을 보고도 무서워하지 않는다고 한다.

《감성지능》의 저자 대니얼 골먼은 편도체는 '모든 강렬한 감정이 모여 있는 곳'이라고 말했다. 뿐만 아니라 변연계에는 감정을 주관하는 편도체 외에 기억 저장 기능을 담당하는 '해마'가 있다. 감정 인식과 기억능력 모두를 필요로 하는 애착형성을 위해서는 전두엽의 발달은 물론, 편도체와 해마를 포함하고 있는 변연계와의 긴밀한 상호작용이 이루어져야 하는 것이다.

뇌를 망가뜨리는 불안정애착

이처럼 아기의 두뇌 발달이 애착형성에 결정적인 역할을 한다면 반대로 애착의 질은 아기의 뇌에 어떤 영향을 미칠까? 뇌 발달이 애착형성의 전제조건이듯 돌보는 사람과의 안정된 애착관계는 정상적인 뇌 발달에 필수적이다. 이는 반대로 불안정애착은 정상적인 뇌 발달에 치명적일 수 있다는 말이다. 이어지는 한 가지 사례는 이러한 사실을 가늠케 한다.

만 4세가 된 한 아이는 또래보다 말이 늦되고, 낯가림이 심했다. 사진을 찍을 때 눈을 맞추지 않았고, 자폐아들에게서나 나타나는 이상한 손동작을 보이기도 했다. 또 평소 자신의 손을 쳐다보며 '킥킥'과 같은 이상한 소리를 내는 경우가 잦았다. 하지만 아이 엄마의 말에 의하면 아이가 처음부터 문제행동을 보였던 것은 아니었다고 한다.

"처음에는 다른 아기들과 똑같았어요. 18개월 이전에는 사진 찍기를 좋아해 카메라만 들이대면 잘 웃는 아기였거든요. 그런데 20개월이 지나면서부터 사회성도 없어지고, 엄마와 눈도 맞추지 않고, 간단한 대화조차도 안 되더라고요. 그리고 다른 아기들을 보면 울기만 하는데……."

전문가의 검사 결과, 아기는 사람과의 관계 형성에 극도의 불안감을 표현하며 일종의 회피 반응을 보이고 있었다. 엄마와의 애착관계를 제대로 형성하지 못한 불안정애착아였던 것이다. 게다가 사회성과 언어를 담당하는 뇌 부위에 이상이 발견되었다고 한다.

알고 보니 가정불화와 경제적 어려움으로 인해 극심한 스트레스를 받았던 아이의 엄마는 아이의 신호에 민감하게 반응하지 못했을 뿐만 아니라, 잦은 부부 싸움으로 고성이 오가는 환경에 아이를 방치했던 것이다. 실제로 불안정애착을 보이는 아기들의 가정환경을 살펴보면 가장의 실직으로 인한 경제적 어려움, 부부 간의 잦은 불화, 부부의 이혼 등 불우한 경우가 적지 않다. 이러한 환경적 요인들이 바람직한 양육을 방해하는 동시에 불안정한 애착관계를 형성하고, 뇌 발달에까지 영향을 미치는 것이다.

이처럼 애착의 질이 두뇌 발달에 영향을 미친다는 사실은 여러 차례 과학적으로도 검증되었다. 1900년대 초 심리학자 존 왓슨 John B. Watson 은

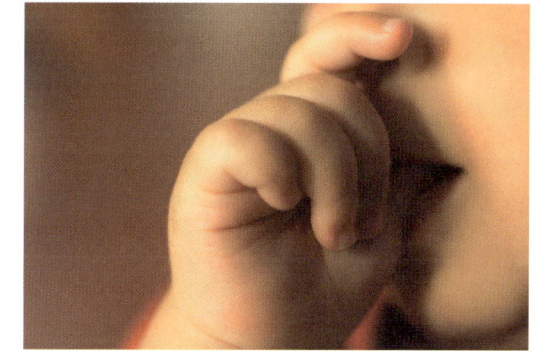

대담하게도 자신의 아기들을 상대로 부모와 자식 간에 애착관계가 이루어지지 않았을 때 어떤 현상이 일어나는지를 관찰했다. 그는 보다 좋은 연구 결과를 얻기 위해 아기들이 애착을 느낄 수 없도록 감정을 최소화하고, 비정하고 인간미 없는 양육을 했다. 아기들을 보고 있지만 안아 주지도, 만져 주지도 않고, 뽀뽀도 해주지 않았다. 그 결과, 아이들은 자라서 학교생활에 잘 적응하지 못해 도중에 자퇴를 하는가 하면 자살을 시도하는 등 심각한 정신적 문제를 보였다. 학자들은 이 결과에 대해 왓슨의 양육방식이 아기들의 애착장애를 불러왔고, 이것이 변연계를 비롯한 정서를 관장하는 뇌 영역에 변화를 가져왔다고 해석했다.

미국 베일러 의과대학 교수이자 아동 두뇌 발달 분야의 전문가인 브루스 페리 교수의 연구 결과 또한 애착의 질이 두뇌 발달에 미치는 영향을 여실히 보여 준다. 브루스 페리 교수는 부모에게 신체적으로 방치되어 자라거나 정서적으로 극심한 학대를 받아 혼란애착이 형성된 아이들의 전두엽을 자기공명영상장치 Magnetic Resonance Imaging : MRI로 촬영했다. 그 결과, 놀랍게도 안정애착아의 전두엽과 달리 혼란애착아의 전두엽은 아예 처음부터 발달하지 않은 모습을 확인할 수 있었다. 브루스 페리 교수는 연구 결과를 통해 애착이 제대로 형성되지 않으면 아기의 뇌가 아예 성장조차 하지 않는다는 결론을 내렸다.

이는 불안정한 애착이 뇌 발달을 방해할 뿐만 아니라, 뇌 손상까지 가져온다는 사실을 의미한다. 애착 경험이 결핍된 사람은 물론, 동물들도 정서를 관장하는 뇌 부위에 변화가 생겨 비정상적인 행동을 보인다는 것이다. 그런데 불안정한 애착이 어떻게 뇌의 발달을 방해하고 뇌를 손상시킨다는 것일까? 그 주범은 바로 '코티졸Cortisol 호르몬'이다.

뇌 손상의 주범, 코티졸 호르몬

원래 코티졸 호르몬은 위협이나 두려움 등으로 인해 생길 수 있는 스트레스에 맞서 뇌를 비롯한 여러 장기가 정상적으로 작동할 수 있도록 돕는 고마운 존재지만, 그 양이 비정상적으로 증가하면 여러 가지 문제를 일으킨다. 특히 뇌의 '백색질'을 감소시켜 뇌에 치명적인 영향을 준다. 백색질은 대뇌피질 깊숙한 곳에 위치한 부위로, 과거에는 특별한 기능이 없는 구조로 취급받았으나 최근 들어 학습능력, 기억능력, 정신질환 등 뇌의 정보처리 기능에 적지 않은 역할을 담당하는 것으로 밝혀졌다.

무엇보다 코티졸 호르몬이 증가하면 애착형성과 밀접한 관련이 있는 전두엽, 해마, 편도체 등이 큰 타격을 입는다. 특히 기억을 담당하는 해마의 신경세포는 코티졸 호르몬에 의해 가장 쉽게 망가진다. 또한 코티졸 호르몬의 수치가 장기간 고공행진할 경우, 해마의 신경세포들은 영원히 손상될 수도 있다. 미국 세인트 루이 워싱턴 의과대학 연구진의 연구 결과는 이를 확인시켜 준다.

아기 성장 실험 38

코티졸 호르몬의 증가가 뇌 손상을 가져온다?

연구팀은 18~30세 된 남성 25명과 여성 26명을 골고루 섞어 세 그룹으로 나눈 후, 첫 번째 그룹에게는 다량의 코티졸 호르몬을 투여하고, 두 번째 그룹은 그보다 적은 양의 코티졸 호르몬을, 세 번째 그룹은 비활성 물질을 투여했다. 그런 다음 이들에게 특정 문장을 읽어 주고, 그 내용을 기억하도록 했다. 이 같은 기억테스트는 코티졸 호르몬 투여 1일 후, 4일 후, 6일 후 세 차례에 걸쳐 시행됐다. 그 결과, 며칠에 걸쳐 코티졸을 다량 복용한 사람만이 신경세포가 죽고 해마를 비롯한 다른 뇌의 구조가 손상되어 기억력이 감퇴된 것으로 나타났다. 코티졸 호르몬이 뇌 손상을 가져온 것이다.

그렇다면 코티졸 호르몬은 왜, 무엇 때문에 비정상적으로 증가하는 것일까? 그것은 다름아닌 반복되는 스트레스 상황 때문이다. 기본적으로 코티졸 호르몬은 우리 몸이 스트레스를 받을 때 분비되는 호르몬이기 때문에 스트레스가 많은 환경에 처하게 되면 코티졸 호르몬의 수치 또한 과도하게 상승한다.

엄마는 물론, 그 누구에게도 정서적 안정감을 얻지 못한 아기는 늘 스트레스 상태에 놓여 있다고 봐야 한다. 안정적인 애착을 형성하지 못한 채 더딘 뇌 발달을 거쳐 뇌 손상에 이르기까지, 이들은 그야말로 엄청난 스트레스 속에서 허우적대고 있는 것이다. 특히 애착형성의 결정적 시기인 생후 1년 이내의 아기에게 '애착 경험의 결핍'은 최고의 스트레스이다. 만약 이 시기에 오랫동안 방치되거나 심한 정신적 학대를 받는다면 아기의 뇌는 심각하게 손상될 수 있다. 실제로 미국 하버드 대학교 심리학과 교수들은 엄마의 애정을 받지 못한 채 방치되었던 루마니아 고아원 아기들의 코티졸 호르몬이 비정상적으로 높다는 사실과 이것이 평생 동안 심각한 학습장애 및 기억능력 저하를 가져온다는 사실을 밝혀냈다. 뿐만 아니라 동물 실험에서도 생후 초기에 어미로부터 애정 어린 보살핌을 받지 못한 새끼들이 어미의 보살핌을 받은 새끼들에 비해 2배나 빠르게 뇌세포가 죽는 것으로 나타났다. 미국 미네소타 대학교 아동심리학과 매건 거너Megan R. Gunnar 교수는 스트레스에 대응하여 노출되는 다량의 코티졸 호르몬이 어떻게 뇌를 손상시키는지 보다 자세한 설명을 덧붙였다.

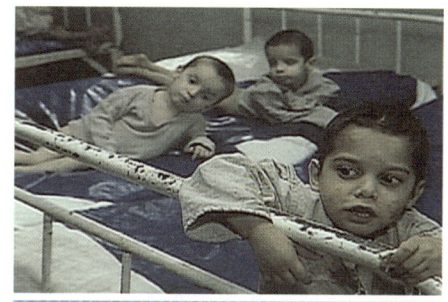

"과학자들은 동물 실험을 통해 스트레스 상황이 반복되어 뇌가 다량의 코티졸 호르몬에 노출되면 신경세포가 성장하지 못하거나 죽고, 그 부위의 크기 자체도 줄어드는 모습을 목격했습니다. 대표적인 예가 백색질인

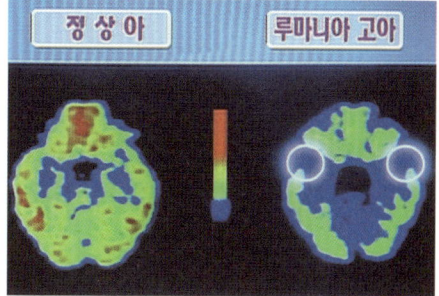

▲ 정상아와 루마니아 고아의 측두엽 사진

데, 생후 초기에 오랫동안 정신적 학대를 받은 아기의 뇌를 들여다보면 회색질은 변화가 없는데 반해 백색질은 크게 감소한 모습을 관찰할 수 있습니다."

코티졸 호르몬에 의해 뇌가 손상되면 아기들은 어른이 되어서도 스트레스에 적절히 대응하지 못한다. 일본 야마나시 대학교 의학부 간바 시게노부 박사가 실시한 새끼 쥐들을 대상으로 한 실험에서도 마찬가지의 결론을 얻어냈다. 실험 결과, 어미에게 애정을 받고 자란 새끼 쥐가 혼자 격리되어 자란 쥐보다 어른이 되어 스트레스를 받았을 때, 기억을 저장하는 해마에서 더 많은 신경세포를 만들어낸다는 것이다. 이는 어미에게 사랑을 받고 자란 쥐의 뇌는 스트레스에 잘 대처하는 반면, 격리되어 자란 쥐의 뇌는 스트레스에 제대로 대응하지 못하고 있음을 의미한다.

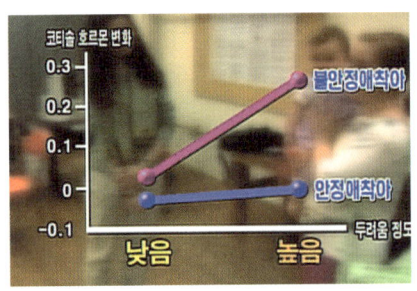
▲ 안정애착아에 비해 높은 코티졸 호르몬 증가를 보이는 불안정애착아

신생아들은 옷만 벗겨도 스트레스를 받아 코티졸 호르몬이 분비된다고 한다. 하지만 이내 외부자극에 적응하여 스트레스를 받더라도 코티졸 호르몬이 급격히 증가하지 않는다. 이때, 엄마와 정서적으로 단단하게 결합되어 있어야 한다는 전제조건이 따른다. 엄마와 안정된 애착관계를 맺은 아기라면 스트레스를 받더라도 코티졸 호르몬이 급격하게 증가하지 않지만, 그렇지 않은 아기는 작은 스트레스에도 과도한 코티졸 호르몬이 분비된다는 것이다.

미국 미네소타 대학교 매건 거너 교수의 설명은 이를 보다 구체적이고 명료하게 전달해 준다.

"스트레스 상황에서 나타나는 애착관계를 살펴보면, 애착이 그 아기에게 어떻게 작용하는지 알 수 있습니다. 애착이 아기의 스트레스 반응을 완충해 주는 역할을 할 수도, 필요 이상의 불안감을 가중시킬 수도 있습니다. 이 차이는 아기와 엄마가 얼마나 안정적으로 애착되어 있느냐에서 비롯됩니다. 안정애착을 형성한 아기는 스트레스에 민감하게 반응하지 않는 반면 불안정애착을 형성한 아기는 아주 예민하게 반응하기 때문입니다."

이처럼 생후 1년간, 엄마의 따뜻한 보살핌은 정상적인 뇌 발달은 물론 전반적인 아기 성장을 돕는다. 엄마의 사랑을 알아차리고, 세상을 탐구하는 데 스스럼 없으며, 스트레스까지도 이겨내는 힘은 엄마와의 친밀한 유대관계에서 비롯되는 것이다.

영원한 불안정애착은 없다

'생후 1년간 형성된 애착은 평생을 따라다니며 영향을 미친다.'

생후 1년 동안 아기에게 제대로 된 사랑을 쏟지 못한 엄마들에게 이 말은 결코 받아들이고 싶지 않은, 인정하고 싶지 않은 현실이다. 그렇다면 불안정애착을 안정애착으로 되돌릴 수 있는 방법은 없을까? 애착형성의 결정적인 시기를 놓치면 아기는 영원히 불안정애착아로 남을 수밖에 없는 것일까?

다행스럽게도, 애착형성의 결정적인 시기를 놓쳐 불안정한 애착이 형성되었다 하더라도 노력 여하에 따라선 얼마든지 안정된 애착 유형을 회복할 수 있다. 일반적으로 생애 초기에 안정된 애착관계를 형성한 아기가 긍정적이고 바르게 자랄 확률이 높다. 그렇다고 이때 형성된 애착이 모든 아기들의 앞으로의 삶 전체를 결정한다고 단언할 순 없다. 불안정한 애착을 보였던 아기들이 정상적으로 자라거나, 오히려 안정애착보다 더 훌륭하게 성장한 경우도 적지 않기 때문이다. 이어지는 생후 26개월 된 지수(가명)의 사례는 불안정애착아가 어떻게 안정애착아로 성장하게 되었는지를 이해할 수 있는 좋은 예가 된다.

애착은 대물림되지만 바꿀 수도 있다

생후 26개월이 된 지수는 말과 행동이 또래에 비해 조금 늦어 보였다. 지수는 10개월 때 친엄마가 죽고 할머니 손에서 자랐다고 한다. 그리고 지금의 새엄마와 처음 만난 것은 지수가 18개월 되던 때, 할머니 집에서였다. 새엄마는 지수를 처음 만났을 때를 이렇게 회상했다.

"처음 지수 할머니 집에 갔는데 아이가 아무도 안 따르더라고요. 할머니가 밥을 주는데도 차버리고, 뭐 먹자고 해도 구석에 가 앉아 있고……."

일주일 뒤, 새엄마는 지수를 집으로 데리고 왔다. 새엄마의 말에 따르면 지수가 처음 집에 왔을 땐 혼자 떨어져 자고, 음식을 거부했으며, 누군가와 접촉하는 것을 너무 싫어했다고 한다. 심지어는 아빠가 안아 줘도 밀쳐내며 울기 일쑤였다고 한다. 지수의 이 같은 반응은 대체 뭘 의미하는 걸까? 한신대학교 이경숙 교수는 지수가 12개월 이전에 자신을 키워 준 부모 사이에서 불안정한 애착 상태를 경험했을 거라 추측했다. 그 때문에 사람에 대한 경계심이 심해졌고, 몇 가지 정서적인 문제가 두드러졌다는 것이다.

하지만 놀랍게도 26개월이 된 지수는 말과 행동이 또래에 비해 조금 늦을 뿐, 불안정한 애착 유형에서 나타나는 행동은 찾아볼 수 없었다. 지수 엄마의 요청으로 이루어진 낯선 상황 실험 결과 또한 전형적인 안정애착아의 반응을 보였다. 엄마가 방을 나갔다가 돌아왔을 때 반갑게 엄마를 맞이했을 뿐만 아니라, 엄마에게 장난감을 내밀어 보이기도 했던 것이다.

지수의 이 같은 변화를 어떻게 설명할 수 있을까? 불안정애착아에서 안정애착아로 변할 수 있었던 요인은 무엇이었을까?

그 해답은 바로 안정애착아였던 엄마에게 있었다. 지수와 엄마의 상담을 담당했던 한신대학교 이경숙 교수는 지수 엄마에 대해 이렇게 말했다.

"엄마께서는 아기의 신호에 굉장히 민감한 분이었고, 여러 가지 정서를 한꺼번에 사용할 수 있는 분이셨습니다. 뿐만 아니라 부드러운 정서와, '아기에게 내가 잘 맞춰 줘야겠다.'는 욕구도 굉장히 많이 갖고 계신 분이셨어요. 그럴 의지도 갖고 계셨고요……"

엄마는 지속적으로 지수의 신호에 민감하게 반응했고, 그 결과 지수는 불안정애착아에서 안정애착아로 변할 수 있었다. 지수가 안정된 애착을 가질 수 있었던 결정적 요인은 성인애착 검사 결과, 안정애착을 지닌 것으로 나타난 엄마였던 것이다.

실제로 아기가 안정애착을 형성하려면 무엇보다 부모 자신이 어떤 애착 경험을 가지고 있느냐가 매우 중요하다. 왜냐하면 부모 자신의 애착 경험이 자녀의 애착 유형으로 대물림되기 때문이다.

해리 할로의 원숭이 실험을 돌이켜보자. 2년간 혼자 격리되어 자란 원숭이들은 심한 발달장애를 보였을 뿐만 아니라 새끼를 낳아도 돌볼 능력이 없었다. 새끼가 보내는 신호를 무시하는 일이 다반사였고, 울음을 터트리면 귀찮아했으며, 공격적이고, 애정 없이 새끼를 다루었다. 새끼 원숭이가 없는 암놈의 경우, 모성본능이 너무 강한 나머지 다른 새끼를 슬쩍 훔쳐오기까지 한다는 원숭이들이 말이다. 이는 애착결핍이 어미의 본능적인 행동영역에까지 악영향을 미친다는 사실을 반증하는 것이다.

사람을 대상으로 한 실험에서도 결과는 똑같았다. 메릴랜드 대학교 심리학과 레이먼드 스타 주니어 교수는 어렸을 때 학대받고 자란 아기들의 25~35%는 부모가 된 후, 자기 자식을 육체적·정신적으로 학대한다는 조사 결과를 발표했다. 또한 엄마가 아빠를, 혹은 아빠가 엄마를 때리는 모습을 보고 자란 아기들 중 무려 40%의 아기들이 배우자를 폭행한다고 한다.

그렇다면 불안정애착을 가진 부모는 아기를 안정애착아로 키울 수 없는 걸까? 불안정애착을 가진 엄마라 할지라도 얼마든지 아기와 긍정적인 애착관계를 맺을 수 있다. '과거는 바꿀 수 없지만 과거에 대한 인식은 변화시킬 수 있다' 는 미네소타 대학교의 매건 거너 교수의 말에 좀 더 귀를 기울여 보자.

"과거는 바꿀 수 없지만 과거에 대한 인식은 변화시킬 수 있습니다. 부모로부터 양육을 잘 받지 못했던 자신의 삶이 어떠했나를 생각해 보면 자신의 과거에 대해 긍정적인 생각을 가질 수 있습니다. 그러한 과정이 없다면 자신이 어릴 때 겪은 대로 아기들을 제대로 양육하지 못하는 불행이 또 다시 일어나게 됩니다. 자기의 어릴 적 부모와의 잘못된 애착관계가 자녀에게 그대로 전달되는 것이지요."

분명 부정적인 애착 경험은 여러 세대에 걸쳐 대물림될 만큼 무서운 유산이다. 하지만 매건 거너 교수의 말대로 심각한 정신적 문제가 없는 한, 엄마가 어떠한 마음을 가지고 양육을 하느냐에 따라 아기는 얼마든지 안정애착아로 성장할 수 있다. 아기에게 부정적이고 결핍된 애착을 심어 준 이가 엄마였다면, 이를 긍정적인 애착경험으로 바꿔줄 이도 엄마라는 사실을 기억해야 한다. 아기는 지금도 끊임없이 자신을 이끌어 줄 누군가를 찾아 신호를 보내고 있다.

～ '사랑받고 있다는 느낌' 이야말로 최고의 선물이다

모든 심리학자들은 아기 성장의 촉진제는 하나같이 '부모 노릇' 이라 말한다. 단순히 아기의 본능적 욕구를 채워 주는 차원을 넘어, 아기의 신호에 빠르고 적절하게 반응하여 아기에게 '아, 나는 정말 사랑을 받고 있구나.', '아, 나는 정말 소중한 존재구나.' 하는 느낌을 전해 주는 것. 이것이야말로 아기에게 안정감과 자부심을 심어 주는, 제대로 된 양육이자 '부모 노릇' 이라는 것이다.

이처럼 부모가 부모의 역할을 다할 때 아기는 안정된 애착을 형성하게 되고, 이것은 다시 평생 아기가 겪을 모든 경험과 자극을 강화시킨다. 생애 초기에 형성된 애착은 성공한 인생의 보증수표는 될 수 없어도 훌륭한 자산은 될 수 있다는 말이다.

그리고 무엇보다도 중요한 건 사랑스런 아기에게 엄마가 줄 수 있는 최고의 선물은 '소중하게 여겨지는, 사랑받고 있다는 느낌' 이란 사실이다.

Chapter 4

언어습득의
놀라운 비밀

아기는 세상에 태어나자마자 울음으로 세상 사람들과 의사소통을 시작한다.
울고, 옹알이를 하고, 허공을 향해 팔다리를 휘젓고, 이따금 엄마를 향해
의미 있는 눈빛과 표정을 지어 보이기도 한다. 이렇게 온몸으로 의사 표현을
하는 아기들, 그들의 필사적인 몸짓 언어는 무엇을 말하는 것일까.
아기이기에 가능한 그들만의 경이로운 언어습득 능력,
그 비밀스런 이야기가 시작된다.

아기는 자신만의 독특한 언어로 대화한다

　모국어가 아닌 낯선 외국어를 배우는 것은 누구에게든 만만치 않은 일이다. 수년 동안 외국어를 배웠다고 해도 외국어를 모국어처럼 자유자재로 구사하기란 결코 쉽지 않다. 실제로 중·고등학교 과정 6년 동안 영어교육을 받고도 막상 외국인과 맞닥뜨리면 무슨 소리를 하는지 알아듣지 못해 당황하거나 설령 외국인이 하는 말을 이해했다 하더라도 어떻게 대꾸를 해야 할지 몰라 입이 떨어지지 않는 사람들이 부지기수다.

　그렇다면 아기들은 어떤가? 아직은 혼자서 옷을 입을 줄도 모르고, 신발 끈을 매는 것도 어설프기 짝이 없는 서너 살짜리 아기들이 어느 순간, 굳이 애를 쓰지 않아도 복잡한 문장을 쉽게 이해하고 유창하게 말을 한다. 한두 단어를 단순하게 나열하며 더듬거리는 게 전부였던 아기가 말문이 터져 하루아침에 문장을 줄줄 쏟아내는 모습에 놀랐던 부모들도 적지 않을 것이다. 어떻게 이런 일이 가능한 것일까?

🌊 활화산처럼 강력한 표현 욕구

학자들은 아기가 때가 되면 유창하게 말을 할 수 있는 것은 선천적으로 강력한 표현 욕구를 가지고 태어나기 때문이라고 설명한다. 그리고 활화산처럼 강력한 아기의 표현 욕구를 증명하는 것이 바로 '울음'이다.

비슷비슷하게 들리는 아기의 울음에도 나름의 이유와 때가 있기 마련이다. 실제로 조금만 주의를 기울이면 아기의 울음에는 대개 특별한 이유나 요구사항이 담겨 있다는 사실을 알 수 있다. 배가 고프거나 기저귀가 젖었을 때, 너무 덥거나 너무 추울 때, 놀아 줄 사람이 필요할 때 등 아기는 엄마에게 뭔가 바라는 것이 있을 때 울음을 터뜨린다. 다시 말해 아기에게 울음은 자신의 욕구를 엄마에게 전달하고자 할 때 사용하는 효과적인 신호수단인 셈이다.

아기의 울음소리는 생후 2개월이 되면 더욱 다양하게 분화된다. 요구사항을 전하는 정상울음과 불편할 때의 불만울음, 아플 때 내는 고통울음 등 울음소리의 패턴에 따라 보다 구체적이고 분명하게 의사를 전달할 수 있게 되는 것이다. 다른 사람들에게는 그저 무의미하고 비슷비슷한 울음소리에 지나지 않겠지만 엄마들은 울음소리만 듣고도 아기가 왜 우는지, 무엇을 원하는

> **Tip**
> **울음의 유형**
> 아기의 울음은 3가지 유형으로 나뉜다. 첫 번째는 '정상울음'으로, 대체로 소리의 높낮이가 규칙적이고, 배고프거나 놀아달라는 표시이다. 두 번째는 '불만울음'으로, 칭얼거리듯 낮고 작은 소리를 내는데, 대개 불만이 있거나 몸이 불편할 때의 울음이다. 마지막으로 '고통울음'은 비명을 지르듯 크고 길게 울다가, 갑자기 숨을 죽이듯이 한동안 울음을 그치다가, 다시 짧게 숨을 헐떡이며 우는 등 소리가 불규칙적인 울음으로, 주로 아기가 아플 때 내는 울음소리다.

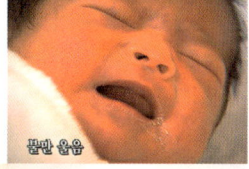
불만 울음

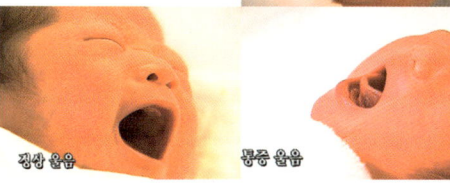
정상 울음　　　통증 울음

지 그 이유를 금세 알아챈다.

울음과 함께 아기의 표현 욕구를 증명하는 행동 중 하나가 '옹알이'다. 세계적인 과학 전문지《사이언스Science》에 실린 미국 다트머스 대학교의 라우라 페티토 교수와 시오반 홀로우카 교수의 연구 보고서에 의하면 옹알이는 단순한 입의 움직임이 아니라 의미를 가진 행동이라고 정의하고 있다. 이 가설은 간단한 실험을 통해 확인되었다.

아기 성장 실험 39

옹알이는 아기의 또 다른 의사 표현 수단이다?

페티토 교수 연구팀의 실험은 생후 5~12개월 된 미국 아기 5명, 프랑스 아기 5명을 대상으로 진행되었다. 우선 10명의 아기들이 옹알이를 할 때의 입의 움직임과 웃음소리를 비롯한 다른 소리를 낼 때의 입의 움직임을 비디오로 찍었다. 그 후 비디오를 정밀분석한 결과, 모든 아기가 옹알이를 할 때는 주로 입의 오른쪽 부위를 이용하고, 웃거나 다른 소리를 낼 때는 왼쪽 부위를 사용하는 것을 알 수 있었다.

페티토 교수 연구팀의 실험에서 알 수 있듯이 아기들은 옹알이를 할 때 주로 입의 오른쪽 부위를 이용한다. 뇌의 특성상 오른쪽 신체부위를 관장하는 것은 좌뇌이고, 우뇌는 왼쪽 신체부위를 관장한다. 따라서 아기가 옹알이를 할 때 오른쪽 부위를 주로 이용하는 것은 언어를 담당하는 좌뇌의 통제를 받고 있음을 증명하는 것이다.

옹알이는 아기의 의사를 표현하는 또 하나의 수단으로, 아기들에게는 일종의 '언어'인 셈이다.

특별한 몸짓 언어, 베이비 사인

신생아기가 지난 아기들은 월령이 높아질수록 울음이나 옹알이, 표정 등을 통한 의사 표현에 한계를 느끼게 된다. 특히 생후 9개월에서 13개월 사이의 아기들은 울음과 옹알이 외에 보다 강력하고 구체적인 표현 수단이 필요해진다. 그러나 아직 말이 서툴기 때문에 대화를 한다는 것은 불가능하다. 이때 아기가 몸짓으로 표현하는 언어, 즉 독특한 행동패턴이 바로 '베이비 사인Baby Sign' 이다.

베이비 사인은 미국 캘리포니아 주립대학교 심리학과 교수 린다 에이커돌로Linda Acredolo 박사와 캘리포니아 주립대학교 심리학과와 아동개발학과 교수 수전 굿윈Susan Goodwyn 박사가 10여 년 동안 연구한, 아기들의 특별한 몸짓 언어를 말한다.

두 심리학자가 베이비 사인을 발견하게 된 것은 아주 우연한 일이었다. 린다 에이커돌로의 딸 케이트가 만 1세 무렵, 집 뒤뜰의 장미를 가리키면서 계속 코를 킁킁거리는 모습을 본 두 사람은 케이트의 행동이 꽃을 표현하는 것이라고 생각했다. 이전부터 케이트의 부모가 꽃향기를 맡을 때마다 꽃에 코를 대면서 "케이트, 이건 꽃이란다. 예쁘지?"라고 반복적으로 말해 주었는데, 케이트가 장미를 보자 반복적인 경험을 기억해 내고 코를 킁킁거리며 꽃을 의미하는 자기만의 상징적인 사인을 만들어 낸 것이다.

그 후 케이트는 꽃이라는 단어를 배우기 전까지 킁킁거리며 냄새를 맡는 제스처로 꽃을 표현했다. 이 외에도 케이트는 두 사람의 가정을 뒷받침할 만한 여러 가지 베이비 사인을 가지고 있었다. 가령 병원 대기실에 있는 커다란 어항을 보고 마치 촛불을 끄는 것처럼 '후후' 부는 시늉을 했는데, 생후 19개월에 '물고기'라는 말을 배울 때까지 케이트는 계속해서 물고기라는 단어를 이런 식으로 표현했다.

처음에 린다 에이커돌로는 자신의 딸이 왜 물고기를 '후후' 부는 동작으로 표현하는지 이해하지 못했다. 맨 처음 물고기를 몸짓으로 표현할 때까지만 해도 케이트는 실제로 물고기를 본 적도 없었고, 가족들이 식사 때 생선을 먹은 적도 없었기 때문이다. 그렇다면 케이트는 물고기를 왜 그런 식으로 표현했을까? 해답은 의외의 장소에 있었다.

케이트가 잠들던 아기 요람 위에 물고기 모빌이 달려 있었는데, 린다 에이커돌로는 밤마다 모빌을 '후후' 불면서 케이트에게 "물고기 좀 봐. 물고기가 헤엄을 치네."라며 반복해서 말해 주었다. 케이트는 어항 속에서 헤엄치는 진짜 물고기를 보자 물고기 모빌을 기억해 내고는 '후후' 부는 제스처를 취했던 것이다.

베이비 사인 3단계		
단계	특징	양상
1단계	아기가 말 없는 동작에 관심을 기울인다.	아기에게 처음 베이비 사인을 가르치는 단계에서 엄마가 코를 찡그린 채 킁킁대면서 정원의 꽃을 가리킬 때, 아기들은 그 동작을 유심히 관찰한다.
2단계	부모가 표현하는 사인을 아기가 이해한다.	아기는 자신이 말할 수 있는 것보다 더 많은 단어를 이해하고 있다. 예를 들어 부모가 '강아지' 사인을 하면, 아기는 강아지 쪽을 쳐다본다. 혹은 부모가 입술을 움직여 쪽쪽 소리를 내면, 장난감 물고기를 가져온다. 아기가 베이비 사인의 의미를 이해한다는 증거다.
3단계	아기가 베이비 사인으로 말하려고 노력한다.	발달의 가장 중요한 증거는 아기가 처음으로 베이비 사인을 시도하는 것이다. 서툴지만 해냈다면 열렬한 반응을 보여 주는 것이 좋다.

미국 캘리포니아 데이비스 시에 사는 16개월 된 에빈의 행동과 반응에서도 아기들이 베이비 사인을 통해 요구나 제안, 감정까지도 전달한다는 사실을 다시 한 번 확인할 수 있다.

> **아기 성장 실험 40**
>
> **베이비 사인으로 의사 전달이 가능할까?**
>
> 16개월 된 에빈은 아는 단어가 고작 네다섯 단어에 불과하다. 에빈은 먹을 것을 달라는 듯 손을 입으로 가져가는 시늉과 함께 입을 빠끔거렸다. 에빈의 엄마가 요거트를 떠먹이려 하자 싫다는 듯 굳은 표정으로 고개를 가로저으며 계속 입만 빠끔거렸다. 다른 먹을 것을 달라는 신호라고 판단한 엄마는 비스킷을 꺼내 줬고, 그제야 에빈은 박수까지 치며 행복한 표정으로 비스킷을 맛있게 먹었다.

린다 에이커돌로는 베이비 사인에 대한 설명을 이렇게 덧붙였다.

"생후 14~15개월 이전의 아기들은 단어를 말할 수 있는 능력이 없습니다. 그러나 머릿속에는 자신들이 말하고자 하는 내용으로 가득 차 있죠. 베이비 사인은 바로 아기가 아직 말을 하지 못함으로 인해 느끼는 욕구불만을 해소하는 방법이면서 나아가 아기가 말을 하기 전에 언어에 대한 관심을 강화해 주는 방법입니

다양한 베이비 사인의 예

"먹을 것"

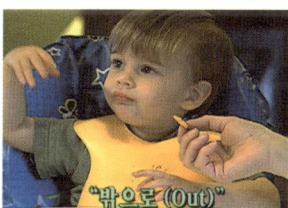
"밖으로"

"선풍기"

"스위치"

"밖으로"

"도와달라"

다. 따라서 아기가 베이비 사인을 하도록 도와주면 아기는 자신의 생각을 우리에게 알려 줍니다."

린다 에이커돌로와 수전 굿윈의 연구 결과에 따르면 베이비 사인을 배웠거나 많이 쓰는 아기일수록 말을 더 쉽고 빠르게 배우는 것으로 밝혀졌다. 그러나 아기가 말을 배우기 전까지 중요한 의사 전달 수단이 되었던 베이비 사인은 아기가 자라 말을 하기 시작하면 더 이상 필요가 없어지므로 저절로 사라진다.

선천적으로 타고난 고성능 언어 시스템

대다수의 아기들은 태어난 지 겨우 3년여 만에 봇물 터지듯 쉽게 말을 할 수 있다. 첫 단어를 말하고, 주위 사물의 이름을 하나씩 말하기 시작하다가 어느 순간부터 어휘 배우는 속도가 폭발적으로 빨라진다. 그러나 강한 의사 표현 욕구만으로 아기들이 그토록 빨리 말을 배우는 데는 한계가 있다. 아기의 말문을 트이게 하는 데는 뭔가 중요한 요소가 또 있다는 뜻이다.

수세기에 걸쳐 수많은 학자들이 아기들의 놀라운 언어 시스템의 비밀을 밝히기 위해 연구한 결과, 아기는 언어학습이 가능하도록 프로그래밍이 된 상태에서 태어난다는 결론에 도달했다. 다시 말해 아기는 선천적으로 언어를 쉽게 배울 수 있는 시스템을 가지고 태어난다는 것이다.

20세기 최고의 언어학자 노엄 촘스키Avram Noam Chomsky는 자신의 저서 《언어 그리고 지식의 여러 문제》에서 "아기는 '언어획득장치Language Acquisition Device : LAD'를 가지고 태어나기 때문에 아기가 적절한 환경에서 성장하기만 한다면 언어습득은 자동적으로 이루어진다."라고 말했다. 이러한 논리의 바탕에는 세상의 모든 아기들의 언어 발달과정이 일정하다는 근거가 존재한다.

개인차가 조금씩 있기는 하지만, 미국 아기든, 프랑스 아기든, 한국 아기든, 인도 아기든 처음에는 'ㅏ, ㅑ, ㅓ, ㅕ'와 같은 모음을 말하고, 그 다음에는 'ㄱ, ㄴ, ㄷ, ㄹ'과 같은 자음을 말한다. 그러다가 음절을 발음하고, 음절에 이어서 단어를 말하고, 나아가 단어의 뜻을 이해하게 되며, 단어를 계속 늘어놓다가 짤막한 문구를 말하고, 마침내 완전한 문장을 구사하게 된다. 비록 모국어는 달라도 언어 발달과정은 동일하게 진행된다는 것이다.

노엄 촘스키가 제시한 또 하나의 결정적 근거는 지구상의 모든 언어는 비슷한 구조를 가지고 있다는 것이다. 이를 '보편문법'이라고 하는데, 쉽게 말해 모든 언어는 문장으로 구성되고, 명사, 동사, 형용사, 부사, 전치사, 접속사 등 동일한 구성성분을 사용하며, 단어의 순서와 일치는 일정한 법칙에 의해 정해진다는 것이다.

노엄 촘스키의 이론은 발표되자마자 언어학계에 센세이션을 일으켰다. 왜냐하면 세계적인 심리학자이자 학습이론가인 스키너Burrhus Frederic Skinner를 비롯한 수많은 학자들의 기존 주장을 뒤엎는 획기적인 이론이었기 때문이다.

기존의 학자들은 아기가 어떤 언어를, 얼마나 배울 수 있는가는 아기를 둘러싼 사회적 환경에 의해 결정된다고 여겼다. 실제로 아기들은 부모가 가끔 쓰는 단어보다 자주 쓰는 단어를 더 많이 사용하고, 부모가 사투리를 쓰면 아기도 사투리를 사용한다. 또한 부모와 대화를 많이 나눈 아기가 그렇지 않은 아기보다 더 높은 수준의 언어 발달을 보인다. 이를 통해 아기의 언어 발달은 자신이 속한 사회적 환경에 크게 영향을 받는다는 것을 짐작할 수 있다.

그러나 이 이론에는 아기들이 사용하는 독특한 언어에 대해 완전히 설명할 수 없다는 한계가 존재한다. 아기들은 성인들이 구사하는 언어와 문법적으로 전혀 다른, 독창적인 언어를 구사한다. 이를테면 엄마가 그네에서 내리는 아기에게 "그만 내리려고? 조금만 더 하지?"라고 말했을 때, 아기들은 "안 더해."라는 새로운 형식의 말을 한다. 만약 스키너의 주장처럼 언어습득이 후천적인 환경에 의해 이루어지는 것이라면 아기는 어른들이 생전 들어보지 못한 창조적인 언어를 사용할 수 없어야 한다. 하지만 아기들은 성인의 언어와 전혀 다른 문법규칙을 가진 말을 만들어 낼 수 있다. 노엄 촘스키의 주장대로 언어습득이 인간의 고유한 본능이기 때문에 가능한 일인 것이다.

과학적으로 증명된 언어습득능력의 선천성

아기가 언어를 학습할 수 있는 선천적 능력을 가지고 태어난다는 사실을 증명하는 과학적인 증거는 수없이 많다. 그 대표적인 예가 영국 옥스퍼드 대학교 앤터니 모나코 교수의 연구 결과다. 앤터니 모나코 교수는 런던에 있는 아동보건연구소 발달인식 신경과학부 연구팀과 함께 전체 가족의 50% 정도에 이르는 24명이 자폐증, 청각상실, 정신지체 등 언어장애를 겪고 있는 한 가계※※를 면밀하게 관찰했다.

그 결과, 7번 염색체에 언어장애를 일으키는 변이 유전자 'FOXP-2'가 존재한다는 것과 이 유전자에 조금만 결함이 생겨도 언어장애가 발생한다는 사실을 밝혀냈다. 즉, FOXP-2는 언어습득 유전자인 셈이고, 이는 언어능력이 유전적 영향 아래 놓여 있다는 증거다.

'윌리엄스 증후군Williams Syndrome'도 좋은 증거다. 윌리엄스 증후군은 7번 염색체 이상으로 나타나는 희귀한 유전질환으로, 이 병에 걸린 아기들은 공통적으로 천사처럼 예쁜 얼굴을 하고 있고, 심장이 약하며, IQ가 50을 밑돌 정도로 지능이 낮지만 놀라운 언어능력을 가지고 있다. 윌리엄스 증후군을 가진 아기들은 또래 아기들이 감히 떠올리지 못하는 아주 어려운 단어, 이를테면 '코알라'처럼 흔히 볼 수 없는 동물들의 이름을 척척 말한다.

윌리엄스 증후군의 임상 소견	
전형적인 얼굴 형태	윌리엄스 증후군을 갖고 있는 사람의 얼굴 형태는 대부분 비슷하다. 작은 두상, 부푼 눈 주변, 작고 위로 올라간 코, 두터운 입술과 작은 뺨 등의 임상 소견을 보인다. 푸르거나 녹색 눈을 갖고 있는 아기들은 홍채에 별 모양 혹은 주름 모양의 반점이 나타나기도 한다.
치아 결손	치아가 약간 작고, 치간이 넓다. 교합 상태가 좋지 않고, 치아 형태도 고르지 못하다. 대부분의 치과적인 문제는 적절한 치료를 통해서 해결될 수 있다.
신체 모양	굽은 어깨, 가늘고 긴 목, 튀어나온 배, 특징적인 걸음걸이를 보인다.
심장 질환	일반적으로 대동맥 협착증과 폐동맥 협착증을 보인다. 협착 증세는 시간이 흐를수록 경과가 나빠지는 경향이 있으므로 심장에 대한 주기적인 검진이 필요하다.
기타 특징	신장, 방광 기능이 약간 안 좋으며, 저긴장성 근육이 나타난다. 나이가 들수록 관절 기능이 퇴행할 수 있다. 저긴장성 근육은 물리 치료를 통해 상당한 치료 효과를 볼 수 있다.

만약 언어가 후천적으로 학습되는 것이라면 지능이 낮은 윌리엄스 증후군의 아기들은 복잡하고 어려운 말은커녕 인사말 정도나 할 수 있는 수준이어야 한다.

'선택적 언어장애Specific Language Impairment' 역시 마찬가지다. 이 유전질환을 가진 아기들은 윌리엄스 증후군을 가진 아기들과는 정반대로 정상적인 지능을 가지고 있는데도 불구하고 이상하게 말을 잘하지 못한다. 다른 사람의 말을 이해하지 못하는 것은 물론, 말하는 것 자체를 매우 힘들어하고, 말하는 속도도 느리며, 한참 고민을 한 뒤 말을 하는데도 번번이 문법적 오류가 있는 언어를 구사한다. 언어 습득능력이 선천적인 것이 아니라면 특정 유전질환에 따라 다르게 나타나는 언어능력의 차이를 어떻게 설명할 수 있겠는가.

앞에서 살펴본 바와 같이 아기는 거대한 표현 욕구와 고성능 언어 시스템을 가지고 태어난다. 그리고 특정 유전질환만 없다면 지능에 상관없이 만 3세가 되면 굳이 애쓰지 않아도 유창하게 말을 할 수 있다. 로체스터 대학교 인지학 교수 엘리사 뉴포트Elissa Newport는 《뉴스위크》를 통해 아기의 언어습득능력에 대해 다음과 같이 설명하고 있다.

"아기들은 언어를 습득하는 데 좋은 선생이 필요하지 않습니다. 아기들은 자신이 찾을 수 있는 모든 규칙을 알아내 그것을 연마하고 확대합니다."

선천적으로 타고나는 언어 시스템 덕에 특별한 장치나 훈련 없이도 아기 스스로 언어의 규칙을 찾아내고, 연마하고, 습득하는 일이 가능하다는 말이다. 그렇다고 언어습득에 자양분이 전혀 필요하지 않다는 것은 아니다. 설령 아기가 선천적으로 언어습득능력을 가지고 태어난다고 하더라도 언어소통을 할 수 없는 상황에 오랫동안 방치되면 말을 배우는 것은 물론, 정상적인 언어를 구사하지 못하게 된다.

    따라서 정상적인 언어 발달을 위해 아기의 언어적 경험은 매우 중요하다. 특히 언어 발달에 결정적인 영향을 미치는 생후 초기의 다양한 경험은 언어능력뿐만 아니라 아기의 전반적인 발달에 지대하고 폭넓은 영향을 미친다. 실제로 말을 배운 아기는 그렇지 않은 아기보다 모든 분야의 지적 발달에 있어서 월등한 수준을 보이는 것으로 알려져 있다. 언어는 사고의 독특한 기능 단위인 동시에 지적 발달의 기반이 되는 중요한 요소이기 때문이다. 따라서 아기가 태어남과 동시에 풍부한 언어 환경을 충분히 제공해 준다면 아기는 타고난 언어습득능력을 더욱 잘 발휘할 뿐만 아니라 눈부신 지적 발달 효과까지 얻을 수 있을 것이다.

아기의 언어습득은 자궁에서부터 시작된다

놀랍게도 아기들은 엄마의 뱃속에서부터 음악소리와 소음, 말소리의 차이를 알아챈다고 한다. 한 연구 결과에 따르면 임신 7~9개월 된 태아에게 엄마가 "아가야, 오늘 기분은 어때?"라는 말을 건네면 평소보다 심장박동이 느려지는 것으로 나타났다. 익숙한 엄마의 목소리에 태아는 편안함과 안정감을 느끼는 것이다. 그렇다면 엄마의 뱃속에서부터 시작되는 아기의 언어인지능력은 이후 어떤 습득 과정을 통해 발달하고 완성되는 것일까?

∽ 외국어의 음소까지 구분하는 놀라운 언어인식능력

세상의 모든 엄마들은 꼬물거리던 아기의 입에서 생애 첫 옹알이가 터져 나오는 순간의 감동을 쉽게 잊지 못한다. 그저 의미를 알 수 없는 '아아아', '우우우', '부부부'와 같은 단순한 옹알이에도 엄마들은 흥분의 도가니에 빠지기 마련이다. 그러나 엄마들이 진정 듣고 싶은 것은 옹알이가 아니라 이해할 수 있는 단어들이다. 엄마들은 아기가 어서 또랑또랑한 목소리로 '엄마', '아빠', '우유' 같은 단어를 분명하게 말해 주기를 고대한다. 그렇지만 아기가 옹알이를 거쳐 하나의 단어를 말하기까지는 수많은 과정을 거쳐야 하고, 그 과정을 통과하기 위해서는 수많은 능력들이 요구된다.

가장 우선적으로 필요한 능력은 사람의 말소리와 다른 소리를 구분할 줄 아는 것이다. 말소리를 알아듣는 아기들은 더 이상 작게 쪼갤 수 없는 언어의 최소단위인 '음소'도 구분할 줄 안다. 쉽게 말해 자음 'ㄱ, ㄴ, ㄷ, ㄹ, ㅁ······'과 모음 'ㅏ, ㅑ, ㅓ, ㅕ, ㅗ······'를 구별하는 것이다. 남녀노소를 불문하고 입에서 나온 그대로의 음소를 인식하는 사람은 없다는 점을 감안할 때, 아기의 음소인식능력은 경이로울 정도이다. 아기의 이 놀라운 능력을 증명하기 위한 실험들은 이미 수많은 학자들에 의해 이루어진 바 있다.

> **아기 성장 실험 41**
>
> **아기들은 과연 음소를 인식할까?**
>
> 아기들에게 동일한 합성어인 'pa'와 'ba'를 들려주고, 반응을 살폈다. 그 결과, 처음에 'pa'를 반복해서 들려주다가 'ba'로 바꾸자 아기들의 젖꼭지 빠는 속도가 빨라졌다. 그리고 다시 'pa'로 바꾸어 들려주자 아기들의 젖꼭지 빠는 속도는 느려졌다. 이는 아기들이 'pa'와 'ba'의 차이를 인식한다는 신호이고, 곧 아기들이 소리를 음소의 형태로 분류해서 듣는다는 증거이다.

심지어 아기들은 모국어뿐만 아니라 외국어의 음소까지도 알아듣는다. 예를 들면, 대부분의 프랑스인들이 잘 인식하지 못하는 영어 thick와 then의 'th' 발음의 차이를 생후 1개월 된 프랑스 아기들은 식별할 수 있다. 또한 일본인들이 일반적으로 잘 구별하지 못하는 영어 자음 'r'과 'l'의 차이를 일본의 아기들은 구분할 줄 알며, 힌두어를 들어본 경험조차 없는 미국 아기들도 힌두어의 음소를 인식할 수 있다는 사실도 증명되었다. 세상의 모든 아기들이 세계의 무수한 언어들의 생소한 음소 차이를 구별해 내는 것이다.

그러나 음소를 구별할 수 있는 아기의 놀라운 능력은 생후 6개월이 되면 서서히 사라지고 만다. 특히 외국어의 음소를 알아듣는 능력을 가장 빨리 상실한다. 도대체 아기들은 이토록 쓸모 있고 경이로운 능력을 왜 그렇게 금세 잃어버리는 것일까?

이유는 간단하다. 바로 주위 사람들이 사용하는 언어에 빠르게 적응하기 때문이다. 아기들은 특정 음소를 반복해서 듣게 되면 그 음소를 인식하는 능력은 가파르게 증가하는 대신 자주 접하지 않는 음소를 인식하는 능력은 빨리 감소한다. 이러한 현상 때문에 아기들은 모국어를 빨리 알아들을 수 있고, 말하는 사람의 발음이 썩 좋지 않아도 쉽게 이해할 수 있다. 반대로 모국어에 비해 노출빈도가 현저히 낮은 외국어를 인식하는 능력은 서서히 잃어가는 것이다.

이렇듯 많이 접하는 음소에 대한 감수성이 상대적으로 증가하는 현상은 모국어를 배우는 데 불필요한 음소를 제거하고, 특정 음소에만 집중할 수 있도록 하는 데서 비롯된 일종의 가지치기인 셈이다.

단어습득능력 속에 감춰진 또 다른 능력

아기가 음소의 미세한 차이를 아무리 잘 감지해 낸다고 해도 단어와 단어의 경계를 인식하지 못하면 말을 알아들을 수 없다. 우리가 일상생활에서 사용하는 말은 음소가 아닌 단어가 결합된 형태이기 때문이다. 예를 들어 "우리 아가, 배고파서 우는 거야?"라는 간단한 말도 여러 개의 단어가 연결되어 있는 구조이다. 이 말을 이해하려면 각 단어를 인식할 줄 알아야 하는데, 다행히 아기들은 본능적으로 단어를 구분하는 능력을 지녔다. 존스 홉킨스 대학교 인지학과 피터 주스치크 교수에 따르면 "아기들은 단어를 인식하기 이전에 해당 언어가 어떤 방식으로 조합되어 그 단어의 음절들을 만들어 내는지 감을 잡는다."고 한다. 다시 말해 아기들은 특정 언어에 집중적으로 노출되는 경우, 어떤 음소들이 어떤 방식으로 조합되어 그 단어의 음절들을 만들어 내는지를 직감할 수 있는 것이다.

한 연구 결과에 따르면 생후 7개월 된 미국 아기들은 trace, trade처럼 'tr'로 연결된 단어와 class, clear처럼 'cl'로 결합된 단어에는 익숙해지는 반면 'db', 'gd', 'kt'로 연결된 단어를 접하면 그것을 다른 언어로 인식한다고 한다. 즉, 생후 12개월 미만의 아기들도 언어를 그저 무의미한 소리로만 듣는 것이 아니라 의미는 모르더라도 최소한 서로 구별이 되는 단어의 연속으로 들을 수 있다는 말이다.

일단 단어를 인식하면 아기들은 그 단어에 의미를 연결하기 시작한다. 뿐만 아니라 그 단어를 옹알대거나, 베이비 사인으로 나타내거나, 그 단어에 해당되는 사물을 손으로 가리키기까지 한다. 아기는 이제 옹알이, 베이비 사인 등을 통해 언어를 연습하는 단계까지 온 것이다.

실제로 옹알이가 의미 있는 행동이라는 사실을 밝혀낸 다트미스 대학의 라우라 페티토 교수는 《사이언스》와의 인터뷰에서 "신생아의 옹알이는 뇌의 언어학습 센터에서 나오는 신호가 음성화된 것으로, 무의미한 소리가 아니라 아기가 언어를 익히는 첫 단계다."라고 말했다. 베이비 사인의 최초 연구자인 린다 에이커돌로 교수 또한 베이비 사인을 많이 하는 아기는 언어를 배우는 능력이 향상되어 다른 아기들보다 더 빨리 말을 배우는 경향이 있다고 한 바 있다.

그렇다면 이제 겨우 단어를 구별할 뿐인 아기들은 어떻게 '우유'에 '우유'라는 의미를, '꽃'에 '꽃'이라는 의미를, '공'에 '공'이라는 의미를 일치시켜 연결할 수 있게 되는 걸까?

어른의 눈에는 우유는 우유이고, 꽃은 꽃인 사실이 당연한 것이지만 말을 배우지 못한 아기들에게 생소한 언어와 이미지로 가득한 세상은 혼돈 그 자체일 뿐이다. 혼돈 속에서 단어와 그 단어가 지니는 의미를 연결시키는 과정은 그리 만만치 않다.

만약 당신이 아프리카 밀림을 여행하다가 길을 잃었다고 상상해 보자. 밀림 속을 한참 헤매던 당신은 어느 부족 마을을 발견했다. 반가운 마음에 도움을 청하러 마을로 달려갔지만 원시부족의 말을 알 리 없는 당신은 도움은커녕 말 한마디도 꺼내지 못했다.

그러던 중, 부족 사람들이 당신의 가방 속을 들여다보며 '빠쭈빠쭈'라고 했다고 가정해 보자. 이때 당신은 그들이 말하는 '빠쭈빠쭈'라는 단어가 무엇을 뜻하는지 짐작할 수 있을까? 아마도 당황한 당신은 손짓, 발짓을 모두 동원해 가방 속의 물건을 죄다 꺼내놓았을 것이 분명하다. 왜냐하면 그 단어가 가방 자체를 의미하는 것일 수도 있고, 가방 속에 있는 카메라를 의미하는 것일 수도 있고, 지갑을 의미하는 것일 수도 있고, 물통을 의미하는 것일 수도 있기 때문이다. 이와 비슷한 상황을 실험을 통해 재현해 보았다.

아기 성장 실험 42

가바가이 실험

서울 광화문 거리 한복판에 위치한 대형 전광판에 토끼가 나오는 장면들을 여러 개 보여 주고, 외국 사람에게 '가바가이'라는 아무 뜻도 없는 단어를 외치며 손가락으로 그 전광판을 가리키도록 했다. 그러자 사람들은 자연스럽게 전광판을 쳐다보았고, 우리는 그 사람들에게 "외국인이 말한 가바가이라는 말이 무엇을 의미한다고 생각하느냐?"고 물었다. 그 결과, 어떤 사람은 "저기 좀 보세요."라는 뜻일 거라고 답을 했고, 어떤 사람은 "토끼네."라는 의미로 받아들였으며, 또 다른 사람은 "귀엽다. 예쁘다."라는 의미로 해석했다고 말했다.

중앙대학교 영문학과 장영준 교수에 따르면, 실험에서처럼 어른들이 생전 들어보지 못한 '가바가이'라는 말을 들었을 때, 이 단어가 어떤 의미를 가지고 있는지 파악하기 어려워하듯 아기들에게도 생소한 단어의 의미를 알아내는 일은 매우 어려운 문제라고 한다. 그럼에도 아기들은 전혀 알아듣지 못하는 말을 하는 사람들에게 둘러싸여 있더라도, 단어와 그 의미를 성공적으로 연결시키는 능력을 지니고 있는 것이다. 정말 경이로운 일이 아닐 수 없다.

아기들의 단어습득 비법

그렇다면 아기들은 새로운 단어를 들었을 때 어떻게 혼란스러워하지 않고 단어에 그 의미를 연결시킬 수 있는 것일까? 그것은 어른들에게는 없는, 단어를 습득하는 비법을 가지고 있기 때문이다.

그 첫 번째 비법은 바로 '단어는 사물의 부분이 아니라 전체를 의미한다고 생각하는 능력'이다. 아기들은 '컵'이라는 단어를 들었을 때, 그 말이 컵에 그려진 그림을 얘기하는지, 손잡이를 얘기하는지, 컵의 밑바닥을 얘기하는지 머리 아프게 이것저것 가정하지 않는다. 아기들에게 '컵'이라는 단어는 전체 대상, 즉 컵 전체를 가리키는 명칭일 뿐이다. 이렇게 대상을 단순화시켜 생각하기 때문에 단어를 쉽게 파악하고, 상상을 초월할 만큼 효율적으로 새로운 단어를 습득할 수 있는 것이다.

두 번째 비법은 '알고 있는 단어로 비슷한 사물을 일반화시키는 능력'이다. 자신이 알고 있는 단어의 이미지와 비슷한 상황에 놓이면 자연스럽게 사물 혹은 상황을 일반화시키는 것이다. 이러한 능력은 몇 가지 실험을 통해 쉽게 확인할 수 있다.

아기 성장 실험 43

아기들은 비슷한 사물을 일반화시킨다?
생후 22개월 된 아기들에게 수족관의 기포가 올라오는 모습을 보여 주었다. 그런 다음 아기들에게 "이게 뭐야?"라고 물었다. 그러자 한 아기가 "코야."라고 대답했다. 아직 발음이 부정확한 아기가 콜라를 '코야'라고 말한 것이다.

그 누구도 이 아기에게 '수족관의 기포 = 콜라'라고 가르치지는 않았을 것이다. 그런데 왜 아기는 기포를 보고 콜라라고 했을까? 단지 수족관의 기포가 올라가는 모습이 콜라를 컵에 따랐을 때 기포가 올라가는 모습과 비슷하기 때문에 그렇게 말했을 뿐이다. 그렇다고 아기가 기포와 콜라를 같다고 생각하지는 않는다. 다만, 아기들은 '기포'라는 단어를 모르기 때문에 자신이 알고 있는 '콜라'라는 단어로 일반화한 것이다.

비슷한 실험으로, 이번엔 성인 남자를 한 어린이집 창문 밖에 서 있게 했다. 그 남자를 발견한 아기들은 창문으로 달려가더니 팔짝팔짝 뛰면서 "아빠."라고 불렀다. 과연 아기들이 낯선 성인 남자를 진짜 아빠라고 생각해서 '아빠'라고 부른 것일까? 물론 아니다. 단지 '아저씨'라는 단어를 모르기 때문에 성인 남자를 아빠로 일반화한 것일 뿐이다.

아기들의 세 번째 단어습득 비법은 '하나의 사물에는 한 가지 이름만 있다고 생각하는 능력'이다. 아기들은 하나의 사물에 또 다른 이름이 있을 것이라고는 미처 상상하지 못한다. 아기의 이 같은 능력을 증명하기 위해 영남대학교 유아교육과 이현진 교수와 함께 흥미로운 실험을 하였다. 실험방법과 도구는 간단했다.

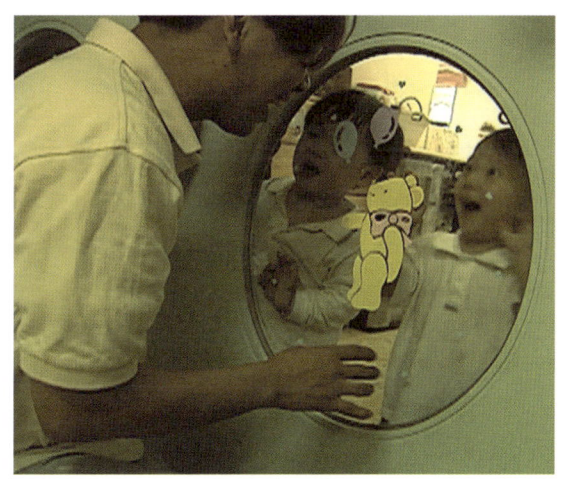

언어습득의 놀라운 비밀 193

아기 성장 실험 44

아기들은 하나의 사물에 하나의 이름만을 연결시킨다?

실험을 위해 먼저 아기들에게 익숙한 휴대폰과 특이한 모양의 장난감을 준비했다. 그리고 특이한 모양의 장난감을 아무 뜻도 없는 '닥스'라는 이름으로 부르기로 정한 후, 아기들에게 휴대폰과 특이한 모양의 장난감을 동시에 보여 주면서 이렇게 물었다.
"여기에 닥스라는 게 있대. 선생님한테 닥스 좀 줘보겠니?"
그러자 아기들은 한결같이 특이한 모양의 장난감을 집어서 실험자에게 건네주었다. 자기가 알고 있는 휴대폰에 또 다른 이름이 있을 것이라고는 생각하지 않는 것이다.

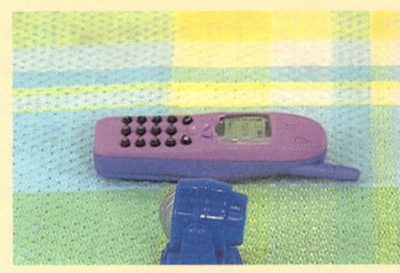

　아기들은 이러한 능력 때문에 단어를 쉽고 빠르게 배울 수 있다. 이현진 교수는 이에 대해 이렇게 설명하고 있다.

　"아기는 자기가 알지 못하는 대상에 새로운 이름을 적용시키기 때문에 굉장히 빠른 속도로 단어를 배워 나갑니다. 이를 '상호배타성 제약'이라고 하는데, 이것은 단어를 습득하는 초기단계에서 작동합니다. 왜냐하면 하나의 대상에 하나의 이름만 있는 것은 아니기 때문입니다. 예를 들어 '개'는 '치와와'라는 이름을 가질 수도 있고, '푸들'이라는 이름을 가질 수도 있으며, '동물'이라는 이름을 가질 수도 있습니다. 어른들은 당연하게 생각하는 이러한 사실을 아기들은 많은 단어를 습득하고 나서야 비로소 이해하게 됩니다."

아기들의 네 번째 단어습득 비법은 '단어가 주제에 관련된 사물들을 가리킨다고 생각하는 능력'이다. 즉, 아기들은 단어를 주제별로 분류할 수 있다. 이것은 아기들이 사물을 주제별 관계에 따라 분류하는 것을 선호하기 때문이다. 실제로 간단한 실험을 통해 아기들의 이러한 성향을 확인할 수 있다.

아기 성장 실험 45

아기들은 사물을 주제에 따라 분류한다?

아기들에게 경찰관, 경찰차, 응급차 모형의 장난감을 보여 주고, "경찰 아저씨 옆에 무엇을 갖다 놓고 싶어?"라고 물었다. 그러자 모든 아기들이 경찰관 옆에 경찰차를 갖다 놓았다. 그래서 이번에는 젖소, 우유, 돼지가 그려진 그림을 보여 주고, 아기에게 "소 옆에 무엇을 갖다 놓고 싶어?"라고 물었다. 그랬더니 이번에는 소 옆에 우유를 갖다 놓았다.

이 두 실험을 통해 아기가 사물을 주제별로 분류한다는 사실이 확인되었다. 실험을 진행했던 이현진 교수는 누구나 그렇듯 아기들 역시 아주 어린 연령부터 세상을 주제에 맞춰 분류하는 경향이 강하다고 말한다. 그래서 경찰 하면 경찰차와 연결시키고, 젖소 하면 우유와 연결시킬 수 있는 것이다. 하지만 아기들이 생소한 단어를 접했을 때는 사물을 주제별로 연결시키는 경향이 사라지고 새로운 방식으로 사물을 분류한다고 한다. 또 다른 실험을 통해 이 같은 사실을 확인해 보았다.

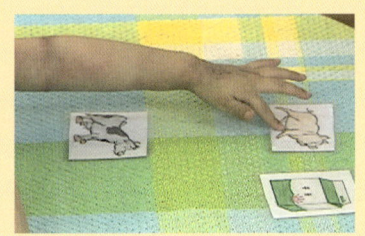

아기 성장 실험 46

아기들은 사물을 범주에 따라 분류한다?

먼저 아기에게 젖소 그림을 보여 주고, 이것이 무엇이냐고 물었다. 아기는 한 치의 망설임도 없이 "젖소요."라고 정확하게 대답했다. 이때 아기에게 "별나라에서는 젖소를 '미도'라고 부른대."라며 새로운 단어를 제시했다. 그러자 아기는 놀랍다는 듯이 "미도라고요?"라고 되물었다. 우리는 그렇다고 답변해 주고, 다시 한 번 별나라에서는 젖소를 '미도'라고 부른다고 반복해서 말해 주었다. 그런 다음 돼지 그림과 우유 그림을 보여 주면서 "여기에 별나라에서 미도라고 부르는 것이 또 있대. 어떤 게 미도일까?"라고 물었다. 그러자 아기는 처음 실험 결과와 달리 우유가 아니라 돼지를 젖소와 짝지었다.

실험에서 알 수 있듯이 아기들은 생소한 단어를 듣게 되면 사물을 주제에 맞춰 분류하지 않고 사물이 어느 범주에 속하느냐로 분류한다. 그래서 아기에게 '미도'라고 불리는 사물을 찾아보라고 했을 때, 우유가 아닌 소와 같이 '동물'이라는 범주에 속하는 돼지를 선택한 것이다. 아기들은 돼지도 소처럼 동물에 속하기 때문에 미도라는 이름을 붙일 수 있다고 생각하는 것이다. 이러한 행동에 대한 이현진 교수의 설명을 들어 보자.

"이 같은 현상을 '분류학적 가정'이라고 합니다. 쉽게 말해 단어가 같은 범주의 사물을 가리킨다고 보는 것이죠. 분류학적 가정은 주제에 맞춰 사물을 묶는 성향이 강한 아기들에게 새로운 단어를 제시했을 때 나타납니다. 이러한 분류학적 가정은 생득적인 것이라 볼 수 있으며, 단어학습에서 매우 중요한 역할을 합니다."

단어폭발의 기폭제, 베르니케 영역

앞서 살펴본 바와 같이 아기들은 선천적으로 타고난 다양한 단어습득의 비법으로 대상을 단순화하기 때문에 짧은 시간에 어마어마한 양의 단어를 배울 수 있다. 그러나 아기들이 습득하는 단어의 수가 처음부터 폭발적으로 증가하는 것은 아니다. 처음 한 달은 열 단어 정도로 천천히 증가하다가 대략 18개월경이 되어 습득한 단어의 수가 약 50개에 이르면 그때부터 놀라운 속도로 단어의 수가 늘어나 거의 2시간에 하나 꼴로 단어를 습득한다. 단어폭발이 일어나는 것이다. 아기마다 조금씩 차이는 있지만 이때부터 6세까지 아기는 90분당 한 단어를 습득한다. 하루에 약 10개의 새로운 단어를

배우는 셈이다. 메사추세츠 공과대학교MIT 심리학과 스티븐 핑거 교수에 따르면 아기가 이 속도로 계속 6세까지 단어를 익히게 되면 약 1만 3천 개 정도의 단어를 이해할 수 있다고 한다. 그렇다면 하필 생후 18개월경에 단어폭발이 일어나는 이유는 무엇일까? 그것은 단어습득과 깊은 관련이 있는 좌뇌가 이 무렵부터 본격적으로 활동을 하기 때문이다. 아기들은 18개월 이전에는 대뇌의 넓은 부분을 이용하여 자신이 아는 단어와 모르는 단어를 파악하다가 18개월 이후부터는 좌뇌만

을 이용하여 언어를 배운다. 기억이나 판단 등을 담당하는 뇌의 영역이 이곳저곳에 퍼져 있는 것과는 대조적으로 좌뇌는 우리 뇌의 언어기능의 95% 이상을 담당하고 있다. 사람은 평생 뇌의 반쪽만을 이용해 말을 한다고 해도 과언이 아닐 정도이다. 좌뇌를 사용하게 되면 습득하는 단어의 수가 급격하게 증가하는 것도 이 때문이다. 언어를 관장하는 영역 중에서 단어, 특히 명사의 저장과 재생을 담당하는 부위를 '베르니케 영역Wernicke's area' 이라고 한다. 좌뇌의 뒤쪽에 위치해 있는 베르니케 영역은 청각중추인 측두엽 바로 옆에 붙어 있기 때문에 말이 청각계를 통해 측두엽으로 들어가면 곧장 베르니케 영역으로 전달된다. 그리고 이곳에서 말의 언어적 의미를 해석하여 단어로 바꾸거나 생각을 단어로 전환하는 것이다.

그런데 베르니케 영역이 손상된 사람들은 말은 유창하게 하지만 상대방의 말을 잘 이해하지 못해 질문을 하면 헛소리를 한다. 자기가 하고 있는 말이 무슨 말인지도 모르며, 틀린 단어나 의미 없는 단어를 죽 늘어놓기도 한다. 예를 들면 "그 남자는 자신이 말하는 것이 틀리다고 생각하거나 학교를 가든 가지 않든, 또는 밥을 잘 먹든 잘 먹지 않든 아무 문제가 없다고 생각할 것이기 때문이다." 라고 횡설수설하는 식이다. 즉, 베르니케 영역이 없다면 우리는 다른 사람의 말을 바르게 이해하지 못할 뿐더러 상황에 맞는 적절한 단어를 선택하여 조리 있게 이야기할 수도 없게 된다. 베르니케 영역은 아기들이 새로운 단어를 배우기 시작하면서 활동량이 늘어나고, 18개월경이 되면 왕성하게 움직이기 시작한다. 이것은 마치 아기의 단어습득량이 증가하면서 이 부위가 촉진되는 것처럼 보이지만 아직까지 단어습득량으로 인해 베르니케 영역이 성장하는 것인지, 아니면 베르니케 영역의 발달로 단어습득량이 증가하는 것인지의 상관관계는 정확하게 밝혀지지 않았다. 하지만 단어폭발이 일어나는 시점과 베르니케 영역의 활동이 증가하는 시점이 일치한다는 것만은 분명한 사실이다.

아기가 좌뇌를 이용해 열심히 언어를 습득하는 동안 우뇌도 팔짱만 끼고 있는 것은 아니다. 핵심적인 언어기능은 좌뇌가 처리하지만 감성을 주관하는 우뇌는 말의 운율을 담당하기 때문이다. 실제로 프랑스 언어학자 자크 멜레르의 연구 결과에 따르면 아기들은 좌뇌로는 단어를 더 잘 알아듣고, 우뇌로는 음악소리를 더 잘 알아듣는다고 한다. 이처럼 언어를 관장하는 영역이 좌뇌로 국한되어 있기 때문에 이 부위가 손상되면 지능이 높더라도 말을 할 수 없고, 반대로 지능이 낮더라도 좌뇌가 정상적으로 가동하면 말을 유창하게 할 수 있다. 앞서 설명했던 '윌리엄스 증후군'이나 '선택적 언어장애'가 바로 그런 경우이다.

아기는 어른과 다른 언어능력을 가지고 태어난다

단어폭발로 아기가 습득하는 단어의 수가 증가하면 아기는 곧바로 단어들을 조합하여 문장을 만든다. 처음에는 "우유 더.", "꽃 봐.", "차 와.", "내 거야.", "우리 집." 처럼 두 단어로 이루어진 짧은 문장을 만들어 사용한다.

두 단어를 조합한 문장을 말하는 시기는 개인차가 있지만 생후 18개월에서 24개월경이다. 그런데 아기들은 어떻게 이렇게 어린 나이에, 누구도 문장이 어떻게 구성되는지 가르쳐 주지 않았는데도 단어를 순서대로 배열하여 문장을 만들 수 있는 것일까?

∞ 선천적으로 타고나는 문장구조 인식능력

과거에는 아기들이 주변 사람들의 말에서 규칙성을 찾아내어 단어를 인식하고, 이를 바탕으로 문장구성법을 배운다고 생각했다. 즉, 문장구조를 인식하는 능력은 학습과 훈련의 결과물이라고 여긴 것이다.

그러나 최근의 여러 연구를 통해 아기들은 본능적으로 명사, 동사, 형용사 등의 문장 구성성분이 어느 위치에 오는지 안다는 주장에 힘이 실리고 있다. 뉴욕대학교 심리학과 개리 마커스 박사는 《사이언스》와의 인터뷰에서 "문장구조를 추론하는 능력은 후천적으로 추가되는 것이 아니라 처음부터 타고난다."고 주장했다.

아기들이 문장구조 인식능력을 가지고 태어난다는 개리 마커스 박사의 주장은 실험을 통해 증명되기도 했다. 우선 그는 아직 옹알이를 시작하지도 않은 생후 7개월 된 48명의 아기들을 실험대상자로 선정했다. 이 시기의 아기들은 아직 언어적으로 미성숙한 상태여서 아기의 문장구조 인식능력이 선천적인 것인지, 후천적인 것인지 명확하게 파악할 수 있기 때문이다.

개리 마커스 박사는 먼저 아무 의미는 없지만 일정한 문장구조(단어의 배열)를 가진 3음절로 이루어진 여러 개의 문장들을 만들었다. 예를 들면 '가, 하, 가', '유, 나, 유', '티, 리, 티' 같은 것이다. 이 문장들은 공통적으로 첫 번째 음절과 세 번째 음절이 같은 ABA 구조를 띠고 있다.

개리 마커스 박사는 말이 나올 때마다 불빛이 깜빡이는 스피커를 통해 이 문장들을 아기들에게 2분 동안 들려주었다. 아기들이 익숙해지자 이번에는 ABA 구조의 문장 배열 순서를 살짝 바꿔 '가, 가, 하', '유, 유, 나', '티, 티, 리', 즉 AAB 구조의 문장을 섞어서 2분 동안 들려주었다. 그러자 48명의 아기들 모두 익숙한 ABA 구조의 문장보다 생소한 AAB 구조의 문장을 들을 때 스피커의 깜빡이는 불빛을 약 9초가량 더 오래 쳐다보았다.

익숙한 것보다 새로운 것에 더 흥미를 보이는 아기들의 특성상 다른 구조로 이루어진 문장에 더 많은 관심을 보이는 것은 본능적인 행동이다. 생후 7개월 된 아기들도 단어배열의 원칙, 곧 문장구조의 원칙을 자발적으로 찾아내는 것이다.

이러한 연구 결과를 뒷받침하는 아기의 문장구조 인식능력을 직접 확인하기 위해 이와 유사한 실험을 해보았다.

> **아기 성장 실험 47**
>
> **아기는 문장구조를 인식할 수 있을까?**
>
> 먼저 두 단어로 문장을 만들어 사용하는 생후 18개월 이상 된 아기들에게 2개의 TV화면을 보여 주었다. 두 화면에는 모두 '뽕뽕이' 캐릭터 인형과 '짜잔형'이라는 남성이 등장하는데, 한쪽 모니터에는 '뽕뽕이가 짜잔형의 몸을 만지는 모습'이 나오도록 했고, 다른 한쪽 모니터에는 '짜잔형이 뽕뽕이의 몸을 만지는 장면'
>
>
> ▲ 정확하게 해당 화면을 가리키고 있는 아이
>
> 이 나오도록 했다. 두 모니터에 각각 다른 상황을 설정한 이유는 아기들이 주어와 목적어의 구조를 제대로 이해하는지 확인하기 위해서이다. 언어의 특성상 단어를 어떻게 배열하느냐에 따라 뜻이 달라지기 때문에 만약 아기들이 주어와 목적어의 관계를 알지 못한다면 이를 테스트하기 위한 미션이 주어졌을 때 아기가 틀린 답을 내놓을 것이기 때문이다. 아기들에게 주어진 미션은 이랬다. 아기들에게 두 화면을 동시에 보여 주고, 2번 반복해서 이렇게 물었다.
>
> "짜잔형이 뽕뽕이를 만지는 것을 찾아 봐. 짜짠형이 뽕뽕이를 만지는 게 어디 있어?"
>
> 그러자 18개월 이상 된 아기들은 "여기 있어."라고 말하며 정확하게 해당 화면을 손가락으로 가리켰다. 이번에는 겨우 한두 단어만 말할 줄 아는 14개월 된 아기들에게 똑같은 실험을 하였다. 그 결과, 아기들은 해당 화면을 정확하게 응시했다. 비록 한 단어밖에 모르는 아기들조차 문장구조를 알고 있는 것이다. 이 실험 결과는 아기들이 문장구조를 인식하는 능력을 타고난다는 사실을 잘 보여 주는 것이다.

🌿 아기를 달변가로 만드는 그들만의 문법규칙

아기들은 선천적으로 문장구조를 파악하는 능력뿐만 아니라 문장을 쉽고 효율적으로 만들어 낼 수 있는 독창적인 문법규칙도 가지고 태어난다. 아기만의 문법규칙의 가장 두드러진 특징은 '문법규칙을 과잉 적용하는 것'이다.

이러한 특징은 두 가지 예를 통해 확인할 수 있는데, 그 첫 번째가 부정어 '안'을 문장 앞에 놓는 현상이다.

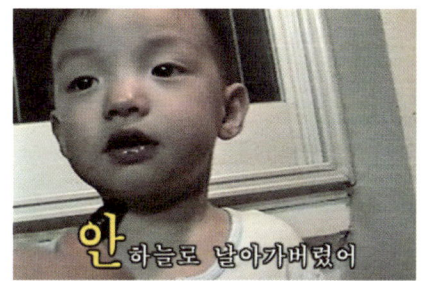

밖에서 비둘기가 하늘로 날아오르는 광경을 보고 온 남자아기에게 엄마가 "비둘기가 하늘로 날아갔어? 그럼 까치는?"하고 물었다. 그러자 아기는 "안 하늘로 날아갔어."라고 대답했다. 또 엄마가 얘기를 더 하자고 하자 아기는 "안 더 해."라고 말했다. 다른 아기도 마찬가지였다. 엄마가 금방 밥을 먹고 또 먹겠다는 아기에게 "밥 또 먹을 거야? 배부르다며 밥을 왜 또 먹어?"라고 묻자, 아기는 "안 밥 먹어요. 안 밥 먹어."라고 대답했다. 어른들은 밥을 먹고 싶지 않을 경우 "밥 안 먹어."라고 하지, 아기들처럼 부정어 '안'을 문장 제일 앞으로 옮겨서 "안 밥 먹어."라고 하지는 않는다.

아기들이 성인이 쓰는 언어에서는 전혀 찾아볼 수 없는 창의적인 문법규칙을 적용하여 어른들이 사용하지 않는 문장을 만드는 까닭은 '말을 잘 하기 위해서' 이다. 부정어 '안'에 관한 정확한 문법규칙을 모르는 아기들은 부정어를 어떻게 처리해야 할지를 놓고 어려워한다. 그래서 아기들이 자발적으로 찾아낸, '중요한 것은 맨 앞에 둔다'는 문법규칙을 과잉 적용하여 무조건 부정어 '안'을 문장 앞에 두는 것이다.

이것은 분명 문법적으로는 오류이지만 덕분에 아기들은 혼동하지 않고 쉽게 언어를 구사할 수 있게 된다. 즉, 갖가지 문법규칙을 염두에 두지 않는 아기들의 한계가 오히려 아기들의 언어습득을 용이하게 하는 것이다. 스티븐 핑거 교수는 한 인터뷰에서 "언어학습에 있어 아기들에게 여러 가능성을 생각하는 능력은 오히려 제약이 된다. 천부적인 생각의 한계가 그들을 더욱 자유롭게 한다."고 말했다. 같은 과의 케네스 웩슬러 교수도 이 의견에 동의했다.

"아기들은 종종 이런 식으로 말하곤 합니다. "꽃이 안 노래 불러."라고 말이지요. 어른들이 말하는 방식과 비교해 보면, 어른들은 부정어 '안'을 목적어와 동사 사이에 두는 반면, 아기들은 '안'을 목적어 앞에 씁니다. 즉, 아기들은 자기만의 문법규칙으로 어른들이 한 번도 들어본 적이 없는 문장을 만들어 내고, 심지어 문법적으로 맞지 않는 문장까지 산출해 내는데, 이것이 오히려 아기들의 언어발달을 돕는다고 할 수 있습니다."

과잉 적용된 문법규칙의 두 번째 예는 주격조사 '이'와 '가'를 함께 쓰는 현상이다.

한국어는 종성에 받침이 있고 없음에 따라 주어 뒤에 주격조사 '이'나 '가'가 오는데, 아기들은 모든 경우에 '이 / 가'를 붙인다. '이 / 가'를 종성의 받침에 따라 다르게 사용해야 한다는 문법규칙을 모르는 아기들이 스스로 찾아낸 문법규칙, 즉 '주어 뒤에는 주격조사가 붙는다'를 과잉 적용하여 주어 뒤에 무조건 '이/가'를 붙여 말하는 것이다. 실제로 실험을 통해서도 아기들이 '이/가'를 과도하게 적용하는 모습을 관찰할 수 있었다.

> **아기 성장 실험 48**
> **아기들은 주격조사 '이'와 '가'를 구분할까?**
> 장난감에 그려진 별을 가리키며 엄마가 아기에게 "이게 뭐야?"라고 묻자 아기는 "별라 별라 별라면 별별별. 별이가 별이가 반짝반짝 웃고 있어."라고 대답했다. 또 엄마가 어린이집 선생님에 대해 물어보자 아기는 "선생님이가……."라고 말을 했다.

이러한 예는 영어를 사용하는 아기들에게서도 쉽게 찾아볼 수 있다. 영어에서 현재형 동사를 과거형으로 바꾸려면 'ed'라는 접미사를 붙이는 규칙이 있다. 하지만 몇몇 동사들은 이 규칙을 따르지 않고 불규칙적인 변화를 보인다. 예를 들어 'go'는 'goed'가 아니라 'went'로 과거시제를 표현한다. 그러나 아기들은 모든 동사에 'ed'를 붙여 과거형을 만든다. 동사를 과거시제로 만들기 위해서는 'ed'를 붙여야 한다는 규칙은 알지만 어떤 동사는 불규칙적인 변화를 보인다는 규칙을 모르는 아기가 자신이 알고 있는 규칙을 과잉 적용하는 것이다.

아기들은 이처럼 타고난 독창적인 문법규칙을 이용하여 별 어려움 없이 말을 한다. 따라서 언어습득에 있어 아기들만의 문법규칙은 매우 중요하다고 할 수 있다. 설사 문법적으로 오류가 있는 문장을 만들어 낸다고 해도 말이다. 만약 아기들이 이러한 문법규칙을 가지고 태어나지 않는다면 아기들은 수많은 문법규칙을 완벽하게 마스터하기 전까지, 말을 하는 데 있어 수많은 장애를 느끼고 결국 좌절해 버리고 말 것이다.

문법적으로 완전한 문장을 만들어 주는 브로카 영역

아기가 단어를 익히고, 문법 규칙을 습득하여 정확한 말을 구사하기까지는 좌뇌가 깊게 관여한다. 특히 언어중추의 핵심인 '베르니케 영역Wernicke's area'과 '브로카 영역Broca's area'이 제대로 발달해야 성인처럼 문법적 오류 없이 유창하게 말을 할 수 있다. 앞서 자세히 언급한 대로 베르니케 영역은 말의 의미를 파악하여 단어로 바꾸는 기능을 한다. 그렇다면 브로카 영역은 무슨 일을 할까?

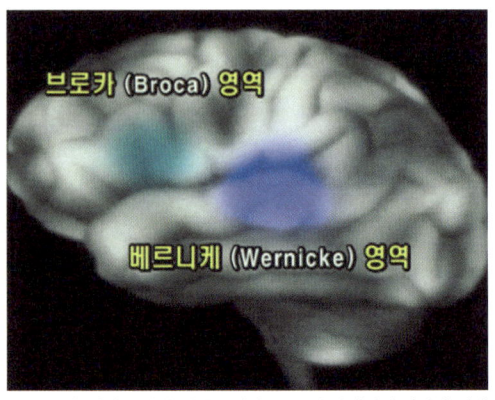

▲ **브로카 영역** 언어의 발화를 담당. 브로카 영역이 손상되어 발생하는 '브로카 실어증'은 말이 유창하지 못하고, 조사 및 동사어미 변화가 생략된 단순화된 문장을 구사한다.
베르니케 영역 언어의 이해를 담당. 베르니케 영역의 손상으로 발생한 '베르니케 실어증'은 발음상 말이 유창하고 문법의 규칙을 잘 지키는 편이나 의미 없는 말을 마음대로 사용하기 때문에 말의 뜻을 이해하기가 어렵다.

베르니케 영역과 달리 좌뇌의 앞부분에 위치해 있는 브로카 영역은 우선 말을 생산해 내는 역할을 한다. 베르니케 영역에서 말의 언어적 의미를 올바르게 해석하여 단어를 만들어 내면 이 단어들의 정보가 브로카 영역으로 전달되고, 브로카 영역은 이 정보를 다시 인접해 있는 일차운동중추, 특히 얼굴, 입술, 턱, 목구멍의 운동을 조절하는 중추로 보내 말이 나오게 한다.

브로카 영역이 담당하는 또 하나의 역할은 문법적인 기능이다. 뜻은 같지만 단어의 배열이 다른 문장, 즉 문장구조에 있어 차이가 있는 두 문장을 구별하고, 단어의 의미나 순서가 올바른지 판단하는 일이 바로 그것이다. 다시 말해 베르니케 영역이 단어사전과 같은 역할을 한다면 브로카 영역은 문법사전과 같은 역할을 하는 것이다. 따라서 브로카 영역이 손상되면 다른 뇌의 부위에 아무 결함이 없더라도 여러 가지 언어장애가 나타날 수 있다. 예를 들면 다른 사람의 말은 제대로 이해하지만 말하는 데 어려움을 겪거나, 올바른 단어를 사용하지만 단어를 찾는 데 시간이 많이 걸리기도 한다.

무엇보다도 문법이 틀리는 경우가 많다. 이를테면 동사를 비롯해 문장을 연결해 주는 전치사나 접속사를 빼먹고, 어순도 뒤죽박죽이다. 예를 들면 "해바라기… 음… 한송이… 음… 정원… 음… 피었다. 해바라기… 음… 꽃잎… 음….”처럼 브로카 영역에 결함이 있는 사람들의 말은 전체적으로 토막 나고 끊어진 전보문과 같은 느낌을 준다.

이렇게 언어기능을 관장하는 좌뇌는 단어와 관련된 일을 담당하는 베르니케 영역과 말을 만들어 내고 문법적 기능과 관련된 일을 담당하는 브로카 영역이 분명하게 분리되어 있기 때문에 어느 한쪽이라도 고장이 나면 제대로 말을 할 수가 없다.

혹시 내 아기가 또래 아기들보다 언어 발달이 조금 더디더라도 조바심 낼 필요 없다. 특별한 경우를 제외하고 이 두 부위만 정상적으로 가동한다면 출발이 조금 늦은 것일 뿐 때가 되면 자연스럽게 따라잡을 테니까 말이다.

아기의 언어 발달은
경험에 의해 완성된다

아기들의 언어습득 본능과 능력은 매우 강력해서 지능이 많이 떨어지는 아기들도 말하는 법을 배우는 데는 큰 문제가 없다. 그러나 반대로 아기가 아무리 뛰어난 성능의 언어회로를 가지고 태어난다 하더라도 후천적인 언어 자극이 없다면 말을 제대로 배울 수 없다. 감각 발달이나 운동 발달처럼 언어 발달도 경험에 의해 다듬어지기 때문이다.

후천적 언어 경험이 언어 발달에 얼마나 중요한 영향을 미치는지는 오랫동안 언어 환경에 노출되지 않은 아기들을 보면 쉽게 확인할 수 있다. 1970년대에 발견돼 세상의 이목을 집중시켰던 '지니'가 대표적인 경우다.

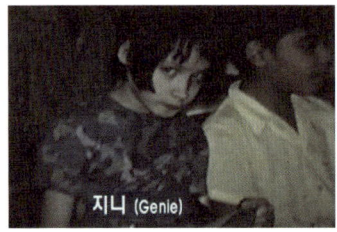

지니는 생후 12개월부터 로스앤젤레스 근교의 작은 방에 방치되어 자랐다. 그것도 유아용 변기에 묶인 채였다. 뿐만 아니라 지니의 아버지는 자신을 비롯해 그 누구도 지니에게 말을 걸지 못하도록 했다. 그는 소음도 극도로 싫어해서 집안은 언제나 고요했다. 가끔 지니가 소리라도 치려 하면 아버지는 나무 몽둥이로 지니를 사정없이 때렸다. 그렇게 지니는 완전한 침묵 속에 방치되어 12년을 살았다.

맹인이던 엄마와 함께 그 끔찍한 곳에서 도망쳐 나왔을 때 지니의 나이는 13세였다. 발견 당시 지니는 극심한 영양실조 상태였고, 눈앞 3.6m 이상은 볼 수 없을 정도로 시력이 나빠져 있었다. 또한 구부정한 자세로 이상하게 걸었고, 음식을 씹거나 삼키지도 못했다. 무엇보다 다른 사람의 말을 전혀 알아듣지도, 말을 하지도 못할 정도로 언어능력이 떨어져 있었다.

그 후 4년 동안 많은 언어학자들이 지니의 언어학습을 도왔다. 그러나 지니의 언어능력은 2세 정도 수준에서 더

이상 나아지지 않았다. 4년에 걸친 언어학습이 무색하게 몇 개의 단어를 조합할 수 있을 뿐이었다.

독일에서도 지니와 비슷한 사례가 알려져 있다. 1823년 발견된 카스파르 하우저는 3세 때부터 어두운 방에 갇혀 살다가 청소년기에 발견이 되었다. 그는 죽기 전까지 5년 동안 재활치료를 통해 지적 성장은 어느 정도 이루었지만 말만큼은 제대로 하지 못했다. 1800년에 프랑스의 아베롱에서 발견된 빅토르도 마찬가지였다. 갓난아기 때 야생에 버려진 빅토르는 늑대에게 키워지다가 12세에 사람들에게 발견됐는데, 아무리 교육을 해도 말하는 법만큼은 끝내 배우지 못했다.

언어습득의 결정적 시기

앞의 사례에서 보듯 언어 경험의 결핍은 심각한 언어 발달 장애를 초래한다. 특히 6, 7세 이전까지의 조기 언어 경험은 아기의 언어 발달에 결정적인 영향을 미친다. 이때가 바로 언어습득의 결정적 시기이기 때문이다.

이를 증명하는 많은 연구보고들 중 단연 손꼽히는 것이 미국 로체스터 대학교 연구팀의 연구 보고이다. 이들 연구팀은 미국으로 이민 온 한국인과 중국인들 중 어느 정도 영어를 구사할 줄 아는 사람들을 대상으로 언어습득의 결정적 시기를 알아보는 실험을 하였다.

연구팀은 문법적 완성도를 테스트하기 위해 두 나라의 이민자들에게 수백 개의 영어 문장을 들려주고, 각 문장마다 문법적 오류가 있는지 찾아보라고 했다. 대부분의 문장에는 간단한 오류가 있었는데, 예를 들면 이런 식이다.

- I am boy. → am 뒤에 a가 빠져 있음.
- The little girl is speak to teacher. → speak를 speaking으로 바꿔야 함.

• The farmer bought two pig at the market. → pig 뒤에 s가 빠짐.

테스트 결과, 7세 미국으로 이민 온 사람들이 문법적 오류를 거의 모두 찾아내 성적이 가장 높았고, 그 다음은 8세, 11세, 15세, 17세 이후에 이민 온 사람 순으로 성적이 점점 낮아졌다. 실험 결과, 정규 교육시간이나 체류기간 등과 상관없이 미국으로 이민 온 시기가 각기 다른 이민자들의 문법의 완성도를 비교해 보면 언어습득의 결정적 시기가 7세 이전까지라는 사실을 명확하게 보여 준다.

이 실험에서 연구팀이 특히 주목한 것은 '문법의 완성도'였다. 언어습득의 결정적 시기에 언어 환경에 노출되지 않았을 경우 가장 큰 타격을 받는 것이 바로 문법이었기 때문이다. 한 연구 결과에 따르면 조기의 언어 경험이 결핍된 아기들에게 언어학습을 시켰을 경우, 단어는 어느 정도 수준까지 습득하지만 문법규칙은 아무리 교육을 해도 아주 기초적인 규칙조차 배우지 못한다고 한다.

하버드 대학교의 아동 언어학자 캐서린 스노 교수의 얘기를 들어 보자.

"아기는 물론 언어습득 프로그램을 타고나지만 언어습득의 결정적 시기에는 상호 언어자극이 필요합니다. 결정적 시기를 언어적 경험 없이 그냥 지나가게 되면 모국어나 제2 외국어를 습득한다는 것은 거의 불가능한 일입니다."

▲ 캐서린 스노 교수

실제로 서울대학교병원에서 인공 와우관 이식수술을 받은 사람들을 연령별로 추적 조사한 결과,

언어습득의 놀라운 비밀 211

6, 7세에 수술을 받은 경우는 처음에는 정상인의 60% 정도였던 언어능력이 4년이 지난 후에는 90%로 회복되었지만, 11세의 경우는 7%, 20세의 경우에는 전혀 언어를 습득하지 못했다.

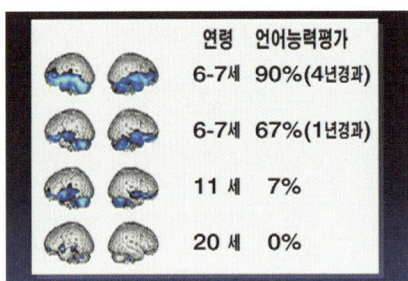

결정적 시기의 언어 경험 결핍이 언어 장애로?

아기 성장 실험 49

서울대학교병원 이비인후과를 찾아온 어린이 난청환자들을 대상으로 확인한 결과, 결정적 시기의 언어 경험의 결핍이 언어 장애를 가져온다는 사실을 알 수 있었다. 선천적으로 귀가 들리지 않아서 6, 7세 전까지 언어자극을 제대로 받지 못한 대부분의 아기들이 말이 늦거나, 혀 짧은 소리를 내거나, 말이 어눌하거나, 또래들보다 말을 잘하지 못했다.

이 조사 결과만 봐도 언어습득의 결정적 시기가 적어도 6, 7세 이전이라는 사실을 다시 한 번 확인할 수 있다. 이러한 이유로 병원에서는 보청기를 사용해도 소리를 들을 수 없는 고도난청 환자들에게 인공 와우관 이식수술을 할 때 수술의 성공 확률을 언어습득의 결정적 시기와 관련지어 예측한다. 서울대학교병원에서 인공 와우관 이식수술을 맡고 있는 이비인후과 오승하 교수의 설명이다.

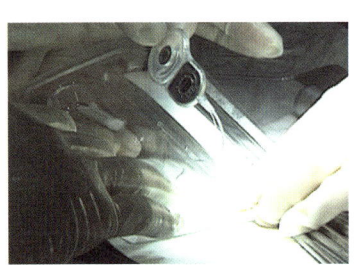

▲ 인공 와우관 이식수술 장면

"인공 와우관 이식수술은 언어기능을 담당하는 영역이 꽉 차지 않아 다른 감각기관의 정보를 받아들일 수 있는 여백이 많을수록 수술

했을 때 결과가 좋습니다. 즉, 어릴수록 수술 결과가 좋은데, 그 이유는 청각의 재활 없이 나이가 들면 들수록 언어를 관장하는 영역이 다른 영역에 의해 침범을 당하기 때문이죠. 나중에 인공 와우관을 통해 청각을 넣어 주더라도 그 청각으로 인해 언어를 구사할 가능성은 점점 떨어집니다."

언어 경험은 양보다 질?

앞서 본 바와 같이 결정적 시기의 언어 경험은 언어 발달에 결정적인 역할을 한다. 특히 같은 언어 경험이라도 질 높은 언어 경험이 아기들의 언어능력에 더 많은 영향을 미친다. 사실 언어 발달에 있어 언어 경험의 양보다는 질이 더 중요하다. 심리학자 베티 하트Betty Hart와 토드 리슬리Todd Risley의 연구 결과가 이러한 사실을 증명하는 좋은 예이다.

> **아기 성장 실험 50**
> **부모의 언어능력이 곧 아기의 언어능력?**
> 베티 하트와 토드 리슬리 연구팀은 미국 캔자스 시에 거주하면서 신생아가 있는 40가구를 대상으로 출생 후 3년 동안 한 달에 한 번씩 각 가정을 방문하여 부모들이 아기들에게 말하는 것을 모두 기록했다. 또한 아기들의 단어습득 수, 단어습득 수 증가속도 등을 토대로 언어능력을 평가했다. 그 결과, 아기들에게 말을 많이 거는 부모의 아기들이 그렇지 않은 아기들보다 언어능력이 높았다.

여기서 주목할 점은 아기에게 그냥 자주 말을 거는 부모의 아기보다 명사, 형용사 등 단어를 풍부하게 사용하거나 긴 문장으로 말하는 부모의 아기가 언어능력이 훨씬 더 뛰어나다는 사실이다. 뿐만 아니라 "안 돼.", "하지 말랬지.", "그만

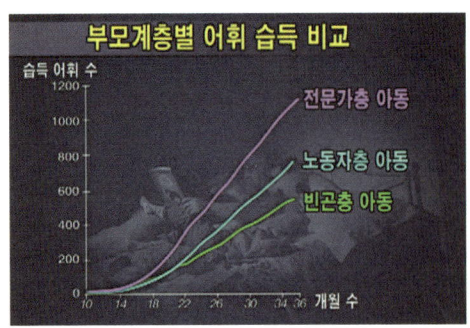
▲ 부모의 어휘 자극에 따른 자녀의 어휘 습득량 비교

하라고 했잖아."와 같은 부정적인 말보다 긍정적인 말을 많이 하는 부모의 아기가 그렇지 않은 아기들에 비해 언어 발달이 빨랐다. 이는 부모가 아기에게 하는 말의 양도 중요하지만 말의 질도 매우 중요하다는 점을 시사한다.

　베티 하트와 토드 리슬리 연구팀은 부모의 계층에 따라 자녀의 언어능력이 어떻게 달라지는지도 관찰했다. 경제적으로나 교육적으로 우위에 있는 부모일수록 양육에 신경을 많이 쓰기 때문에 아기에게 질 높은 언어 경험을 제공할 것이라고 생각했기 때문이다. 관찰 결과, 부모가 전문직에 종사하는 아기들은 시간당 평균 1,200단어를 들을 수 있는 데 반해, 교육수준이 낮고 경제적으로 극심한 어려움을 겪는 부모의 아기들은 평균 600단어밖에 듣지 못했다. 그렇다고 부모가 많이 배우고, 사회적·경제적으로 높은 계층에 속해야만 아기들의 언어 발달을 촉진시킬 수 있다고 생각하는 것은 금물이다. 사회적·경제적으로 좋은 환경에서 자란 아기가 언어능력이 높다는 것은 어디까지나 사회적인 통념에 불과할 뿐 중요한 것은 부모의 양육방식이다. 부모가 높은 계층에 속한다고 하더라도 양육방법이 적절하지 않으면 아기의 언어 발달 수준은 떨어질 수밖에 없다. 반대로 교육수준과 경제사정이 좋지 않아도 내 아기에게 맞는 적절한 양육방법을 고민하고 실천하는 부모라면 아기의 언어 발달을 돕는 촉진제 역할에 부족함이 없을 것이다.

말 잘하는 아이로 키우려면 아기의 대화상대가 되라

지금까지 살펴본 바에 의하면 6, 7세 이전의 질 높은 언어 경험은 아기의 언어 습득을 가속화시키는 가장 중요한 성장엔진이다. 때문에 엄마는 아기에게 질과 양이 균형을 이룬 언어 환경을 지속적으로 제공해야 할 필요가 있다. 그러나 많은 엄마들이 TV가 아기의 언어 발달에 도움이 될 거라는 생각에 아직 말도 하지 못하는 아기에게 무심코 TV프로그램을 보여 주는 경우가 많다.

그도 그럴 것이 TV에서 쉴 새 없이 쏟아지는 말과 현란한 이미지의 홍수는 아기의 눈과 귀를 사로잡기에 충분하다. 길고 짧고, 높고 낮은 말들이 끊임없이 뒤섞여 나오는 TV가 아기의 언어자극에 좋은 영향을 미칠 것이라는 그릇된 믿음과 달리 언어능력이나 이해력 발달에 TV는 전혀 도움이 되지 않는다.

미국에서 보고된 짐 형제의 사례는

TV가 아기의 언어 발달에 유익하지 않다는 것을 잘 보여 준다. 보고에 따르면 짐 형제의 부모는 모두 청각장애인이었다. 하지만 천만다행으로 두 아기는 정상적인 청각을 가지고 태어났다. 부모는 자신들이 아기들에게 제대로 언어자극을 줄 수 없음을 깨닫고 어릴 때부터 TV를 보여 주었다. TV에서는 다양한 말들이 오가기 때문에 아기들의 언어 발달에 많은 도움이 될 것이라고 생각했던 것이다. 그러나 그들의 예상과 달리 아기들의 언어능력은 또래 아기들보다 훨씬 뒤처졌다.

단국대학교 특수교육과 황민아 교수는 짐 형제의 사례에 대해 이렇게 설명하고 있다.

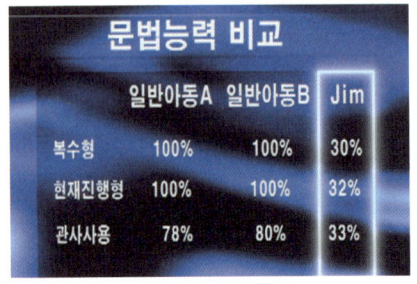

"짐 형제의 부모들은 자신들이 언어자극을 주기에는 한계가 있다고 생각하고, 아기들에게 텔레비전을 많이 보여 줬어요. 텔레비전을 통해서 아기들이 언어자극에 노출되면 아기들이 언어를 습득하지 않을까 하고 생각했던 거죠. 하지만 큰 아기가 4세 때 유아원에서 언어검사를 했는데, 문법능력은 일반아동의 1/3 수준이었고, 복수형 사용은 일반아동의 30%, 현재진행형 사용은 32%, 관사 사용은 33% 정도에 지나지 않았어요. 텔레비전 자극에 한계가 있었던 것이지요."

이러한 현상이 나타나는 이유는 무엇일까?

우선 아기들 뇌의 언어중추가 TV의 언어자극에는 잘 흥분하지 않기 때문이다. 나이가 어린 아기일수록 TV에서 나오는 말소리를 언어로 지각하지 않는 경향이 있다. 아기는 얼굴을 마주보며 대화를 나눠야 누군가가 자기에게 말을 걸고 있다는 사실과 자기가 듣고 있다는 사실을 깨닫는 것이다.

　무엇보다 아기는 엄마가 건네는 말의 형태를 좋아한다. 주의 깊게 살펴보면 엄마가 아기에게 건네는 말의 형태는 일반적인 말의 그것과 사뭇 다르다. 엄마는 아기에게 말을 할 때 짤막한 문장을, 높은 톤의 목소리로, 천천히, 또박또박, 마치 리듬을 타듯 음의 높낮이에 변화를 주면서 반복해서 말을 한다. 예를 들면 이런 식이다.

　"까꿍! 까꿍! 까꿍! 아기 싫어. 아기 싫어.", "그랬어요? 엄마가 우리 아가를 사랑했어요? 나는 나는 우리 아가를 사랑해요.", "아기, 엄마가 놀아달라고 그랬어요? 어휴, 어휴.", "저기 커어어다란 자동차가 있네.", "과자 먹고 싶어? 과자 먹고 싶어요?"

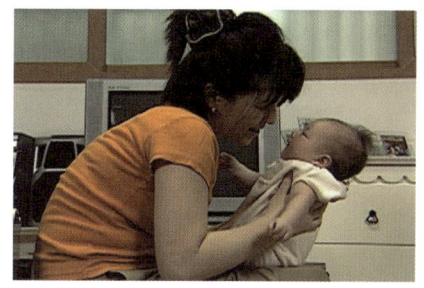

　이러한 엄마의 말투는 성인의 말과 구별되기 때문에 '아기 말투'라고 부르는데, 전 세계 부모들에게 보편적으로 찾을 수 있다. 아기들은 본능적으로 이 말을 좋아하며, 엄마 역시 본능적으로 아기 말투를 사용하게 된다.

　그렇다면 아기 말투는 아기의 언어 발달에 어떤 도움을 주는 것일까?

　전문가들은 아기 말투가 뉴런의 수상돌기와 신경회로를 자극하여 좌뇌의 언어 중추를 성장시키고, 언어습득에 용이하도록 신경회로를 강화시키는 작용을 한다고 설명한다. 나아가 아기의 전반적인 지적 발달을 돕기 때문에 전문가들은 아기 말투로 아기와 상호작용을 할 것을 적극 권한다. 실제로 한 연구 결과에 따르면 신생아 때부터 엄마가 말을 많이 건넨 아기가 그렇지 않은 아기보다 언어능력이 월등할 뿐더러 지능지수, 창의력, 문제해결능력도 뛰어났다. 또 아기가 자라면서 읽기능력, 쓰기능력, 판단능력도 향상된다고 한다.

엄마들이 되도록 아기와 얼굴을 마주보고 직접 대화를 나누려고 노력해야 하는 이유가 여기에 있다. 아기의 나이가 많든 적든 상관없이 아기에게 가장 좋은 언어교육법은 엄마와의 언어적 상호작용이다. 하버드 대학교 아동 언어학자 캐서린 스노 교수는 아기들에게 말을 더 많이 하는 부모, 아기와 상호작용 속에서 많은 대화를 나누는 부모, 아기들과 더 밀도 있는 대화를 하는 부모, 또한 아기들의 말 혹은 관심과 연관지어 말하는 부모의 자녀들이 더 뛰어난 언어능력을 가지게 된다고 했다. 그렇다면 아기의 언어능력뿐 아니라 전방위적인 능력 발달을 촉진시키는 방법에는 어떤 것이 있을까?

아기의 언어 발달을 촉진시키는 방법

아기의 언어 발달을 가속화시키는 방법은 수없이 많다. 그중 하나가 앞서 언급했던 베이비 사인이다. 베이비 사인은 몸짓으로만 이루어지기 때문에 아기와 제대로 의사소통을 할 수도 없고, 제스처만 취해도 자신의 욕구를 채울 수 있기 때문에 아기의 언어습득에 오히려 방해가 된다고 생각하는 사람들도 있다. 그러나 연구 결과, 베이비 사인을 많이 사용한 아기가 그렇지 않은 아기보다 말을 하거나 말뜻을 이해하는 시기가 빠른 것으로 나타났다.

베이비 사인을 세상에 처음 알린 린다 에이커돌로 교수와 수전 굿윈 교수는 린다 에이커돌로의 딸 케이티를 통해 베이비 사인이 언어 발달에 지대한 영향을 미친다는 사실을 발견했다. 그러나 동시에 베이비 사인의 정확하고 객관적인 효과를 입증하기에는 한계가 있다고 느꼈다. 왜냐하면 케이티는 대학교수인 엄마의 영향으로 언어학습을 중시하는 가정에서 자랐기 때문이다. 평범한 가정에서 자란 아기들에게도 베이비 사인이 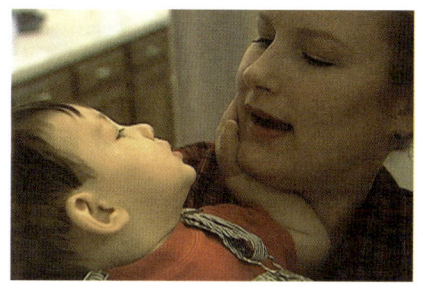 언어습득에 도움이 될 것인가에 대한 의구심이 들었던 두 사람은 생후 11개월 된 아기를 가진 140가구를 대상으로 폭넓은 연구를 계속했다.

먼저 140가구 중 1/3의 가정에는 아기에게 베이비 사인을 가르치도록 했고, 다른 1/3의 가정에는 음성언어로 대화를 나누도록 했으며, 나머지 1/3의 가정에는 이 연구가 언어 발달과 관련이 있다는 사실을 숨긴 채 아동 발달에 관한 전 과정에 참여시켰다.

그 결과, 케이티처럼 베이비 사인을 배운 아기들이 다른 아기들보다 언어 발달이 좀 더 빨랐다. 앞서 다양한 베이비 사인을 사용해 우리를 깜짝 놀라게 했던 에빈의 엄마도 같은 의견을 피력했다.

"에빈의 언어능력은 계속 향상되고 있어요. 어떤 경우에는 베이비 사인으로만, 어떤 때는 말로만, 간혹 말과 베이비 사인을 함께 사용하여 단어를 표현하기도 해요. 예를 들면 '별'과 같은 단어를 표현할 때 에빈은 별이라고 말하면서 손바닥을 오므렸다 폈다 해요. 이렇게 볼 때 베이비 사인이 언어습득을 더디게 하는 것 같지는 않아요."

'대화식 책 읽기'도 아기의 언어 발달을 촉진시키는 방법 중 하나다. 한 연구 결과에 따르면 부모가 늘 책을 읽어 준 24개월 된 아기들의 언어능력이 그렇지 않은 아기들에 비해 더 뛰어나며, 이 차이는 아기가 초등학교에 입학해서도 그대로 유지된다고 한다. 뿐만 아니라 책 읽기는 이해력을 향상시키고, 스토리나 그림을 통해 상상력을 자극하며, 이야기의 의미를 통해 정서 발달을 촉진시키고 올바른 가치관을 심어 주는 역할을 한다. 또한 부모와 아기와의 애착관계를 강화시키고, 올바른 독서습관을 갖게 만드는 등 일석삼조의 효과를 가져다 주기도 한다. 특히 '대화식 책 읽기'는 아기가 말을 하도록 자극하기 때문에 아기의 언어능력을 향상시키는 데 매우 효과적이다.

> **아기 성장 실험 51**
>
> **대화식 책 읽기**
> 40개월 된 헬라는 또래 아기들에 비해 언어능력이 월등했는데, 알고 보니 엄마가 헬라와 자주 대화를 나누고, 매일 밤 헬라에게 책을 읽어 주고 있었다. 그런데 헬라 엄마는 그냥 책만 읽어 준 것이 아니라 중간 중간 헬라에게 이런저런 질문을 던지면서 헬라가 얘기를 하도록 유도했다. 결과적으로 대화식 책 읽기가 헬라의 언어 발달에 지대한 영향을 미친 것이다.

마지막으로, 아기가 하는 말을 흉내 내는 것도 언어 발달에 도움이 된다. 아기는 피드백을 좋아해서 엄마가 자신의 말을 따라하면 신이 나서 더 많은 말을 하려고 하기 때문이다. 반대로 엄마가 아기의 말을 교정하려고 하는 행동은 아기의 언어 발달에 걸림돌이 된다. 그러나 많은 엄마들이 아기의 말을 수정하려는 태도를 보인다. 아기가 아직 발음이 완전하지 못해 '병'을 '벼'라고 하면 득달같이 "뭐? 벼라고? 아니야. 병이라고 해봐."라며 아기를 다그친다. 그러나 이러한 행위는 언어를 배우고자 하는 아기의 욕구를 떨어뜨리므로 절대 삼가야 한다. 아기들은 스펀지와 같아서 엄마가 긍정적인 반응을 보일수록 새로운 단어, 어구, 문장을 다양하게 쓰려고 노력한다. 비록 아기의 말이 어설프더라도 "그래, 병이구나. 이건 병이야."라고 긍정적인 말로 표현하는 것이 좋다.

다만 아기의 말에 맞장구를 칠 때는 되도록 정확하고 완전한 문장을 사용하는 것이 좋다. 조금 큰 아기들의 경우, 자신이 말하는 것 이상의 말을 알아들을 수 있기 때문에 아기의 수준을 맞춘다고 지나치게 쉬운 단어나 단순한 형태의 문장을 고집할 필요는 없다. 오히려 아기의 이해능력을 조금 넘는 수준으로 얘기하는 것이 아기의 언어 발달에는 더욱 효과적이라는 사실을 명심하자.

Chapter 5

행복한 육아의 키워드, 기질

아이들은 모두 타고난 성격파들이다. 제자리에 가만히 있는 법이 없이
늘 부산하게 움직인다. 하지만 그 부산함 속에서도 똑같은 행동을 보이는 아이들은 없다.
아이의 행동은 성격에서, 성격은 기질에서, 기질은 오랜 진화를 통해
이루어진 유전자로부터 시작된다. 아이들의 외모가 천차만별이듯
저마다 다른 기질과 성격을 어떻게 받아들이고 키울 것인가?
기질을 알고, 기질에 맞게 아이를 대함으로써
아이도 엄마도 만족할 수 있는 행복한 육아법,
그 속에 아이의 미래가 숨어 있다.

기질을 알면
육아가 쉬워진다

서울시립 어린이집의 월요일 아침 풍경. 주말을 보내고 월요일 아침을 맞이한 어린이집은 출근을 해야 하는 엄마와 떨어지지 않으려고 안간힘을 쓰는 아이들로 인해 한바탕 전쟁이 벌어진다. 그중에서도 생후 13개월에서 24개월 미만의 아이들이 모여 있는 해반에 유독 눈에 띄는 아이가 있다. 두 돌이 채 되지 않은 승빈이가 엄마와 떨어지지 않으려고 악을 쓰며 발버둥을 치는 통에 엄마와 선생님들은 진땀을 빼고 있었다. 승빈이와 계속 실랑이를 벌일 수 없었던 엄마는 결

국 도망치듯 교실 문을 빠져나와서야 승빈이로부터 벗어날 수 있었다. 그러나 남아 있는 선생님들의 고역은 끝나지 않았다. 눈앞에서 사라진 엄마를 따라가겠다며 30분이 지나도록 울음을 그치지 않는 승빈이를 달래기 위해 선생님들은 어쩔 수 없이 아침 조회 시간 내내 돌아가며 승빈이를 안아 주어야만 했다. 이렇듯 승빈이와 선생님들의 눈물겨운 전쟁은 매주 월요일마다 반복되고 있었다.

유난히 엄마와 떨어지기 힘들어하는 승빈이는 집착이 강한 아이이기도 하다. 자신이 원하는 것이 있으면 어떻게 해서든 그것을 손에 넣어야만 직성이 풀리는 아이였다. 그 날도 승빈이는 같은 반 친구 지우(가명)가 가지고 노는 장난감이 탐이 나 호시탐탐 기회를 노렸다. 그러다 지우가 잠깐 한눈을 파는 사이, 잽싸게 그 장난감을 빼앗아 버렸다. 지우는 당연히 장난감을 다시 뺏으려고 했고, 승빈이는 뺏기지 않으려고 버텼다. 결국 승빈이는 지우에게 장난감을 도로 뺏겼지만, 그 후로도 장난감에 대한 미련을 버리지 못해 선생님에게 달려가 지우가 가지고 있는 장난감을 가리키며 서럽게 울었다.

승빈이와 장난감을 놓고 실랑이를 벌인 지우는 해반 아이들 중에서 눈에 띄게 좌충우돌하는 스타일이다. 하루 종일 친구들이 가지고 노는 장난감을 한 번씩 집적대기 일쑤였다. 그러다가 결국 지우는 장난감을 뺏기 위해 한 친구의 팔을 깨무는 사건을 저지르고 말았다. 지우는 이 일로 인해 선생님에게 혼

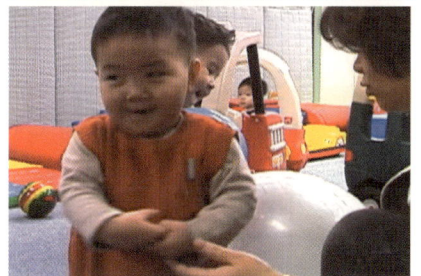

이 났지만 지우의 돌발행동은 여기서 끝나지 않았다. 다시 장난감을 뺏기 위해 친구의 머리를 때린 지우는 주변의 눈치를 살피더니 선생님이 자신을 지켜보고 있음을 목격하자 오히려 자신의 손가락을 감싸 쥐며 아프다는 듯 엄살을 부렸다. 선생님은 그것이 엄살작전인 것을 알면서도 못이기는 척 지우의 손가락을 호호 불어 주었다. 그러자 지우는 자신의 작전이 성공했다고 생각하고는 뿌듯한 얼굴로 돌아서며 배시시 웃음을 흘렸다.

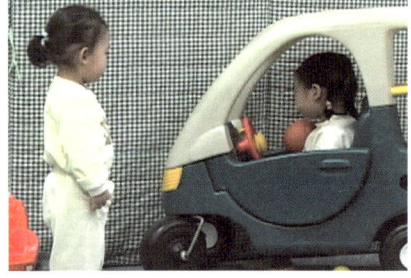

한편, 승빈, 지우와 같은 반에서 생활하는 지영(가명)이는 두 아이와 사뭇 달라 보인다. 엄마와 헤어질 때도 고집을 부리지 않았고, 다른 아이가 장난감을 빼앗아도 떼를 쓰거나 다시 뺏으려고 하지도 않았다. 다만 잠시 울상을 지을 뿐 오히려 자신의 장난감을 가져간 아이에게 다가가 함께 그 장난감을 가지고 놀았다. 지영이는 큰소리를 내거나 다른 아이와 싸우는 일도 거의 없었다.

24개월 이상 된 아이들이 모여 있는 달반의 윤서. 세 살 된 윤서는 다른 아이들하고 어울려 놀 때도 있지만 아이들의 놀이에 참여하지 않을 때가 더 많은 아이다. 또한 다른 아이들보다 반응이 느린 편이어서 대부분의 활동에서 뒤처져 혼자 늑장을 부리기 일쑤였다.

이외에도 서울시립 어린이집에는 각기 다른 개성을 지닌 다양한 아이들로 넘

쳤다. 유독 실수가 많아 선생님의 손이 많이 가는 아이, 툭하면 다른 아이들과 실랑이를 벌여 가는 곳마다 말썽의 주인공이 되는 아이, 있는 듯 없는 듯 조용한 아이, 아이들에게 치여 하루 종일 선생님만 찾아대는 아이 등등, 생후 3개월부터 만 5세까지, 모두 147명의 어린이집 아이들은 저마다 다른 성격과 개성을 가지고 있었다. 이처럼 승빈이와 지우, 지영이, 윤서, 이 네 아이들의 행동과 성격이 각기 다른 이유는 무엇일까? 아이들의 천차만별인 성격과 행동은 또 무엇으로 설명할 수 있을까?

아이의 평생 성격을 결정짓는 열쇠, 기질

다른 환경과 부모 밑에서 자란 아이들은 물론, 같은 부모에게서 태어난 아이들, 심지어 이란성 쌍둥이조차 각기 다른 성격을 가지고 있다. 이렇듯 생후 3년도 되지 않은 아이들이 독특한 개성과 행동방식을 나타내는 것은 그들이 갖고 있는 '기질Temperament의 차이' 때문이다. 같은 엄마 뱃속에서 나온 아이들 가운데도 걸핏하면 울고 떼를 써서 키우기가 어려운 아이가 있는가 하면 웬만해서는 울지도 않고 낯선 사람을 봐도 방긋방긋 잘 웃어 키우기가 수월한 아이가 있는 것처럼 기질의 차이는 아이의 행동과 성격을 좌우한다.

그렇다면 기질이란 무엇이며, 어떻게 구분할까?

기질은 성격의 기초가 되는 심리적인 특성이자 사람의 감정이나 사회적 성향을 나타내는 바로미터이다. 기질은 자라면서 환경 등 외적 요인에 따라 어느 정도 변하기도 하지만 본질만큼은 변하지 않는다. 즉, 어렸을 때 예민하고 까다로웠던 아이는 나중에 커서 다소 그 기질이 누그러질 수 있으나 근본적인 기질의 특성은 바뀌지 않는다는 것이다. 다시 말해 기질은 아이의 평생 성격을 지배하는 열쇠인 셈이다.

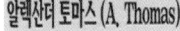

1977년 정신과의사인 스텔라 체스Stella Chess와 알렉산더 토마스Alexander Thomas 부부가 발표한 연구 보고는 기질에 대한 가장 보편적인 심리학 이론으로 활용되고 있다. 이들 부부는 미국 중산층에 속하는 85가구에서 자란 133명의 아기들을 성인이 될 때까지 장기간 관찰하였고, 이를 바탕으로 기질의 특징을 활동성, 규칙성, 접근성, 적응성, 민감성, 반응의 강도, 기분의 질, 산만성, 지속성 등 9가지 특성 영역으로 나누어 분석하였다.

9가지 특성 영역에 따라 분석한 결과, 아이들의 기질은 크게 '순한 기질', '까다로운 기질', '더딘 기질' 등 3가지로 분류되었다. 아울러 133명의 아이들 중 순한 기질에 속하는 아이는 약 40%, 까다로운 기질의 아이는 약 10%, 더딘 기질의 아이는 약 15% 정도이며, 어디에도 속하지 않는 나머지 35%의 아이들에게선 여러 기질적 특성이 동시에 나타났다.

기질의 9가지 특성 영역	
영역	특성
활동성	아이의 신체 움직임의 빈도와 템포를 말한다.
규칙성	수면, 배설, 음식섭취 등 생리적인 규칙성을 말한다.
접근성	새로운 자극에 대한 첫 반응(부정적 or 긍정적)을 말한다.
적응성	새롭거나 변화된 상황에서의 적응 정도를 말한다.
민감성	아이가 어떤 반응을 일으키는 데 필요한 최소 자극의 정도를 말한다.
반응의 강도	반응의 강도를 말한다.
기분의 질	즐겁고 우호적인 행동의 양과 불쾌하고 적대적인 행동의 양을 말한다.
산만성	외부 상황이나 자극으로 인해 아이의 행동이 방해받는 정도를 말한다.
지속성	아이가 행동에 방해를 받았을 때 활동을 지속하는 정도를 말한다.

기질에 따라 나타나는 아이들의 행동에서 각기 다른 분명한 특징들을 읽을 수 있다. 우선, 순한 기질의 아이는 대체로 새로운 경험을 잘 받아들이고, 낯선 사람에게도 스스럼없이 다가가며, 환경이 바뀌어도 크게 스트레스를 받지 않고 잘 적응한다. 또한 달래면 쉽게 울음을 그치고, 잘 웃고, 잘 놀며, 규칙적으로 밥도 잘 먹고, 배변도 잘 하고, 잠도 푹 잔다. 뿐만 아니라 자기의 주장만 고집하는 것이 아니라 다른 사람의 요구도 들어줄 줄 알고, 남을 배려할 줄 알기 때문에 부모나 또래들과의 관계도 원만하고 좋다.

반면, 까다로운 기질의 아이는 짜증을 잘 내고, 새로운 것에 강한 거부감을 보인다. 때문에 낯선 사람을 경계하고, 새로운 상황이나 환경에 잘 적응하지 못한다. 그러나 일단 새로운 것에 적응하면 행복해한다. 또한 이러한 아이들은 작은 자극에 매우 민감하게 반응하기 때문에 사소한 일에도 자지러지게 울고, 한번 울음을 터뜨리면 쉽게 달래지지 않는다. 게다가 생활리듬도 불규칙해서 밥도 잘 먹지 않고, 잠도 푹 자지 못한다. 매사에 활발한 움직임 때문에 얼핏 사교적으로 보일 수 있으나, 자기주장이 강하고 다른 사람의 요구에 귀를 기울이지 않기 때문에 사회성이 그리 높다고 할 수 없다. 한마디로, 까다로운 기질의 아이들은 활동적이기는 하나 고집이 세고, 주의가 산만하고, 민감하고, 변덕스러워서 부모의 입장에서는 양육하기가 매우 어려운 아이들이다.

어디에도 속하지 않는 더딘 기질의 아이는 까다로운 기질처럼 환경변화에 잘 적응하지 못하고, 낯선 사람이나 새로운 상황에 쉽게 위축되지만 까다로운 아이와 달리 활동적이지 않고 자극에 대한 반응도 약해서 울기보다는 약간 우울해하거나 짜증을 내는 쪽에 가깝다. 생활리듬도 까다로운 기질보다는 규칙적인 편이고, 새로운 자극에 부정적이거나 무관심하지만 시간이 지나면 순한 기질의 아이들처럼 잘 적응해 나간다.

이러한 기준에서 볼 때, 앞서 관찰한 승빈이와 지우는 까다로운 기질, 지영이는 순한 기질, 윤서는 더딘 기질의 아이로 분류할 수 있다. 그렇다면 각기 다른 기질을 지닌 아이들의 행동에는 어떤 차이가 있을까? 아이들에게서 정말 해당 기질의 특징적인 행동이 나타나는지 확인하기 위해 간단한 실험을 통해 아이들의 행동을 관찰했다.

> **아기 성장 실험 52**
>
> **기질에 따라 나타나는 행동도 다르다?**
> 까다로운 기질의 승빈이, 순한 기질의 지영이, 더딘 기질의 윤서, 세 아이와 엄마가 함께 장난감 박물관으로 나들이를 하도록 한 다음, 아이들의 행동을 관찰했다. 그 결과, 아이들은 나들이를 나서는 순간부터 저마다 다른 행동을 보였다. 승빈이와 지영이는 엄마들은 신경도 쓰지 않은 채 둘이 손을 꼭 잡고 앞질러 나가기 시

> 작한 반면, 윤서는 뒤에 처져서 엄마 손을 잡고 따라갔다. 그런데 승빈이는 다른 사람들이 뒤처지든 말든 신경 쓰지 않는 데 반해 지영이는 윤서와 엄마가 자꾸 뒤로 처지자 빨리 오라는 듯 다정하게 윤서를 불렀다.

아이들의 행동 관찰은 장난감 박물관에 도착해서도 계속되었다. 박물관에 도착하자 세 아이는 전혀 다른 반응을 보였다. 승빈이는 들어서자마자 여기저기 돌아다니며 장난감을 물색했고, 관심을 끄는 장난감이 있으면 설령 자기 손이 닿지 않는 높은 선반 위에 놓여 있어도 어떻게 해서든 꺼내 가지고 놀려고 했다.

하지만 승빈이가 장난감 하나를 가지고 노는 시간은 그리 길지 않았다. 승빈이는 활동적인 대신 변덕을 잘 부리고 주의가 산만했다. 또 고집도 셌다. 가지고 놀던 텔레토비 인형에 싫증이 나자 승빈이는 엄마에게 인형을 제자리에 갖다 놓으라고 떼를 쓰기 시작했고, 엄마가 자신의 요구를 들어주지 않자 짜증을 냈다. 승빈이는 출발하는 순간부터 장난감 박물관에 도착해서까지 전형적인 까다로운 기질의 특징을 보였다. 승빈이 엄마에 의하면 승빈이는 평소에도 한번 고집을 부리면 절대로 꺾지 않고, 자기가 원하는 것을 얻기 위해서는 절대 타협하지 않는 아이라고 했다.

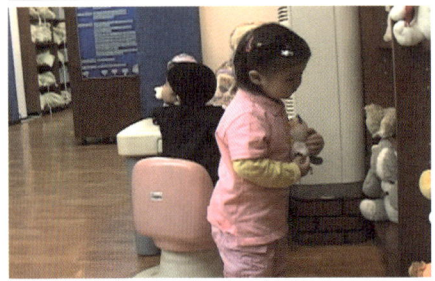

반면, 윤서는 장난감 박물관에 들어온 후에도 한참 동안 탐색전을 벌였다. 관심을 끄는 장난감 앞에서도 선뜻 손을 내밀거나 가지고 놀지 않았다. 이리저리 돌아다니며 구경만 하고 엄마의 눈치만 살폈다. 낯선 공간과 낯선 사람들에게 익숙해지지 않는 모습이었다.

윤서가 장난감을 가지고 놀기 시작한 것은 장난감 박물관에 들어온 지 약 1시간이 지나서부터였다. 그제야 새로운 환경에 겨우 익숙해진 듯 윤서는 마음에 드는 장난감을 골라 본격적으로 놀기 시작했다. 처음 접해 보는 것에 쉽게 손을 내밀지 못하고, 새로운 일을 섣불리 시도하지 않는 윤서는 평소에도 궁금한 것이 있으면 자기보다 큰 어른인 엄마에게 먼저 만져 보거나 해 달라고 요구하며 의지를 많이 하는 아이라고 했다. 윤서의 행동에서는 더딘 기질의 특성이 명확하게 드러남을 알 수 있었다.

지영이는 승빈이나 윤서와 달리 유별나게 행동하지도 않았고, 특별히 가리는 것도 없이 아무 장난감이나 잘 가지고 놀았다. 또한 다른 사람들과도 잘 어울렸고, 혼자서도 잘 놀았으며, 고집도 부리지도 않았다. 뒤처진 윤서를 배려하는 행동이나 장난감 박물관에서도 금방 적응하여 혼자서 즐겁게 노는 모습으로 미루어 볼 때 지영이는 순한 기질의 아이가 분명했다.

3가지 기질의 유형별 특징	
까다로운 아이 (Difficult child)	이 기질에 속하는 아이들은 신체적으로나 생리적으로 항상 각성되어 있어 조그만 자극에도 금방 반응한다. 잠자리가 바뀌면 잠을 잘 안 자거나 깊게 못 자고, 음식을 잘 먹지 않거나 매우 불규칙적으로 먹는다. 조그만 일에도 심하게 울고, 달래기도 힘들다. 한마디로 생활리듬이 불규칙하고 정서가 안정되어 있지 않아 키우기 까다로운 아이라는 뜻이다. 약 10% 정도의 아이들이 까다로운 기질을 갖고 태어난다.
순한 아이 (Easy child)	순한 아이는 규칙적으로 밥을 먹고, 배변을 하고, 잠을 푹 자는 등 안정된 생활리듬을 가진다. 주변 환경의 변화에 잘 적응하고, 새로운 자극이 생기면 관심을 보이며, 그다지 스트레스를 받지 않는다. 울더라도 쉽게 달랠 수 있으며, 잘 웃고 잘 노는 등 편안한 감정상태를 보인다. 전체 아이의 약 40% 정도가 순한 아이 기질을 갖고 태어난다.
중간 성향의 아이 (Mixed child)	까다로운 아이보다는 덜하나 순한 아이보다는 까탈스러운, 그야말로 중간형으로 전체 아이의 약 50% 정도가 중간 성향을 갖고 태어난다.

유전자가 기질을 지배한다

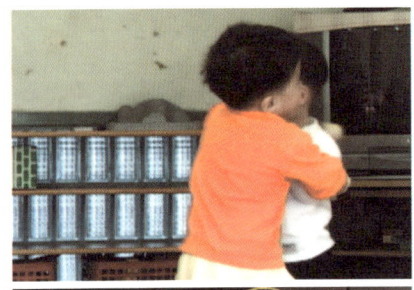

아이의 평생 성격을 결정하는 주요인인 기질, 이것은 선천적으로 타고나는 것일까, 아니면 후천적으로 영향을 받아 만들어지는 것일까? 기질이란 것이 선천적인가, 후천적인가 하는 문제는 과학자들 사이에서도 오랫동안 논란의 대상이 되어왔지만 최근에는 대다수의 과학자들이 선천적으로 타고나는 것으로 규정하고 있다.

오랫동안 수많은 아기들을 겪어온 한 산부인과 병원 간호사의 경험담에 의하면 안고 달랬을 때 쉽게 달래지는 아기들이 있는가 하면 그렇지 않은 아기들도 있는데, 조용하고 달래기 쉬운 아기는 나중에 다루기 쉬운 순한 아이로 자라는 경우가 많고, 흥분이나 동요가 심하고 달래기 어려운 아기는 까다로운 아이가 돼서 엄마의 관심을 더 많이 필요로 하는 경우가 많다고 한다. 갓 태어난 아기들의 특징을 통해서도 아이들은 저마다 다른 기질을 타고난다는 사실을 짐작할 수 있다.

선천적으로 타고나는 성격 유전자

한 연구 결과에 따르면 생후 4개월 된 아기들에게 밝은 모빌등을 보여 주었을 때, 어떤 아기는 생글생글 웃으면서 몸을 움직이는가 하면 어떤 아기는 당황하거나 칭얼대고, 팔다리를 버둥거리는 등 힘들어하는 모습이 관찰되었다. 갓 태어난 신생아들이 동일한 자극을 받았을 때 각기 다른 반응을 보이는 모습은 기질은 타고나는 것이라는 이론을 증명하는 중요한 근거가 된다. 이러한 반응은 간단한 실험을 통해서도 확인할 수 있다.

아기 성장 실험 53

신생아는 자극에 어떻게 대처할까?

갓 태어난 신생아의 머리 위에서 딸랑이를 흔들어 반응을 살펴보았다. 그러자 어떤 아기는 그 소리에 둔감해 반응이 거의 없는 반면, 어떤 아기는 찡그리며 고개를 돌려 버렸다. 또 어떤 아기는 스트레스를 너무 받아 얼굴색까지 변했다. 신생아에게 동일한 자극을 주었을 때 나타나는 반응은 제각각이라는 것을 알 수 있다.

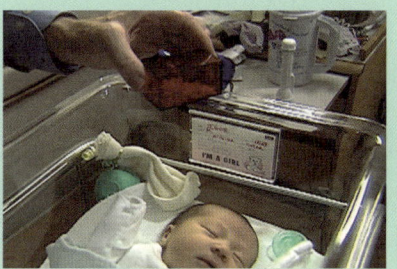

▲ 케빈 뉴전트 교수

이 실험의 결과에 대해 하버드 대학교 케빈 뉴전트Kevin Nugent 교수는 이렇게 설명하고 있다.

"딸랑이를 흔들어 소리를 냈을 때, 어떤 아기들은 움찔하며 깜짝 놀라지만 어떤 아기들은 그냥 잡니다. 반응하는 방법이 아주 다르며 이러한 특성은 다양한 환경에서 나타납니다. 딸랑이 소리에 깨지 않는 아기는 주위에 많은 사람이 있거나 웬만한 소리에도 개의치 않고 잘 자는데, 이런 아기는 대개 나중에 조용하고 말 잘 듣는 순한 아이로 자랍니다. 반면, 딸랑이 소리에 즉각적인 반응을 보이는 아기는 더 많은 양육과 보호를 필요로 하는, 활기차지만 까다로운 아이로 자랍니다."

기질은 선천적으로 타고난다는 것을 증명할 보다 확실한 증거로 '성격 유전자'를 들 수 있다. 1990년대 과학자들이 발견한 성격 유전자는 흥분 조절과 신체 자극에 결정적인 역할을 하는 신경전달물질인 도파민의 수용체 중 제4형 유전자 D4DR를 말하는데, 사람의 성격 중 만족, 공격성, 성적취향, 신경증, 모험심 같은 성격을 결정한다.

한 연구 결과에 따르면 정상보다 긴 종류의 성격 유전자를 지닌 사람은 그렇지 않은 사람보다 생물학적으로 모험을 추구하는 성격을 갖게 될 가능성이 높다고 한다. 성격 유전자가 도파민에 영향을 미쳐 뇌를 고통이나 신체적 느낌에 덜 민감하도록 만들고, 그럴수록 우리 몸은 더욱 높은 수치의 도파민을 만들어 내기 위해 보다 공격적이고 모험적인 것을 추구하게 되기 때문이다. 그래서 이런 형태의 유전자를 가진 아이는 단지 '높은 곳에서 뛰어내리면 어떤 기분일까?' 하는 생각만으로 두려움 없이 높은 책상 위에서 뛰어내리는 행동도 서슴지 않는다.

하버드 대학교 발달심리학과 교수 제롬 케이건 Jerome Kagan 은 유전자와 기질의 관계에 대해 이렇게 설명하고 있다.

"두뇌 속 뉴런에는 각 분자에 대한 수용체가 있습니다. 사람마다 기질적으로 차이가 나는 것은 수용체의 위치가 다르거나 그런 분자가 얼마나 농축되어 있느냐, 즉 분자 수용체의 밀도차 때문입니다. 서로 다른 위치에 존재하는 수용체가 아이의 기분과 행동에 영향을 주는 것입니다. 이는 기질이 유전자의 영향을 강하게 받는다는 신호입니다. 왜냐하면 뉴런의 분자 수용체를 통제하는 것이 바로 유전자이기 때문입니다."

이렇듯 성격 유전자가 만들어 내는 특성은 저마다 다른 기질로 나타난다. 즉, 기질은 성격 유전자가 겉으로 표출된 모습이며, 이는 곧 기질이 선천적으로 타고나는 생물학적, 화학적 특성이라는 사실을 말해 주는 것이다.

뇌 속에 숨겨진 기질의 비밀

유전자의 그늘 아래 있는 기질은 뇌와는 떼려야 뗄 수 없는 관계이다. 실제로 한 연구 결과에 따르면 인체에는 약 10만 개의 유전자가 있는데, 그중에서 약 5만~7만 개의 유전자가 뇌기능과 깊은 연관이 있다고 한다. 하버드 대학교의 제롬 케이건 교수에 의하면 기질 중에서도 특히 '수줍음'이라는 특성이 유전자의 강력한 영향을 받는다. 1970년대 후반, 제롬 케이건 교수는 이러한 사실을 실험을 통해 증명한 바 있다.

아기 성장 실험 54

수줍음이 아기의 사교성을 좌우한다?

제롬 케이건 교수는 약 20여 년에 걸쳐 500명의 아이들을 관찰했다. 그 결과, 생후 1~2년 된 아기들 중 15~20%가 낯을 가리고, 새로운 것에 민감하게 반응하는 모습을 목격했다. 이것은 아기의 수줍음의 정도가 높다는 뜻으로, 수줍음이 많다는 것은 사교성이 낮은 아기라는 의미다.

반면, 연구대상 아기들 중 25~30%는 낯선 사람에게 거부감도 없고, 귀에 익숙하지 않은 소리를 듣거나 알록달록한 장난감을 봐도 별다른 반응을 보이지 않았다. 이것은 아기의 수줍음의 정도가 낮다는 뜻으로, 이런 아기들은 나중에 사교적인 아이가 될 가능성이 크다.

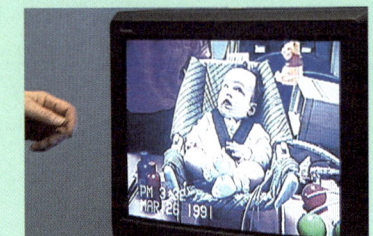

제롬 케이건 교수는 이 연구를 통해 태아의 수줍음의 징후까지 판별해 냈다. 연구 결과에 따르면 수줍음을 타고난 태아의 심장 박동수는 평균 140회 이상으로, 다른 태아들보다 무척 빠르게 뛴다. 또한 수줍음을 타고난 태아는 자신이 처한 환경에 매우 예민할 뿐만 아니라 과잉반응까지 보이는 것으로 나타났다.

이렇듯 수줍음의 정도는 유전자에 의해 결정되며, 이러한 유전적 기질은 개인의 성격 형성에도 지대한 영향을 미친다. 그렇다면 수줍음은 구체적으로 뇌의 어느 부위와 관련이 있을까?

해답은 감정을 관장하는 변연계의 구조 중 하나인 '편도체'에 있다. 편도체는 공포와 같은 감정을 처리하는 신경중추로, 공포자극이 주어졌을 때 자신을 보호하기 위해 필요한 육체적 반응을 일으킨다. 예를 들면 심장을 더 빨리 뛰게 하거나 동공을 확장시키고, 침의 분비량을 감소시켜 입이 바싹 마르게 하고, 소름을 돋게 하고, 식은땀이 나게 하고, 무의식적으로 비명을 지르게 하거나 반대로 성대를 굳게 하여 아무 소리도 나지 않게 하는 것과 같은 반응이다. 또한 두렵고 불편한 모든 상황으로부터 피하도록 만들기도 한다.

제롬 케이건 교수는 수줍음을 잘 타는 아이는 그렇지 않은 아이보다 반응성이 뛰어난 민감한 편도체를 가지고 있다는 사실을 고양이 실험을 통해 밝혀냈다.

> **아기 성장 실험 55**
>
> **수줍음을 잘 타는 아기다 더 민감하다? _ 고양이 뇌파 실험**
>
> 제롬 케이건 교수는 태어난 지 한 달도 안 된 집고양이들을 새로운 상황이나 환경에 놓아두고 반응을 확인했다. 그러자 고양이들 중 15%는 수줍음을 잘 타는 아이들처럼 새로운 환경에서 방어적인 태도를 취하는 것을 확인할 수 있었다. 고양이들의 뇌파를 검사한 결과, 수줍음을 잘 타는 고양이의 편도체가 그렇지 않은 고양이의 편도체보다 똑같은 자극에 더 민감하게 반응하는 것을 확인할 수 있었다.

아이들을 대상으로 한 실험에서도 마찬가지였다. 제롬 케이건 교수는 공포자극을 주었을 때 수줍음이 많은 아이의 교감신경계가 수줍음이 없는 아이의 교감신경계보다 훨씬 활발하게 움직이는 것을 목격했다. 교감신경계는 편도체가 두려움을 육체적 반응으로 바꿀 때 자극하는 부위로, 교감신경계가 흥분하지 않으면 공포반응은 일어나지 않는다. 따라서 교감신경계가 활동적이라는 것은 공포자극에 민감하다는 뜻이고, 교감신경계가 비활동적이라는 것은 공포자극에 둔감하다는 것을 의미한다.

실제로 수줍음이 없는 아이들의 편도체는 그다지 예민하지 않아서 좀처럼 흥분하는 일이 없고, 교감신경계의 활동도 미미하다. 편도체의 통제가 느슨하기 때문에 공포로 인한 육체적 반응이 잘 나타나지 않고, 겁이 없을 뿐 아니라 용감하고 외향적이다. 엄마가 잠시라도 한눈을 팔면 여기저기 부딪치고, 찢기고, 부러지고, 사고를 치는 아이들은 대부분 선천적으로 수줍음이 없는 아이다.

이처럼 수줍음에 관한 유전적 기질은 주로 편도체에 의해 정해지지만, 공포와 같은 감정은 편도체 혼자서 조절하지 못한다. 공포를 비롯한 인간의 감정은 뇌의 여러 부위가 유기적인 관계를 맺어 만들어지기 때문이다. 특히 변연계와 함께 인간의 감정 형성에 매우 중요한 역할을 하는 부위가 바로 '전두엽'이다.

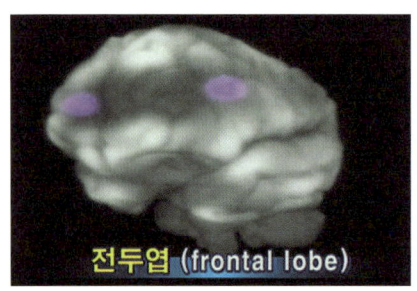

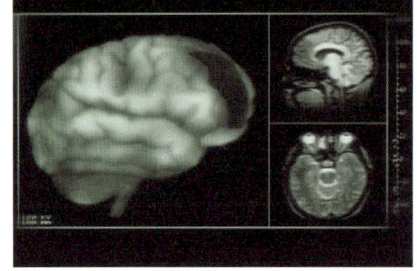

전두엽은 우리 몸의 모든 감각기관이 받아들인 여러 자극들을 전달받아 분석하고 행동지령을 내리는 기관이다. 오른쪽 전두엽은 공포, 우울, 불안 등 위축된 감정을 관장하는 부위인데 반해, 왼쪽 전두엽은 기쁨, 즐거움, 흥미, 애정 등 새로운 사람이나 상황으로 유도하는 감정을 담당하는 곳이다.

감정반응과 밀접한 관련이 있기 때문에 전두엽이 손상되면 외부의 자극에 적절하게 반응하지 못해 지적능력이 떨어지고, 감정도 둔해진다. 특히 왼쪽 전두엽에 이상이 생기면 감정적으로 우울해지고 무뎌지는 경우가 많다.

위스콘신 대학교 리처드 데이비드슨 교수는 좌·우 전두엽이 수줍음과 어떤 상관관계가 있는지를 실험을 통해 증명해 보였다.

> **아기 성장 실험 56**
>
> **전두엽이 수줍음을 좌우한다?**
> 리처드 데이비드슨 교수 연구팀은 생후 30개월 된 아이들을 대상으로 매리 애인스워드의 '낯선 상황 실험'을 응용한 실험을 하였다. 낯선 상황 실험과 마찬가지로 다양한 장난감과 낯선 사람이 있는 방 안에 엄마와 아이를 있게 한 다음, 아이의 행동을 관찰했다. 이때 낯선 상황 실험과 달리 엄마와 아이 딱 한 쌍만 방에 있게 한 것이 아니라 모든 아이들이 엄마와 함께 한 방에 있도록 상황을 설정했다. 따라서 아이는 엄마와 놀거나 장난감을 가지고 놀 수도 있었고, 다른 아이들과 놀거나 낯선 사람과 놀 수도 있었다.
> 실험 결과, 연구팀은 아이들의 반응에 따라 세 그룹으로 분류할 수 있었다. 첫 번째 그룹은 방에 있던 시간 중 78%를 엄마 옆에 붙어 있느라 주변을 탐색할 시간이 거의 없었던 아이들이었고, 두 번째 그룹은 방 안에 머무는 시간 중 99%를 열심히 주변을 탐색하는 데 보낸 아이들이었으며, 세 번째 그룹은 엄마 옆에 있기도 하고, 탐색도 한 아이들이었다.
> 서로 다른 반응을 보이는 세 그룹의 아이들의 뇌파를 검사한 결과, 탐색에 소극적이었던 첫 번째 그룹의 아이들은 오른쪽 전두엽이, 탐색에 적극적이었던 두 번째 그룹의 아이들은 왼쪽 전두엽이 활발하게 움직였음을 확인할 수 있었다.

실험 결과에서 보듯 늘 쾌활하고, 낯선 사람들과도 친하게 지내며, 새로운 상황이나 환경에 잘 적응하는 아이는 왼쪽 전두엽이 활성화되어 있고, 항상 조용하고, 사람이나 환경 등 익숙하지 않은 것에 잘 적응하지 못하며, 수줍음이 많은 아이는 오른쪽 전두엽이 더 활발하게 움직인다는 사실이 증명된 것이다.

성격은 기질과 양육방식이
빚어낸 합작품이다

앞서 살펴본 대로 유전적 기질은 성격 형성에 핵심적인 역할을 하지만 성격을 결정하는 유일한 요소는 아니다. 수많은 학자들은 유전적 기질과 더불어 아이를 둘러싼 환경이 성격 형성에 큰 영향을 미친다고 말한다. 조지 워싱턴 대학교 아동정신과 스탠리 그리스펀 교수는 한 인터뷰에서 "성격 형성에 있어 유전과 환경은 마치 한 쌍의 댄서와 같다. 어느 한쪽이 너무 빨리 스텝을 밟으면 둘 다 넘어진다. 그런 식으로 유전은 환경에 영향을 미치고, 다시 환경은 유전에 영향을 미

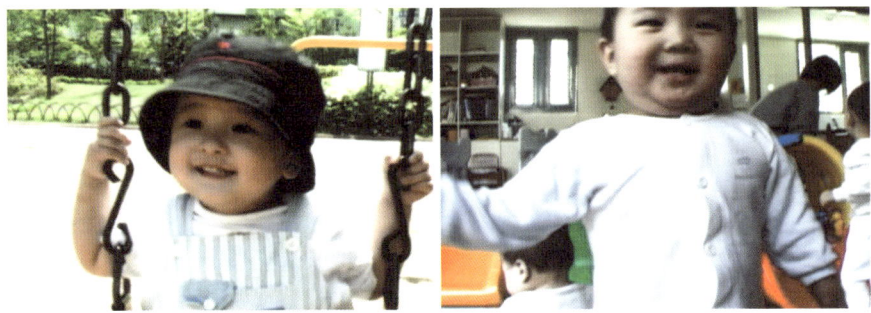

친다."고 주장했다. 여기서 '환경'이란 주로 갓난아기를 돌봐주는 양육자^{일반적으로} 엄마를 의미한다. 즉, 아이의 성격은 '선천적 기질'과 '엄마의 양육방식'이 서로 영향을 미치며 결정되는 것이다.

양육방식과 유전적 기질의 알쏭달쏭한 상관관계

런던 정신의학연구소의 유전학자 로버트 플로민 교수는 12년간 720가구의 청소년을 대상으로 연구한 결과, 각각 다른 가정에 입양돼 따로 자란 형제자매도 같이 자란 형제자매만큼 성격이 비슷하다는 사실을 밝혀냈다. 비슷한 유전적 기질을 타고난 형제나 자매, 특히 쌍둥이는 각각 전혀 다른 부모 밑에서 자란다고 해도 흡사한 성격을 보인다는 것이다. 이는 형제자매가 유전적 기질의 상당 부분을 공유하고 있기 때문이다.

또한 로버트 플로민 교수는 아이의 타고난 유전적 기질이 부모의 양육방식에 변화를 가져온다고도 했다. 이란성 쌍둥이를 예로 들어 보자. 몇 분 먼저 태어난 첫째는 조금 뜨겁게 데운 우유를 줘도 찡그리기만 하고 울지 않는 반면, 둘째는 우유를 밀어내면서 자지러지게 울어댄다. 또 첫째는 처음 보는 사람에게도 거부감을 보이지 않고 어디를 데려가도 잘 놀지만 둘째는 낯선 사람을 보거나 다른 장소에 데려가면 겁먹은 표정으로 엄마 곁에서 꼼짝도 하지 않고 울며 떼를 쓴다.

이런 경우, 일반적으로 엄마들은 첫째보다 둘째를 더 많이 안아 주고, 조금이라도 더 챙겨 주게 된다. 어린이집에 보낼 때도 아이가 잘 적응하지 못할까 봐 걱정돼 신경을 더 많이 쓴다. 부모의 의도와는 상관없이 아이의 기질이 양육방식에 영향을 미쳐 본의 아니게 둘째를 더 편애하게 만드는 것이다.

이와 반대로, 부모의 양육방식이 선천적으로 타고난 아이의 기질에 영향을 미친다는 연구 보고도 있다. 하버드 대학교 제롬 케이건 교수에 의하면 수줍음이 많아 낯선 상황에서 불안감을 느끼는 아이에게 부모가 좀 더 신경을 써주고, 수줍음으로부터 벗어날 수 있도록 적극적으로 도와주면 4세 정도가 되었을 때 수줍음이 많은 아이들 중 약 80%가 성격을 교정할 수 있다고 했다.

미국 국립 아동발달 연구소의 스티븐 수오미 또한 타고난 유전적 기질에 상관없이 엄마의 양육방식에 의해 부정적인 성격이나 특성이 긍정적으로 바뀔 수 있다는 사실을 동물실험을 통해 증명한 바 있다.

> **아기 성장 실험 57**
>
> **양육방식에 따라 타고난 기질이 바뀔 수 있다?**
> 스티븐 수오미는 수줍음이 많고 내성적인 유전적 기질을 타고난 붉은 털 새끼 원숭이를 육아 기술이 뛰어난 유모 원숭이가 양육하도록 했다. 그런데 놀랍게도 새끼 원숭이는 수줍음을 극복한 것은 물론, 커서 무리의 지도자 자리에까지 오르게 되었다. 뿐만 아니라 그 원숭이는 자신으로부터 수줍은 기질을 물려받은 새끼도 수줍음에서 벗어날 수 있도록 도왔다. 이러한 패턴이 반복되면서 유전적으로 수줍음을 탔던 원숭이의 자손들은 정상적인 원숭이로 성장했을 뿐만 아니라 우수한 집단에 속하게 되었다.

또한 워싱턴 대학교의 제럴딘 도슨 교수는 성격형성과 관련이 깊은 전두엽이 엄마의 양육방식에 따라 어떻게 변하는지를 관찰했다. 그 결과, 아기와 눈을 자주 마주치지도 않고, 웃지도 않고, 잘 놀아 주지도 않고, 늘 기분이 가라앉아 있는 우울한 엄마 밑에서 자란 아기는 쾌활한 엄마 밑에서 자란 아기들에 비해 위축된 감정을 조절하는 오른쪽 전두엽이 활성화돼 있었다.

이렇듯 엄마의 양육방식이 성격과 관련된 뇌 발달을 좌우할 수 있기 때문에 양육환경이 열악하면 뇌에 이상이 생겨 아이의 성격이 심하게 왜곡될 수도 있다. 아동발달 분야의 수많은 학자들은 애정이 결핍된 환경, 뭔가를 탐색하고 배우도록 독려해 주는 사람이 없는 환경에서 아이가 빈번하게 혹은 심하게 정신적·육체적 학대를 받게 되면 뇌의 시냅스가 정상적으로 형성되지 않고, 가지치기 과정도 비정상적으로 이루어져 성격과 관련된 뇌의 영역에서 정상적인 신경회로가 사라진다고 경고했다. 특히 성격형성에 결정적인 역할을 하는 변연계가 발달하는 시기인 생후 3년 동안 무관심 속에서 방치되거나 학대를 받게 되면 아이는 영구적인 성격장애를 보이는 것으로 알려져 있다.

미국 베일러 의과대학교 교수이자 아동 두뇌 발달 분야의 전문가인 브루스 페리 교수 또한 "생후 3년, 특히 생후 1년 동안 극단적인 무관심 속에 자란 아이는 애착이 없고, 정서적으로 텅 빈 인간이 되어 버린다. 그리고 이런 아이들은 자라서 대개 폭력적인 성격을 보인다. 왜냐하면 아이의 뇌는 사랑과 관심을 받지 못하면 장애가 발생하거나 아예 성장하지 않기 때문이다."라고 주장한 바 있다.

실제로 외국의 한 연구팀이 어렸을 때 신체적, 정신적, 성적 학대를 당했던 정신질환자들과 그렇지 않은 정신질환자들의 뇌파를 검사한 결과, 어린 시절에 학대를 당했던 환자 집단이 그렇지 않은 환자 집단보다 비정상적인 뇌파를 기록한 것으로 알려졌다. 특히 변연계가 위치해 있는 뇌 부위의 뇌파가 비정상적이었다. 뿐만 아니라 기쁨, 관심, 사랑 등 긍정적인 기분을 느끼는 왼쪽 전두엽, 장기 기억을 저장하는 해마도 이상 소견을 보였다.

아이의 성격을 좌우하는 초기 양육환경

아이가 어떤 기질을 타고나든 부모노릇은 그 자체만으로도 쉽지 않다. 특히 까다로운 기질의 아이나 더딘 기질을 가지고 태어난 아이의 부모는 아이를 키우는 일이 결코 만만치 않음을 수없이 느낄 것이다. 그렇다고 아이를 윽박지르거나, 일관성 없이 아이를 다루거나, 방치하거나, 신체적·정신적으로 학대를 한다면 아이에게 평생 지울 수 없는 상처가 되어 심각한 성격장애를 일으킬 수도 있음을 주지해야 할 것이다.

한번 타고난 유전적 특성은 쉽게 변하지 않는 것이지만 양육방식과 양육환경에 의해 타고난 성격도 얼마든지 바뀔 수 있다. 초기의 양육환경을 어떻게 조성하느냐에 따라 소극적인 성격에서 적극적인 성격으로, 어두운 성격에서 밝은 성격으로, 산만한 성격에서 차분한 성격으로, 공격적인 성격에서 부드러운 성격으로 얼마든지 교정할 수 있는 것이다.

성격이 형성되어 가는 과정을 장거리 달리기로 볼 때, 기질은 출발선에서 누구나 똑같이 부여받는 출발조건이자 누구에게나 열려 있는 가능성의 발현일 뿐, 경기의 결과를 좌우하는 절대적인 결정 요인은 아님을 명심하자.

내 아이의 기질을 이해하는 것이 최상의 양육법이다

요즘은 내성적인 기질을 가진 아이가 나중에 자라서 모범생이 되는 경우가 많다. 혼자서 무언가 하는 것을 좋아해서인지, 실패를 두려워하기 때문인지, 다른 일보다 학업에서 얻는 성취감이 크기 때문인지, 정확한 이유는 알 수 없지만 내성적인 아이들이 상대적으로 학업성적이 우수한 경우를 어렵지 않게 찾을 수 있다.

그러나 아이가 소심하고 소극적이면 덮어놓고 걱정부터 하는 엄마들이 있다. 이런 아이들은 성격이 예민한 데다 되도록 낯선 사람이나 상황을 피하려고 해서 외톨이가 되거나 모든 면에서 또래 아이들보다 뒤처질 것이라는 우려 때문이다. 실제로 수십 년 동안 많은 심리학자들은 '내성적인 성향은 외향성을 획득하는 데 실패해서 나오는 문제적 기질'이라고 생각했고, 소심하고 소극적인 아이일수록 활달하고 적극적인 성격으로 변화시킬 필요가 있다고 보았다.

좋은 기질? 나쁜 기질?

최근 들어서는 이러한 의견에 반기를 드는 학자들이 점점 늘고 있다. 그들은 아이들에게 나타나는 기질을 옳고 그른 것으로 판단할 만한 절대적인 기준은 없다고 말한다. 아이들의 성격이 어느 정도 바뀌어야 하고, 바뀔 수 있다는 사실에는 동의하지만 무조건 '외향적인 기질 = 긍정적인 기질', '내성적인 기질 = 부정적인 기질'로 보는 편협한 시각은 버려야 한다는 것이다.

기질을 단순히 이분법적 차원으로 나누어 평가할 수 없는 또 다른 이유는 동일한 기질이라도 문화권에 따라 다르게 인식되기 때문이다. 이에 대해 제롬 케이건 교수는 아래와 같은 견해를 밝혔다.

"미국의 경우, 수줍음을 타는 성격은 사회에 적응하는 데 어려움이 많습니다. 그래서 대부분의 부모들은 다양한 활동을 통해 아이들의 수줍음을 고쳐 주려고 노력합니다. 하지만 인도네시아의 아주 작은 마을에서 살고 있다면 수줍음 많은 성격이 불리할 이유는 전혀 없습니다. 오히려 수줍어하는 아이들은 문제를 일으킬 가능성도 적고, 마약을 복용하거나 범죄를 저지를 가능성도 훨씬 낮아서 어떤 부모들은 자기 아이가 약간 겁이 많은 성격인 것을 오히려 다행이라고 말하기도 합니다."

한 통계자료에 따르면 미국 아이들의 경우, 유치원을 졸업한 후 수줍음 없는 기질을 타고난 아이들 중 약 10%만이 어느 정도 수줍음을 타는 성격으로 바뀔 뿐, 나머지는 선천적 기질을 그대로 유지한다고 한다. 이 결과는 외향적인 성향을 중시하는 미국 사회의 단면이 그대로 반영된 것이라고 볼 수 있다. 반면, 사회적 구속이 강한 아시아에서는 수줍음 없는 아이들의 상당수가 성격 교정의 경험을 거치는 것으로 알려져 있다.

그러나 기질이라는 것은 문화권에 따라 사회적응을 조금 더 편하게 하기 위한 과정일 수는 있어도 기질 자체를 좋은 기질, 나쁜 기질로 나눌 수는 없다. 서울시립 어린이집에서 만난 까다로운 기질의 승빈이의 경우를 보자. 변덕도 심하고, 산만하고, 고집도 세고, 떼도 잘 써서 단점 투성인 것처럼 보이는 승빈이는 한편으로는 뛰어난 집중력을 가지고 있었다.

어느 날, 어린이집 앞마당에 고양이 한 쌍이 나타났는데, 승빈이는 다른 어떤 아이들보다 큰 관심을 보였고, 다른 아이들이 흥미를 잃고 제자리로 돌아간 후에도 창가를 떠날 줄 모르고 고양이에게 집중했다. 기분 변화가 심해 집중력이라고는 눈곱만큼도 없을 것 같던 까다로운 기질의 승빈이가 경우에 따라 이렇게 대단한 집중력을 발휘하는 것만 봐도 기질마다 동전의 양면처럼 장단점이 존재한다는 사실을 짐작할 수 있다.

~ 10점 만점에 10점짜리 맞춤 육아법

까다로운 기질의 아이는 고집이 세서 엄마를 무척 힘들게 하는 유형이다. 그러나 아이와 충돌할 때 엄마가 강압적으로 고집을 꺾으려고 큰소리로 억압하면 아이는 처음에는 고분고분해지는 것처럼 보이지만 나중에는 엄마의 부정적인 태도에 짜증 섞인 반응을 하게 될 것이다. 엄마는 그런 아이를 통제하기 위해 더 큰소리를 낼 수밖에 없고, 그럴수록 오히려 아이의 반항심은 커지고, 결국 엄마가 감당하기 힘든 아이가 되고 만다.

한 연구 결과에 따르면 아이가 만 1세 미만이었을 때는 까다로운 기질의 아이를 둔 엄마가 순한 기질의 아이를 둔 엄마보다 아이의 요구를 잘 받아 주다가 만 1세가 넘으면 아이의 고집과 까다로움에 지쳐 점차 아이를 강압적으로 양육하게 된다고 한다. 이러한 부정적인 양육은 아이의 까다로운 기질과 상승작용을 해 아이의 성격을 더욱 비뚤어지게 만들 수 있다.

이렇듯 기질을 무시한 양육법의 문제점에 대해 수원대학교 아동가족학과 최영희 교수는 아래와 같이 설명하고 있다.

▲ 최영희 교수

"까다로운 기질의 아이를 둔 엄마들은 나름대로 열심히 아이를 돌보는데도 그 까다로움이 줄지 않으니까 먼저 포기해 버리는 경우가 많아요. '이 아이는 내가 잘 해줘도 말을 잘 안 듣는구나.' 라고 생각하면서 말이에요. 결국 그 다음부터는 부정적으로 아이를 통제하고, 야단치고, 금지하는 것도 많아지는 걸로 바뀌죠. 그러면 아이의 까다로운 성격은 나이가 들수록 심해져서 심한 경우 문제 행동으로 나타날 수도 있어요."

그렇다면 까다로운 기질, 순한 기질, 더딘 기질의 아이들을 각각 어떻게 키우는 것이 아이들이 가진 장점을 살려 주는 올바른 육아법일까?

ⅰ) 까다로운 기질의 아이를 위한 육아법

승빈이처럼 까다로운 기질의 아이를 둔 엄마들은 어떤 때는 아이의 요구를 무시하거나 거부하고, 어떤 때는 아이의 고집에 지쳐서 요구를 쉽게 들어 주는 경향이 있다. 그러나 이러한 행동은 아이에게 '고집을 부리면 원하는 것을 얻을 수 있다'는 것을 가르쳐 주는 셈이 된다. 결국 아이의 고집만 악화시키기 때문에 주의해야 한다.

이런 경우에는 우선 아이의 요구를 말로 표현하여 부모가 아이의 마음을 이해하고 있음을 알려야 한다. 예컨대, 아이가 친구 집에서 놀다가 집에 가야 할 시간이 되었는데도 계속 인형을 가지고 놀겠다고 떼를 쓰는 상황이다. 이때 엄마는 "안 돼."라고 말하기보다는 "너 그 인형을 더 가지고 놀고 싶구나."하고 먼저 아이의 요구를 인정해 주는 것이 바람직하다. 이 단계만 시행해도 상당한 개선효과를 볼 수 있다.

최영희 교수에 따르면 까다로운 기질의 아이가 고집이 센 까닭은 주의를 다른 곳으로 돌리기가 쉽지 않기 때문이다. 자신의 흥미를 끄는 것에만 집중하고 다른 것에는 주의를 돌리기 어렵기 때문에 엄마가 조금 시간을 두고 아이가 원하는 바를 말해 주면 아이는 좀 더 여유를 가지고 자기의 요구에 대해 생각하는 시간을 갖게 된다. 그러면 아이는 자신이 원하는 것에서 엄마나 다른 사람이 요구하는 것으로 주의를 옮기게 되는 것이다.

그 다음에는 현재 상황을 설명하고 엄마가 원하는 바를 아이에게 인식시켜야 한다. 예를 들면, "엄마는 네가 인형을 더 가지고 놀고 싶은 마음을 충분히 이해하지만 지금은 집에 가야 할 시간이야. 그러니까 인형을 갖다 두고 와." 정도의 말이면 충분하다. 이 단계 역시 아이가 현재 상황에 대해 생각하는 시간을 벌어

> **Tip**
> **까다로운 아이 훈육법**
> 1단계_아이의 요구나 바람을 인정한다.
> 2단계_현재의 상황을 인식시킨다.
> 3단계_가능한 대안을 제시한다.
> 4단계_마지막 선택을 제시한다.

주어 아이의 주의를 다른 데로 이동시키는 효과가 있다.

다음 단계에서는 아이에게 대안을 제시해야 한다. "엄마가 1분 동안 기다려 줄 테니까 그 시간만큼만 더 장난감을 갖고 놀아."라고 제시했을 때, 아이가 순순히 말을 듣는 경우도 있지만 대부분의 아이들은 엄마의 지시를 곧바로 따르지 않을 것이다. 이때는 지금까지 설명했던 단계들을 두세 번 더 반복하고, 그래도 아이가 고집을 꺾지 않을 경우에는 "엄마는 너를 더 이상 기다려 줄 수가 없어. 1분 후에도 인형을 놓고 오지 않으면 엄마는 먼저 갈 거야."라는 말로 단호하게 아이가 지시를 따르도록 해야 한다.

이때 중요한 것은 부모가 아닌 아이가 선택할 수 있도록 해야 한다는 점이다. 이 상황에서 아이가 계속 고집을 부린다면 아이는 엄마가 혼자 가도 상관없다는 쪽을 선택한 것이므로 엄마는 반드시 약속한 바를 실행에 옮겨야 한다. 이것은 아이에게 벌을 주거나 혼을 내는 행위가 아니라 아이가 선택한 결과를 행동에 옮기는 것뿐이다. 이에 대해 최영희 교수는 이렇게 설명하고 있다.

"아주 놀랍게도 아무리 고집이 세고, 문제행동을 보이는 아이들도 이 단계들을 세 번만 반복하면 절대로 그런 행동을 하지 않아요. 하지만 많은 부모들이 이러한 과정을 거쳐 지시를 하는 것을 번거롭고 어렵다고 생각하며, 실제로 잘 실행하지 못하세요. 그렇지만 이렇게 한번 생각해 보세요. 부모가 이처럼 간단한 가르침을 지키기도 어려운데 온통 자기가 원하는 것에 푹 빠져 있는 아이가 그것을 포기하는 것은 얼마나 어려울지를요. 부모의 말 한마디로 까다로운 기질을 타고난 아이의 고집을 단번에 꺾으려고 하는 것은 지나친 바람이 아닐까요?"

ii) 더딘 기질의 아이를 위한 육아법

윤서처럼 더딘 기질의 아이를 둔 엄마들은 무엇보다 조급증을 버려야 한다. 이런 아이들은 수줍음이 많고 매사에 반응이 느리기 때문에 다른 아이들보다 늘 한 템포씩 뒤처진다. 엄마가 "그걸 왜 못 만지니? 무서운 거 아니야. 어서 만져 봐." 또는 "지금 뭐하고 있니? 빨리 해." 라며 재촉하거나 다그치는 것은 아이에게 스트레스를 주어 아이가 더욱 수줍음을 타게 하고, 적응이 더욱 느려지며, 나아가 자아존중감도 떨어질 수 있다. 더딘 기질의 아이에 대한 최영희 교수의 설명은 이렇다.

"더딘 기질의 아이를 다그치면 '내가 느려서 나쁘구나.', '내가 못났구나.' 라고 생각하게 만들어 아이를 더욱 위축시켜요. 자신감과 자존감을 떨어뜨리는 거죠. 때문에 이런 아이들은 오랜 시간 지켜보면서 아이에게 적응할 시간을 줘야 해요. 그러면 아이는 느리기는 하지만 모든 것에 무리 없이 적응해 나갈 수 있어요."

그런 면에서 서울시립 어린이집의 윤서 엄마는 아이의 기질을 잘 이해하면서 키우고 있었다. 윤서 엄마는 아이가 더디게 적응하고 행동하더라도 적극적으로 개입하지 않고, 가급적 아이 스스로 할 수 있도록 늘 곁에서 묵묵히 지켜보았다. 아이가 힘들어하기도 하지만 하다하다 안 됐을 때 도움을 청하면 그제야 도움을 주지, 무조건 엄마가 나서서 해주지 않는다고 한다.

윤서 엄마가 아이의 기질을 잘 이해하고 받아들일 수 있었던 데는 엄마 자신도 윤서와 비슷한 기질을 가지고 있다는 점이 크게 작용했다. 엄마는 윤서의 특성을 누구보다 잘 알기에 더딘 기질의 아이를 둔 다른 엄마들보다 좀 더 수월하게 아이를 키울 수 있었던 것이다.

iii) 순한 기질의 아이를 위한 육아법

지영이처럼 순한 기질의 아이는 기질이 까다롭거나 더딘 아이보다 부모와 트러블을 일으킬 가능성이 적어 부모들이 편해 하는 타입이지만, 여기에도 함정이 도사리고 있다. 최영희 교수에 따르면 순한 기질의 아이는 요구를 여러 번 거절당하면 계속해서 고집을 부리기보다는 상대방의 말을 그냥 듣는 경향이 강하다. 부모 입장에서는 아이가 말을 잘 들으니까 키우기가 매우 수월하다고 느낄지 모르지만 이는 자칫 아이의 자율성이나 주도성을 꺾는 행동이 될 수 있다.

그렇기 때문에 순한 기질의 아이를 둔 엄마들이 가장 조심해야 할 점은 아이를 너무 심하게 억누르고, 항상 부모의 말을 따르도록 강요하지 말아야 한다는 것이다. 아무리 순한 아이라도 자기주장이 없다면 제대로 자라고 있다고 볼 수 없기 때문이다.

세상에는 승빈이처럼 변덕이 심하지만 집중력이 좋은 아이도 있고, 지영이처럼 부모의 말에 순응하지만 소극적인 아이도 있다. 그 외에도 세상의 모든 아이들은 저마다 각양각색의 기질을 타고난다. 평생 성격을 결정짓는 기질은 엄마 뱃속에서부터 타고나는 것이라 좋거나 나쁘다는 이분법적 잣대로 평가할 수 없다. 사람마다 얼굴 생김이 다르고 개성이 다르듯이 각자 가지고 태어난 기질에도 장점과 단점이 공존하기 때문이다.

따라서 부모는 아이의 기질을 어느 한쪽 방향으로 수정하려 애쓰기보다 열린 마음으로 편하게 받아들이고, 장점을 키워 올바른 방향으로 이끌어 주는 역할을 해야 한다. 부모가 아이를 있는 그대로 바라보고 이해할 때, 아이는 누구보다 독립적인 인격체로 성장할 수 있다. 부모의 올바른 양육법이야말로 아이의 기질 속에 잠자고 있는 무궁무진한 잠재력과 빛나는 가능성을 깨우고 가꿔 줄 소중한 울타리라는 사실을 명심하자.

아기 성장 일기

"아기야! 네가 첫 울음을 터트렸던 그 순간부터,
엄마의 머릿속엔 너의 작은 움직임의 기억들이 하나둘 쌓이고 있단다.
꼬물거리는 작은 손짓 하나에 엄마는 하루에도
몇 번씩 울고 웃고를 반복하고 있지. 네가 엄마에게 얼마나
큰 행복이자 소중한 선물인지를 되뇌이면서 말야.
넌 언제 세상에 첫 발을 내디딜까? 언제쯤이면 날 '엄마'라고 불러줄까?
너의 성장을 기다리는 엄마의 마음은
두근두근, 설레임으로 가득 차 있단다."

사랑하는 _____ 의 성장 일기

태어난 날 : _____년 __월 __일 __시 __분

태어난 곳 : _____

아빠 _____

엄마 _____

감각 발달

세상에 태어나자마자 아기의 감각, 지각세계는 바쁘게 움직인다. 아직 정교하진 않지만 아기는 엄마의 목소리와 냄새를 감지하고, 부드러운 촉감을 느낀다. 그리고 그 경이로운 감각은 엄청난 속도로 발달한다. 매일매일 새롭게 발전하는 아기의 감각, 그 과정을 확인해 보자.

시각 발달

시기	발달 수준
생후 2일	동공반사가 이루어진다.
1주일	성인 1/30 수준.
2주일	빛의 밝기와 명암을 구분한다.
1개월	20~25cm 거리에 초점을 맞출 수 있다.
2개월	성인 1/15 수준의 시력. 움직이는 물체에 따라 눈동자를 움직이며 사람 얼굴 쳐다보는 것을 좋아한다.
3개월	180도로 물체의 움직임을 쫓을 수 있다. 하나의 대상에 두 눈동자가 초점을 맞추기 시작한다.
4개월	성인 1/8 수준의 시력. 서서히 색을 구분하기 시작한다. 또한 색깔과 거리의 차이를 구별하고 깊이를 인식한다.
6개월	손을 뻗어 움직이는 물체를 잡을 수 있다.
7개월	물건을 식별하는 능력이 10대 아이들과 비슷해진다.
8개월	성인 1/4 수준의 시력.
9세 이후	성인 수준의 완전한 시력 완성.

색채지각

- **4주** 초록색 바탕의 보라색을 구분 못한다.
- **8주** 초록색 바탕의 보라색은 구분하지만, 흰색 바탕의 노란색, 녹황색, 초록색, 보라색은 잘 구별하지 못한다. 특히 파란색 계열 구분이 힘들다.
- **16주** 성인과 같은 수준으로 색깔을 구분하고, 성인과 마찬가지로 스펙트럼 상의 색을 색상별로 지각할 수 있게 된다.

시각 발달을 자극하는 방법

- **거울놀이** 처음에는 거울 속의 사물에 관심을 보일 뿐, 그 속에서 움직이는 것이 자신이란 생각을 하지 못한다. 3세까지 효과적이다.
- **산책하기** 시장이나 공원에 데려가 새로운 것을 보고 느낄 수 있도록 유도한다. 풍부한 시각적 경험은 시각 발달을 촉진시킨다.
- **모빌이나 장난감 활용하기** 신생아를 위한 흑백 모빌이나 조그만 장난감 등을 침대 위에 걸어 아기가 볼 수 있도록 한다. 단, 생후 4개월까지는 아기의 가시거리인 15~25cm를 유지하는 것이 좋다.

청각 발달

시기	발달 수준
임신 28주경	소리를 들을 수 있다.
생후 2~3주	남자보다 여자의 목소리를 좋아한다.
1~2개월	소리에 예민하게 반응한다. 높은 목소리, 조용한 음악을 들으면 마음이 가라앉는다.
2개월	소리나는 쪽으로 고개를 돌리고 엄마 목소리를 구분한다.
3개월	말을 걸면 '킥킥' 소리를 내고 방긋방긋 웃기도 한다. 만약 이런 반응이 없다면 청각 이상을 의심해 봐야 한다.
7개월	소리 나는 방향을 정확히 안다.
24개월 전후	성인 수준으로 청각이 발달.

청각 발달을 자극하는 방법

- **이야기 혹은 노래 불러 주기** 아기에게 말을 걸거나 자장가와 동요 등을 불러주어 청각을 자극한다. 이때 아기는 음의 높낮이에 민감하게 반응하기 때문에 너무 큰 소리를 내지 않도록 주의한다.
- **다양한 소리 경험하기** 시계소리, 물소리, 달그락거리는 소리 등 일상생활에서 접할 수 있는 다양한 소리를 들려주면 청각 자극에 좋다.
- **클래식 들려주기** 클래식은 아기의 청력 발달에 도움을 줄 뿐 아니라 두뇌의 좌반구를 자극, 심장박동을 고르게 해 아기가 편안함을 느끼게 해준다.

미각 & 후각 발달

시기	미각 발달 수준	시기	후각 발달 수준
생후 2주	짠맛, 단맛, 쓴맛, 신맛 4가지 기본 맛을 구별한다.	생후 3일	엄마의 냄새를 구별한다.
1개월	달콤한 향기를 좋아한다.		
2개월	모유나 분유 이외에 다른 맛을 느낄 수 있다.	6개월	좋아하는 냄새와 싫어하는 냄새를 구분한다.
3개월	다양한 맛에 익숙해지기 시작한다.		
5개월	침의 분비가 왕성해지며 미각이 한 층 발달한다.		

미각 발달을 자극하는 방법

- **여러 가지 음식 맛보기** 이유식 시작을 기점으로 여러 가지 음식의 맛을 보게 한다. 가능한 조미료가 첨가되지 않은 상태의 음식을 엄마가 직접 만들어 먹이는 것이 좋다.
- **예쁘게 차려 놓고 먹기** '보기 좋은 음식이 먹기도 좋다'는 옛말이 있듯이 아기들도 잘 차려진 상에 더 관심을 보인다. 아기의 미각은 후각, 시각과 더불어 함께 발달시키는 것이 효과적이란 사실을 기억하자.

후각 발달을 자극하는 방법

- **다양한 냄새 경험하기** 가능하다면 다양한 냄새를 경험하도록 해주는 것이 좋다. 아기가 좋아하는 것이라면 코로 가지고 가 냄새를 맡게 해준다. 사물과 향기를 연관지어 생각할 수 있는 힘을 길러 준다. 예쁜 색의 꽃이나 아로마 향을 이용해 향기를 맡을 수 있도록 유도하는 것도 후각 발달을 자극하는 좋은 방법이다.
- **주변의 냄새 맡기** 엄마가 요리할 때 냄새를 맡게 하거나, 나들이 갔을 때 경험할 수 있는 빵 냄새, 과일 냄새 등도 아기의 후각을 자극한다. 모빌에 레몬이나 바닐라 등 여러 가지 향기를 묻혀 모빌을 움직여 주는 것도 좋은 방법이다.

촉각 발달

시기	발달 수준
임신 10주	촉각 피부 신경이 나타난다.
임신 4개월	촉각을 관장하는 뇌 부분이 촉감을 처리할 수 있다.
생후 10주	손으로 물건을 구별하기 시작한다.
1개월	부드러운 촉감을 좋아한다.
3개월	다양한 물건을 손으로 쥐고 만지며, 쓰다듬고 두드려 보는 행동을 통해 촉감을 촉진시킨다.

촉각 발달을 자극하는 방법

- **다양한 촉감 경험하기** 고무, 나무, 플라스틱, 헝겊, 모래 등 다양한 감촉의 장난감을 활용해 여러 가지 느낌을 경험하게 해주는 것이 좋다.
- **피부끼리의 접촉 늘리기** 엄마 혹은 아빠 몸 위에 아기를 올려놓고 아기와의 접촉을 늘린다.
- **촉감 놀이 활용하기** 손가락 사이로 빠져 나가는 작은 모래 알갱이는 매우 훌륭한 촉감 장난감이다. 아기가 조금 더 성장하면 아기의 눈을 가리고 물건을 만져 어떤 물건인지 알아맞히는 '물건 맞히기 놀이'도 촉감 발달에 효과적이다.
- **맨발로 걷기** 걷기 시작하는 나이라면 가끔 맨발로 양탄자나 타일 바닥 등을 걷도록 유도하자. 햇볕이 좋은 날이라면 모래밭이나 풀밭 위를 걷게 하는 것도 좋다.
- **요리하기** 밀가루 반죽이나 달걀 풀기 등 요리 활동을 통해 촉각과 소근육 발달을 돕는다.

Tip

신생아의 대표적 반사 행동과 소멸 시기는?

- **젖 찾기 반사** 어떤 물체로 아기의 볼을 살짝 건드렸을 때 대상물을 향해 아기가 입을 벌리고 머리를 돌리는 행동을 말한다. 신생아가 젖꼭지를 찾고 음식을 먹을 수 있도록 도와준다. → 생후 3주 이후 소멸
- **모로반사** 머리의 위치가 바뀌거나 자신을 지지하는 표면에 변화가 생겼을 때 무언가를 잡거나 꽉 안는 행동. 위험한 상황에서 엄마한테 매달리려는 아기의 생존본능을 보여 준다. → 생후 6개월 이후 소멸
- **수영반사** 아기를 물에 넣었을 때 마치 수영을 하는 것처럼 팔을 젓고 발을 걷어차는 행동. 물에 빠지지 않으려는 아기의 생존본능을 엿볼 수 있다. → 생후 4~6개월 이후 소멸
- **잡기반사** 신생아의 손바닥을 손가락으로 눌렀을 때 꽉 잡는 행동. 세상에서 살아남기 위해 누군가에게 매달리려는 아기의 생존욕구를 보여 준다. → 생후 3~4개월 이후 소멸

운동 발달

신생아의 운동 발달은 ①상부에서 하부로, 머리에서 발 방향으로, ②중심에서 말초 방향으로, ③전체 활동에서 세분화된 활동 순으로 발달한다. 예를 들어 어떤 물건을 잡으려 할 때 처음에는 무작정 마구 잡다가 차차 손목과 손가락을 이용해 잡게 되며, 걸음걸이도 처음에는 부자연스럽지만 차차 걸음걸이에 필요한 근육과 팔다리만을 사용하게 된다. 특히 성인처럼 엄지손가락과 둘째손가락을 사용하여 물체를 쥘 수 있기까지는 약 1년 이상의 시간이 소요된다. 아기들의 운동 발달 단계 A부터 Z까지.

1개월

- **전신운동** 신경계통과 근육조절력이 향상되면서 마구잡이 운동이 점차 줄어든다. 대부분의 행동은 빨기처럼 반사운동이다. 손발을 제멋대로 뻗곤 하며, 옆에서 받쳐주지 않으면 목을 가누지 못해 머리가 뒤로 젖혀진다.

2개월

- **부분운동** 주먹을 조심스럽게 쥐었다 폈다 한다. 장난감 등의 물체를 몇 분 동안 쥐고 있을 때도 있다.
- **전신운동** 안쪽으로 구부리고 있던 다리를 곧게 펴기 시작한다. 고개를 들어올리려 애쓴다. 반사운동 중 일부가 사라지기 시작한다.

3개월

- **부분운동** 움직이는 물체를 향해 손을 휘젓기도 한다. 누워 있을 때는 두 팔을 똑같이 잘 움직일 수 있어야 한다.
- **전신운동** 딱딱한 표면에 세워 주면 발로 힘차게 밀어젖힌다. 엎어 놓으면 머리와 가슴을 들어올리려 한다. 엉덩이와 무릎관절이 유연해지면서 발로 차는 힘이 강해진다.

4개월

- **부분운동** 팔을 쭉 뻗는다. 딸랑이 장난감을 움켜쥐고 입에다 넣는다.
- **전신운동** 체중을 좌우로 이동하는 법을 배워 몸을 뒤집는다. 상체와 팔의 힘이 강해진다. 부축해 주면 앉아 있을 수도 있다. 균형을 잡기 위해 기댈 때가 많다.

5개월

- **부분운동** 물체를 한 손에서 다른 손으로 옮길 수 있다. 병을 붙들 수 있다.
- **전신운동** 팔다리, 머리, 목을 조절하는 능력이 커진다. 엎드려 있는 동안 머리를 들고 있을 수 있다. 엎드린 상태에서 몸을 흔들어댄다. 누워서 쉴 때 손으로 발을 붙잡고 입으로 가져간다.

6개월

- **부분운동** 앉아 있을 때 마치 갈퀴질하듯 팔을 내밀었다 당겼다 하는 동작을 한다.
- **전신운동** 어느 쪽으로도 구를 수 있다. 복부와 등 근육이 강해져 앉아 있는 동안 균형을 유지한다. 엎드린 상태에서 발로 밀어젖히며 앞으로 전진할 수 있다.

7개월

- **부분운동** 두 손을 꼭 쥐며 물체 때리기를 좋아한다. 한손으로 장난감을 쥘 수 있다.
- **전신운동** 두 발에 전 체중을 실을 수 있고, 깡충깡충 뛰려 한다. 베개로 받쳐 주면 앉아 있을 수 있다. 앉은 상태에서 물체를 집기 위해 몸을 돌릴 수 있다. 두 팔로 몸을 밀어올리면서 앉을 수도 있다.

8개월

- **부분운동** 손가락을 마음대로 움직이면서 물건을 떨어뜨리거나 던진다.
- **전신운동** 근육조절능력이 향상된다. 기어다니기 시작하는데, 처음에는 뒤로 움직일 때가 많다. 팔다리를 이용하는 대신 엎드린 채 재빨리 움직이는 아기들도 있다.

9개월

- **부분운동** 그릇 같은 데 물건들을 집어넣은 후 다시 집어낸다. 장난감 표면의 구멍에 손가락을 집어넣거나 바퀴 혹은 레버 등 움직이는 부분이 있는 장난감을 좋아한다.
- **전신운동** 생후 1년이 가까워지면서 가구를 붙잡아 당기며 몸을 일으켜 세운다. 서 있는 상태에서 무릎을 구부려 앉는 법을 배운다.

10개월

- **부분운동** 크레용을 쥐고 제멋대로 낙서한다. 작은 물체에 호기심을 갖는다.
- **전신운동** 가구를 붙잡고 걷기 시작한다. 붙잡아 주지 않아도 서 있거나 한두 발짝 걷는 아기도 있다. 앉은 자세가 안정돼 있다.

11개월

- **전신운동** 책장 넘기기를 좋아한다. 방 문의 경첩에 관심을 보이며 문을 앞뒤로 흔들어 보기도 한다.

12개월

- **전신운동** 첫돌쯤 되면 걷기 시작한다. 좀 더 일찍, 혹은 늦게 걷기 시작하는 아기도 있다. 처음엔 걷는 자세가 불안정하다. 넘어질 때가 많고, 가구 등에 부딪히기도 한다.

13개월

- **부분운동** 집게손가락으로 사물을 가리킨다. 엄지와 집게손가락으로 작은 물체를 정확히 집어 올린다.
- **전신운동** 두 다리를 벌린 채 팔자걸음을 하기도 한다. 걸을 때 균형을 잡기 위해 두 팔을 이용한다.

14개월

- **부분운동** 한 손으로 두세 개의 물체를 쥔다. 그릇을 뒤집어 내용물을 쏟아낸다.
- **전신운동** 서 있는 상태에서 상체를 구부려 장난감을 집어 들고 다른 쪽으로 운반한다.

15개월

- **부분운동** 장난감 블록을 쌓아올린 후 다시 무너뜨린다.
- **전신운동** 두 손과 무릎을 이용해 계단을 올라간 후 기거나 미끄럼을 타며 내려온다. 걷는 동안 장난감을 밀거나 당긴다.

16개월
- **부분운동** 둥근 나무토막을 구멍 속에 정확히 끼워 맞춘다. 물건들을 서로 끼워 맞추려 한다.
- **전신운동** 공을 발로 차려고 하지만 제대로 못하고 공 위에 발을 얹어놓은 형태가 된다. 옆으로, 혹은 뒤로 걷는다. 흥분하면 걸음이 빨라진다.

17개월
- **부분운동** 공을 다른 사람에게 굴려 주거나 던질 수 있다. 규칙적으로 컵을 들고 물을 마실 수 있다.
- **전신운동** 걷다가 멈추거나 방향 전환을 할 수 있다. 유모차를 타기보다는 자신이 직접 밀고 다니는 것을 좋아한다.

18개월
- **부분운동** 다양한 형태의 블록들을 구분해 해당되는 구멍 속에 끼워 맞출 수 있다. 간단한 장난감을 분해한 후 다시 조립한다. 지퍼를 내릴 수 있다.
- **전신운동** 걸을 때 두 다리를 모아서 걸을 수 있다. 걸음새가 훨씬 자연스러워지며, 부모와 함께 계단을 걸어 올라갈 수 있다.

19개월
- **부분운동** 서너 개의 블록을 쌓아올린다. 새로운 물체나 장소를 유심히 살핀다. 혼자 침대에서 내려오고, 양말이나 신발을 벗을 수 있다.
- **전신운동** 잠시도 가만있지 못하고 종종걸음으로 돌아다니거나 기어오르고 달리며 모험을 즐긴다.

20개월
- **부분운동** 공을 던질 때 손을 어깨 뒤로 젖혔다가 앞으로 던질 수 있게 된다.
- **전신운동** 넘어지지 않고 제대로 공을 찰 수 있다. 철봉에 매달리기를 좋아한다. 성인용 의자에 기어오른 후 돌아앉을 수 있다. 달리는 모습이 아직 자연스럽지 못하고 멈추거나 모퉁이를 도는 데 서툴다. 두 발로 동시에 점프하기를 시도하지만 두 발이 바닥에서 떨어지지 않는다.

21개월
- **부분운동** 책장을 한 번에 한 쪽씩 넘길 수 있다. 손가락이나 큰 크레용으로 제멋대로 낙서하기를 즐긴다. 아주 작은 물체, 특히 벌레들을 유심히 살펴본다. 왼손잡이, 오른손잡이가 구별된다.
- **전신운동** 걸을 때 장애물을 피하기 위해 발 앞쪽을 살펴본다. 난간을 붙들고 계단 하나에 두 발을 올려놓는 형태로 혼자 계단을 걸어 올라갈 수 있다.

22개월
- **부분운동** 혼자 신발을 신을 수 있지만 짝짝이로 신을 때가 많다. 자동차 안전벨트를 매려고 시도한다.
- **전신운동** 걷기와 달리기, 혹은 앉기와 서기 동작을 자연스럽게 전환시킬 수 있다. 그네타기 등 각종 놀이를 즐긴다.

23개월
- **부분운동** 진흙을 갖고 놀기를 좋아한다. 어른들이 가르쳐 주면 서툴긴 하지만 원을 그릴 수 있다.

- **전신운동** 운동조절능력이 향상된다. 걸어다니는 것보다는 달리기를 더 좋아한다. 혼자 식탁에 앉거나 자동차에 올라탄다. 유아용 농구골대에 공을 던져 넣는다.

24개월
- **전신운동** 움직임이 훨씬 유연해진다. 서 있는 자세가 더 안정되고 넘어지는 경우가 줄어든다. 혼자 계단을 걸어서 오르내리는 아이들이 있는 반면, 아직은 기어오르는 것을 더 편안하게 느끼는 아이들도 있다. 음악에 맞춰 춤추는 것을 좋아하는가 하면 박자에 맞춰 몸놀림하는 법을 배울 수 있다.

25~29개월
- **부분운동** 손가락·손바닥·손목의 움직임을 조절하는 법을 배운다. 뚜껑을 돌려 열거나 문고리를 돌려 열고 구겨진 종이를 펼친다.
- **전신운동** 끊임없이 움직인다. 다른 사람에게 쫓기는 놀이를 좋아한다. 놀이터에서 미끄럼타기·그네타기·뛰어다니기를 즐긴다. 세발자전거를 타는 아이도 있다. 발끝으로 걷는 법을 배우고 한 발로 서 있기도 한다. 층계의 계단 수를 세며 마지막 계단을 뛰어내린다. 양발로 제자리 뛰기를 시도하지만 아직 서툴다.

30~36개월
- **부분운동** 연필을 손에 제대로 쥐는 법을 배운다. 백묵과 크레용으로 그림 그리기를 좋아한다. 수직선이나 수평선을 그리는 흉내를 내지만 두 직선을 교차시키는 그림을 그리는 데는 서툴다. 부모의 도움으로 작은 가위를 사용할 수 있다. 간단한 조각그림 맞추기를 할 수 있다. 간단한 악기를 연주할 수 있을 정도로 근육조절능력이 향상된다.
- **전신운동** 걷는 모양이 어른들처럼 더욱 자연스러워진다. 두 발로 동시에 껑충껑충 뛰거나 종종걸음으로 빨리 걷는 등 새로운 형태의 동작을 즐겨 한다. 계단을 오를 때 두 발을 교대로 이동한다. 이동하면서 여러 가지 동작을 동시에 할 수 있다. 예컨대 달리면서 공을 던지거나 걸으면서 아이스크림을 먹을 수 있다. 앞으로 넘어지지 않고 윗몸을 굽힐 수 있다. 공을 발로 차서 의도한 방향으로 보낼 수 있다. 스탠드 같은 것 위에 공을 얹어놓으면 방망이로 맞힐 수도 있다. 세발자전거를 제대로 탈 수 있다.

> **Tip**
> **흉내 내기로 시작하는 아기의 운동 발달, 시각장애아는 어떻게 걷는 것을 배울까?**
>
> 시각장애아도 걷는 것을 배울 수 있다. 걸음마는 누구를 흉내 내는 것이 아니라 해부학적, 생리학적으로 성숙한 단계에 도달하면 신경 시스템이 걷는 기술을 스스로 터득하기 때문이다.

인지 발달

아기들이 타고나는 학습력은 어른들이 상상하는 것 이상으로 빠르고, 과학적이며, 체계적이다. 여기에 정상적인 운동 발달과 감각 발달, 안정적인 부모와의 애착관계가 더해지면 인지능력은 놀라운 속도로 발달한다. 과연 아기는 어떤 시기에 어떤 단계를 거쳐 인지능력을 발달시키는 걸까.

시기	발달 수준
1개월	일정한 간격으로 엄마가 젖을 준다는 것을 알기 시작한다.
2개월	울면 안아줄 것이라는 연상이 가능한 시기.
	외부 자극에 대한 의식 또한 증가한다.
3개월	거울에 비친 자신의 모습을 보고 싱긋 웃는 등 반응을 보인다.
	젖을 빨다가도 엄마 목소리가 들리면 발로 반응한다.
4개월	낯선 장소와 사람을 감지한다.
	누가 누구인지 분간하기 시작한다.
	엄마를 조금씩 알아보기도 한다.
5개월	물건을 떨어뜨린 뒤 엄마나 아빠가 어떻게 하는지 유심히 관찰한다.
	물건이 어디서 어디로 떨어지는지 가만히 지켜본다.
	사물의 일부만 보고 전체를 상상할 수도 있다.
6개월	원인과 결과를 인식하기 시작한다.
7개월	레고 블록 같은 장난감을 크기대로 분류할 수 있다.
	숨바꼭질을 하거나 다른 사람이 들고 나는 것을 바라보며 기억력이 좋아진다.
	도깨비상자에서 노래가 그치면 안에 있는 물건이 불쑥 튀어나온다는 사실을 기억할 수 있다.
9개월	누군가 방 밖으로 나가면 다시 돌아올 것이라 생각한다.
10개월	사물의 크기를 측정할 수 있다.
13개월	장난감 전화를 진짜 전화처럼 사용하는 등, 어른들의 행동을 흉내 내면서 사물의 기능을 파악한다.
14개월	행동으로 어떤 반응을 불러일으킬 수 있음을 안다.
18개월	'지금'이라는 개념을 파악하는 시기이다.
	아이에게 간단한 질문을 던지면 의사결정능력이 향상된다.

19개월	원인과 결과는 의식하고 있을지 모르나 잠재적 위험에 대해서는 잘 모른다. 문이 열리고 닫히는 것은 알지만, 문틈에 손이 끼일 수 있다는 사실은 모르는 것과 같다.
20개월	보거나 만지지 않고도 낯익은 사물이나 사람을 생각해낼 수 있다.
21개월	기억력이 향상돼 제대로 된 연상을 할 수 있다. 가족 구성원의 신발을 정확히 알아맞히기도 한다.
22개월	그림책이 거꾸로 되어 있을 경우, 거꾸로 되어 있다는 것을 안다. 책장을 한 번에 한 쪽씩 넘기는 법을 안다.
23개월	간단한 지시는 곧잘 따르지만 주의력이 오래 가진 않는다.
24개월	'조금 이따', '밥 먹고 나서' 등의 의미를 파악할 수 있다. 하지만 긴 시간에 대한 개념 파악은 아직 힘들다.
25~29개월	머릿속으로 문제를 해결하기 시작한다. 개 한 마리, 두 마리 하는 식으로 배열의 개념을 이해한다. 고양이는 동물이라는 식의 분류가 가능하다.
30~36개월	사물 간의 관계를 이해한다. 장난감을 모양이나 색깔에 따라 분류할 수 있다. 3세에 접어들면 편파적이긴 하지만 논리적인 사고방식을 갖추게 된다. 하지만 문제를 양면 혹은 입체적으로 파악하는 능력은 아직 없다. 읽기나 그리기에 관심을 보인다. 다른 사람에게 자신의 나이를 말해 줄 수 있지만 1년이란 시간이 얼마나 긴 시간인지는 모른다.

Tip
최적의 연령별 학습 단계는 언제일까?

각기 다른 부위의 두뇌 회로는 각각 다른 시기에 완성된다. 따라서 연령별 경험이 중요하다. 최적의 연령별 학습 단계를 소개한다.

연령	학습 단계
0세	감정 제어, 시각, 어휘, 사회적 애착
1세	제 2의 언어, 산술, 논리
3세	음악

대상영속성이란?

정상적인 인지능력 발달을 위해 필요한 대상영속성은 사물이 눈앞에 보이지 않거나 만질 수 없을 때에도 여전히 존재한다는 사실에 대한 지식을 말한다. 대상항구성이라고도 한다. 월령별에 따른 대상영속성의 발달 양상을 알아보자.

시기	발달 양상
0~2개월	대상영속성의 개념이 전혀 없다. 대상이 시야에서 사라지면 더 이상 관심이 없으며 보는 것을 중단하고 다른 행동을 한다.
1~4개월	대상영속성 개념이 아주 약하게 나타난다. 대상이 시야에서 사라진 곳을 잠시 바라보지만, 능동적으로 찾으려 하진 않는다.
4~8개월	대상영속성 개념이 형성되기 시작하면서 주변의 물체가 보이지 않아도 어딘가에 존재한다는 사실을 조금씩 이해하고 능동적으로 찾는 행동이 나타난다.
8~12개월	사물을 적극적으로 찾으려 노력하고, 사라진 자리에서는 즉시 찾아낼 수 있다. 하지만 이 시기는 일종의 습관으로 물건을 찾는 시기라 할 수 있다.
12~18개월	영아가 볼 수 있는 공간에서의 사물 이동은 이해할 수 있지만, 자신이 볼 수 없는 공간에서 이동한 대상에 대해서는 아직 표상능력을 갖추지 못했기 때문에 정확한 위치에서 찾을 수 없다.
18~24개월	대상영속성 개념이 완전히 발달해 눈앞에 없는 사물의 상에 대한 내적 표상이 가능하다. 모든 사물들은 자신과 분리되어 있고 영속적으로 존재함을 이해한다.

애착 발달 단계

안정애착유형아는 낯설거나 복잡한 대상에 대해 보다 적극적인 탐색행동을 보이며 문제해결능력, 과제지속력 등에서도 불안정애착아와 현격한 차이를 보인다. 그렇다면 애착은 어떤 단계를 거쳐 발달하는 것일까.

단계	시기	발달 양상
1단계	3개월	애착관계가 고정되어 있지 않다. 누구라도 곁에 있으면 편하고, 곁에 없으면 불안하다.
2단계	3개월~6개월	낯익은 사람에게 초점을 맞춘다. 낯선 사람을 경계한다.
3단계	6개월~3세	애착 대상에 가까이 가려고 하는 적극적인 자세를 보인다.
4단계	3세 이후	부모의 목표, 감정, 생각을 이해하게 되고 행동을 이에 맞춘다. 이로부터 복잡하고 풍부한 관계가 발달한다.

언어 발달

이미 뱃속에서 엄마 목소리를 듣고 태어난 아기는 생후 4일이면 서로 다른 언어를 구분하고, 일정 시기가 되면 굳이 애쓰지 않아도 자연스럽게 언어를 습득한다. 물론 개인차는 있지만 대개 3세쯤이면 웃음이나 울음을 터뜨리듯 자연스럽게 말문이 터지는 것이다. 어느 날 갑자기 아기의 입에서 수많은 단어들을 쏟아내기까지, 아기의 언어능력은 과연 어떤 단계를 거쳐 발달하는 걸까.

시기	발달 수준	자극 방법
1개월 이전	말이 아닌 짧은 외마디 소리를 낸다.	
1개월	후음喉音을 속삭임처럼 소리 내며, 사람 음성에 반응한다. 무분별하게 웃고 옹알이를 한다.	간단하고 경쾌한 문장을 사용해 아기의 이름을 불러라.
2개월	울음으로 의사를 전달한다. 끙끙거리던 소리는 '우~아~' 하는 식으로 모음에 가까운 형식을 취한다.	
3개월	다른 사람의 말을 들으면 소리 내고 싶은 자극을 받는 시기로, 훌쩍거리거나 길고 높은 소리로 울기도 하고 때론 싱긋 웃기도 한다.	
4개월	혼자 혹은 다른 사람들에게 끊임없이 옹알거린다. 질문하듯 소리를 높이기도 한다. 타인의 미소에 반응하며 따라 웃는다.	아기의 소리를 흉내 내면서 관심을 보여 줘라.
5개월	다른 사람의 입을 유심히 바라보며 억양을 흉내 내려 한다. 간혹 'ㅁ'이나 'ㅂ' 같은 자음을 발음하는 아이도 있다.	
6개월	입 모양을 바꿔 새로운 소리를 낸다.	아기들이 쓰는 유아 용어가 아닌 성인 말을 주로 사용하라.
7개월	단숨에 여러 음을 내기도 한다. 각기 다른 음색과 억양을 인식한다. '마', '바' 소리를 낸다.	
8개월	좀 더 폭넓은 음을 흉내 낼 수 있다. 귀에 익은 소리가 들리면 머리나 상반신을 움직여 반응한다.	특정 어구에 반응하는 법을 알고 있다. 이를 테면 '와~, 크다' 하는 말에 두 손을 벌리는 식이다.

시기	발달 수준	자극 방법
9개월	자기 이름이나 '안 돼' 하는 말들에 반응을 보인다. '엄마, 아빠' 소리를 내기도 한다. 다른 사람들의 대화에 귀를 기울이거나 기침 소리 같은 걸 흉내 내기도 한다.	
10개월	말에 행동을 곁들이기 시작한다. '빠이빠이' 하며 손을 흔들거나, '안 돼' 하면서 머리를 가로젓는 식이다. 한두 단어를 말할 수 있다. 어른들의 억양을 모방한다.	
11개월	행동뿐만 아니라 단어까지 흉내 낸다. 각기 다른 상황에서 각기 다른 단어가 쓰임을 이해한다. 그러면서 단어의 뜻을 파악하기 시작한다.	까꿍놀이를 통해 아기의 기억력에 자극을 줘라.
12개월	자신만 아는 짧은 문장을 옹알거리기 시작한다. 어조와 억양을 제때에 그럴 듯하게 활용할 줄 안다. 2~8개의 단어를 말할 수 있다. 엄마, 아빠를 정확하게 발음한다. '안 돼' 라는 말을 알아듣는다.	
13개월	단어를 완벽하게 발음할 수는 없지만 그것이 무엇을 뜻하는지는 알고 있다. '무' 라고 말하며 물을 가리키는 것과 같다.	
14개월	같은 음의 반복이나 가락을 좋아한다. 행동으로 자신의 욕구를 표현한다. 책을 읽어달라는 말 대신 책을 가져오는 식이다.	
15개월	'이리 온' 하는 간단한 명령에 반응한다. 엄마가 뭐라고 말하면 눈에 익은 사물을 가리키기도 한다. 신체 주요 부위의 이름을 기억한다. 3~5개 단어를 적절히 사용한다.	주변 사물과 일상 행동에 단어를 일일이 갖다 붙여 아기의 연상능력에 자극을 줘라.
16개월	예닐곱 개의 단어를 똑똑히 발음한다. 낱말 게임이나 노래 부르기를 즐긴다.	
17개월	욕구를 표현하기 위해 낱말을 사용하기 시작한다. 업어달라는 표시로 '어부바' 를, 책 속에 있는 그림을 손으로 가리키기도 한다. 말할 수 있는 단어보다 훨씬 많은 단어의 의미를 알고 있다.	아이에게 천천히 말을 건네 아기가 반응할 수 있는 시간적 여유를 줘라.

시기	발달 수준	자극 방법
18개월	어휘력이 급증하는 시기. 하루 12개나 되는 단어를 습득하기 시작한다. 질문을 받으면 자기 몸이나 옷의 부분을 가리키기도 한다. 자기 이름을 말할 줄 알고 그림을 보고 이야기하는 흉내를 낸다.	아이에게 간단한 질문을 던지면 의사결정능력이 향상된다.
19개월	자신의 생활에 중요한 낱말이나 사물에 몰두한다.	
20개월	생후 2년이 돼 갈 즈음, 모든 사물에 이름이 있다는 걸 안다. 끊임없이 '저게 뭐야?'라고 묻는다. 두 단어를 결합시킬 줄도 안다.	아이에게 말을 강요하지 말라. 몸짓을 보완해줄 수 있는 단어를 들려주는 게 좋다.
21개월	간단한 말로 조심성을 길러 줘야 할 시기이다. '뜨겁다'란 의미와 함께 '위험하다'는 의미를 알려 준다.	
22개월	간단한 이야기를 즐겨 듣는다. 얘기를 이끌어가며 간단한 단어로 자신의 감정이나 생각을 표현하기 시작한다.	
23개월	간단한 단어를 사용하여 좌절이나 분노를 표현한다. 간혹 자신의 감정을 전달하기 위해 그에 맞는 표정을 짓거나 소리를 지르기도 한다.	아이와 진지한 대화를 나눠라. 아기의 말에 건성으로 반응하지 말 것. 자기 말을 듣지 않는다고 생각할 수 있다.
24개월	2백 단어 이상의 어휘력을 갖춘 아이도 있다. 어른의 억양, 행동을 흉내 낸다. 짧은 문장을 말할 수 있고, 대명사를 사용하여 낯익은 사람의 이름을 댄다. 간단한 심부름도 가능하다.	
25~29개월	어휘력이 급증, 명사와 동사의 결합, 서너 개의 단어로 된 문장을 구성한다. 대명사를 비롯, 여러 품사를 구사한다. '왜'라는 질문을 하기 시작한다. 남이 말하는 것에 관심이 많다.	아이의 관심을 지속시키기 위해 사물을 만지고 지적하는 데 도움이 되는 책을 사용하라.
30~36개월	2~3개 단어로 이뤄진 명령을 이해한다. 이야기의 흐름을 이해하고 책 속에 담긴 많은 개념을 기억한다. 색깔 이름을 제대로 알아맞히는 아이도 있다. 제법 많은 단어를 사용해 문장을 만들 수 있고, 언어 사용에 자신감을 보인다.	아이에게 완벽한 어법을 기대하지 말 것. 행여 아이가 말을 더듬을 경우 조용하고 정확하게 시범을 보여라. 천천히 말하되 아이가 말을 잘 못한다는 사실에 주눅 들지 않도록 조심하라. 아이가 여러 단어로 감정을 표현할 수 있도록 도와줘라.

월령별 어휘력 발달

시기	알고 있는 단어 수	말할 수 있는 소리
4~7개월		'이~이', '우~우' 같은 모호한 소리
7~9개월		'맘마', '다다'와 같은 음절 소리
12개월	3개	여러 낱말
18개월	22개	
18~20개월		낱말의 조화
2년	272개	문장
3년	896개	

베이비 사인 3단계

- **1단계 _ 아기가 말 없는 동작에 관심을 기울인다** 아이에게 처음 베이비 사인을 가르치는 단계로, 엄마가 코를 찡그린 채 킁킁 대면서 정원의 꽃을 가리키면 아이들은 그 동작을 유심히 관찰한다.
- **2단계 _ 부모가 표현하는 사인을 아이가 이해한다** 아이는 자신이 말할 수 있는 것보다 더 많은 단어를 이해하고 있다. 부모가 강아지 사인을 하면 아이는 강아지 쪽을 본다. 혹은 부모가 입술을 움직여 쪽쪽 소리를 내면 장난감 물고기를 가져온다. 아이가 베이비 사인의 의미를 이해한다는 증거이다.
- **3단계 _ 아기가 베이비 사인으로 말하려고 노력한다** 발달의 가장 중요한 증거는 아이가 처음으로 베이비 사인을 시도하는 것이다. 서툴지만 해냈다면 열렬한 반응을 보여 주는 것이 좋다.

언어 발달의 적신호

시기	현상
0~3개월	말이나 의성어를 사용해 얼러도 돌아보지 않는다.
4~6개월	초인종 소리, '안 돼'라는 말에 반응하지 않는다. 옹알거리지 않는다.
7~12개월	자신의 이름을 불러도 돌아보지 않는다. 다른 사람의 말에 귀를 기울이거나 흉내 내지 않는다.
1~2세	그림책 속의 사물 이름을 가르쳐 줘도 무엇을 가리키는지 알 수 없어 지적하지 못하며, '강아지 어디 있지?'와 같은 간단한 질문에 답하지 못한다.
2~3세	위아래를 구분하지 못한다. '물컵을 집어 이리로 가져올래'와 같이 한꺼번에 두 가지를 시키면 제대로 처리하지 못하고, 두세 개의 단어를 연결하는 것을 힘들어 한다.
3~4세	'누가, 무엇을, 어디서'가 들어간 간단한 물음에 답하지 못한다. 음소를 정확하게 발음하지 못하며 가족 외의 사람들은 알아듣지 못하는 말을 한다.

행동 발달

아기는 자라면서 스스로 생각하고 사물을 인지하는 능력을 습득한다. 반사적인 행동에서 의식을 갖고 자신을 표현하는 행동으로 변모해가는 것이다. 신생아에서 36개월까지, 아기의 행동 변화에는 어떤 것들이 있을까?

시기	발달 수준
1개월	큰 소리, 밝은 색 무늬에 자극받고 반응한다. 안고 흔들어 주면 울음을 멈추기도 한다.
3개월	사람을 보고 웃기도 하고, 때로는 자면서 웃는 경우도 있다.
4개월	신나게 노는 것을 방해하면 운다. 무슨 장난감이든 주는 대로 받아 살펴보는 시기로 수동적으로 행동한다.
5개월	물건 집는 방법을 터득한다. 더불어 자기 주장이 더욱 세진다.
7개월	부모의 말을 듣지 않는 경우가 종종 생긴다.
8개월	거울에 비친 자기 모습을 보고 웃거나 어루만지며 입을 맞추기도 한다. 실제의 자신과 거울의 영상을 구분할 수 있는 시기이다.
11개월	낯선 곳에 갈 때면 항상 들고 다니는 담요나 인형이 생기기 시작하는 시기.
13개월	쫓고 도망치는 놀이를 까르르 웃으며 즐긴다. 부모가 항상 자기 곁에서 돌봐 주기를 기대하며 요구사항 또한 많아진다.
14개월	걸음마를 배우기 시작하면서 더욱 공격성을 띤다. 화가 나면 물건을 집어던지기도 한다.
16개월	말 대신 손짓을 하기도 하고, 거부의 표시로 몸을 돌리기도 한다.
18개월	좌절을 느끼면 신경질을 부린다. 이 시기의 아기는 선과 악, 규칙, 경고 등에 대한 이해가 완벽하지 않아 충동적으로 행동하는 경우가 있다.
19개월	외출하기를 좋아하며 새로운 환경에 호기심을 느낀다.
20개월	흉내 놀이를 통해 주변에서 일어나는 일을 모방해 표현한다.
24개월	시행착오를 통해 규칙을 배운다.
25~29개월	모든 사람들이 자신처럼 생각하고 행동한다고 느낀다. 성이 나거나 좌절감을 느끼면 심하게 투정을 부린다.
30~36개월	무엇이 되고 무엇이 안 되는지를 이해하기 시작한다.

사회성 발달

아기는 생후 1년 동안, 엄마가 낯선 세상에서 자신을 지켜줄 유일한 보호막이란 사실을 감지한다. 그리고 엄마와의 관계를 교과서 삼아, 또래관계를 비롯한 다양하고도 새로운 관계들을 만들어간다. 아기의 사회성이 빛을 발하는 시기가 된 것이다. 아기와 타인과의 관계, 아기의 사회성 발달과정을 월령별로 체크해 보자.

시기	발달 수준
1개월	부모의 목소리를 인식하기 시작하는 시기로 상대방과 눈을 맞출 수 있다.
3개월	엄마가 방을 나갈 때 우는 소리와 다른 사람이 방을 나갈 때 우는 소리에 차이가 난다. 주변 사람들을 구별하기 시작하며 특정한 사람을 더 좋아하기도 한다.
4개월	울음 혹은 딸랑이를 내던지는 식으로 부모의 관심을 끌려고 한다.
6개월	낯선 사람을 보면 무서워한다. 다른 아기들에게는 우호적으로 대한다.
7개월	친한 사람을 껴안거나 입을 맞추며 안아달라고 손을 쳐드는 경우도 있다.
8개월	혼자 가만히 앉아 있는 것을 싫어한다. 기는 것을 배울 때쯤이면 부모와 떨어지는 것을 무서워하며 낯선 사람을 만났을 때는 부모의 가슴에 얼굴을 묻기도 한다.
9개월	친한 사람과는 장난을 치고 칭찬을 받으면 같은 행동을 되풀이한다. 돌이 될 즈음엔 상대방의 기분을 파악하고 표정을 흉내 내거나, 우는 사람을 보면 따라 울기도 한다.
10개월	무엇이 허용되고 허용되지 않는지를 이해하기 시작한다.
11개월	다른 사람의 동작과 소리를 흉내 내며, 형제자매 사이에서 자기 존재를 과시하기도 한다.
14개월	혼자 놀기를 좋아할 수도 있는 시기이지만 여전히 사람들이 자신을 봐주는 것을 좋아한다.
15개월	자신을 좋아하는 사람 혹은 친한 사람이 안 보이면 찾기도 한다. 다른 사람에게 자기 장난감을 주기도 하지만 곧 돌려받기 원한다.
16개월	화가 나면 부모를 때리기도 한다.
17개월	부모의 말에 정확하게 대응한다. 꾸중을 들으면 울고 칭찬을 들으면 미소 짓는다.
18개월	친근감을 표시하고 싶을 때 무릎에 털썩 앉는 등 아직 독점의식이 강하다.
19개월	여러 친구들과 같이 노는 아기들도 있지만 혼자 노는 아기도 있다.

20개월	만약 새로운 보모를 만났다면 점차 적응해가는 시기. 하지만 여전히 엄마에게서 떨어지지 않으려 한다.
21개월	여전히 장난감에 집착하지만 다른 사람의 물건을 갖겠다고 고집하지는 않는다.
22개월	언어능력이 향상되고 의사소통이 원활해지면서 친구를 도울 줄도 알게 된다. 친구들이 있는 곳에서도 혼자 놀기를 즐길 수 있다.
23개월	형제자매를 모방하고 따른다.
24개월	자신의 장난감을 빌려 주기도 하고 흉내 놀이를 통해 다른 아이들의 행동을 모방하면서 또래 친구들과 잘 논다. 동생이 태어나면 질투를 하거나 퇴행현상을 보이기도 한다.
25~29개월	형이나 누나가 차지하는 역할이 커지고 집단놀이를 즐기게 되며 친구 개념이 싹튼다.
30~36개월	아이 자신이 한 가족의 구성원이라는 사실을 인지한다. 친한 사람에게 동정심을 느끼고 놀이의 중심을 고집하며 사람들의 관심을 받고 싶어 한다. 유아원에 보낼 준비를 한다. 유아원에 보내면 부모와 떨어지는 것 때문에 심한 불안을 느낄 수 있지만 유아원에서 규칙에 따르는 법과 협동심, 그리고 집을 떠나 몇 시간 정도를 지내는 법을 배우는 것도 좋다.

Tip
적절한 건강 진단 시기는?

생후 6개월까지는 매월 의사의 진찰을 받는 것이 좋다. 특히 이때까지는 체온 조절 기능이 미숙하고 면역력이 약하기 때문에 감기에 걸리기 쉽다. 꾸준히 예방접종 일정을 체크하면서 첫돌이 되면 신체 전반에 걸친 검진과 체중 증가와 운동능력 등을 함께 체크하는 것이 좋다. 15개월 정도가 되면 시각과 청각 검진을 받아본다. 치과 검진은 만 2세를 시작으로 6개월마다 정기 검진을 받는 것이 좋다. 특히 귀가 아프거나 열이 나는 경우는 꼭 의사의 진찰을 받아봐야 한다. 자칫하면 치료시기를 놓칠 수 있다.

월령별 습관 & 감정 변화

아기는 태어날 때 지닌 몇 가지 뛰어난 시스템을 이용해 다양하고 새로운 정보들을 받아들인다. 그러면서 자신이 처한 환경에도 점차 적응해간다. 이때 다양한 습관들이 자리 잡는데, 식사, 잠자리, 소소한 생활습관 등이 그것이다. 다양한 행동과 습관, 그리고 감정의 변화에는 어떤 것들이 있을지 월령별로 체크해 보자.

식사 습관

- **1개월** 한 차례에 100cc 가량의 젖을 먹는다. 하지만 개인차가 있으므로 아기의 상태에 따라 조절하는 것이 좋다.
- **3개월** 젖 먹을 시간이 되면 입맛을 다신다.
- **4개월** 수프나 과즙 대신 곡물로 된 이유식을 먹여도 되는 시기. 하지만 너무 서두르지 않는 것이 좋다. 중요한 건 아기의 상태를 봐가면서 서서히 먹여야 한다는 것이다.
- **5개월** 고기와 녹황색 채소 등 철분이 많이 함유된 재료를 사용한 이유식을 먹는다. 이때 아기는 젖을 먹을 때 딴전을 피우거나 두리번거리기도 한다.
- **6개월** 먹는 횟수가 줄어, 하루 세 차례의 식사와 영양분 섭취를 위한 간식 정도만으로도 하루 섭취량을 충당한다.
- **7개월** 식품에 대해 알레르기 반응을 보일 수도 있다. 운동량이 늘어나 체중의 증가가 둔감해진다.
- **8개월** 컵을 사용해 음료를 마실 줄 안다. 음식은 씹지 않아도 목에 걸리지 않고 잘 넘길 수 있도록 갈거나 부드럽게 만들어 먹인다.
- **10개월** 하루 750~900칼로리의 열량이 필요한 시기로, 그 절반 이상을 모유나 유아식에서 섭취한다.
- **11개월** 무엇이든 손으로 집어먹을 수 있다. 부드럽고 파삭한 음식을 좋아한다.
- **12개월** 혼자서 먹으려 한다. 수저를 쥘 수는 있지만 입 안에 잘 집어넣지는 못한다.
- **13개월** 좋아하고 싫어하는 음식을 확실히 가린다.
- **14개월** 하루 약 1000칼로리가 필요하다. 우유의 양은 줄어들지만 고형 음식으로 영양을 보충한다.
- **17개월** 식사 때 한눈을 팔기 쉽다. 자극적이지 않고 달착지근한 것을 좋아한다.
- **18개월** 숟가락을 곧잘 사용한다. 충치 예방을 위해 설탕이 많이 든 음식은 피하는 것이 좋다.
- **19개월** 뜨거운 음식을 먹을 때는 '후' 하고 불며 먹는다. 뼈의 성장에 필요한 칼슘 성분을 섭취하

- **20개월** '더 줘요, 다 먹었어요' 등 식사와 관련된 말을 할 수 있다.
- **22개월** 목이 마르면 제 스스로 컵을 내밀어 의사 표현을 한다.
- **24개월** 숟가락이나 포크를 사용해 음식을 먹을 수 있는 시기다.
- **25~29개월** 다른 가족들과 같은 음식을 먹어도 괜찮을 시기이지만 영양의 균형을 제대로 유지하려면 식단에 좀 더 신경 쓰는 것이 좋다. 또한 '밥을 다 먹으면 과자를 줄게' 하는 식으로 음식 섭취를 유도하는 것은 바람직하지 않다.
- **30~36개월** 아직 입맛이 고르지 못하다. 식기를 똑바로 사용하고 식사가 끝날 때까지 자리를 지키는 것 등 테이블 매너와 음식을 잘 씹도록 가르쳐야 하는 시기이다. 포크를 제대로 사용할 수 있다.

잠자리 습관

- **2개월** 별다른 이유 없이 크게 우는 일이 잦다. 이런 현상은 생후 3개월 즈음이 되면 사라진다.
- **5개월** 낮잠은 하루 두 번 정도 자고, 밤에는 울지 않고 푹 잔다.
- **7개월** 대개 잘 자지만 배가 고프거나 통증이 있을 때는 깨기도 한다.
- **8개월** 잠잘 시간에는 너무 흥분하지 않도록 적절히 조절해 줘야 한다.
- **9개월** 부모와 떨어지는 게 불안해 잠들지 못하는 경우가 있을 수 있다. 엄지손가락을 빨거나 부드러운 장난감을 안고 자면 편안해 하기도 한다.
- **12개월** 낮잠을 자기 싫어하는 아이나 밤에 자지 않으려는 아이도 있다.
- **15개월** 오전 중에 낮잠을 자는 일이 줄어든다. 하지만 낮잠은 여전히 필요하다. 만약 아기가 자는 동안 몸을 자주 뒤척인다면 침대 주변에 쿠션을 대어 주는 것이 좋다.
- **17개월** 잠잘 시간이 됐지만 너무 피곤해 제대로 잠들지 못하는 아이가 많다. 실제로 1~2세 아동 중 쉽사리 잠들지 못하는 아이가 절반 이상이라고 한다.
- **18개월** 잠이 오면 푹신한 장난감이나 베개를 안고 부모한테 오는 아이도 있다.
- **19개월** 때때로 좋지 않은 잠버릇이 나오기도 한다.
- **20개월** 무서운 꿈을 꾸는 바람에 잠을 깨기도 한다.
- **21개월** 두 살이 가까워오면 수면 시간이 점점 줄어든다. 잠드는 시간을 늦추려는 행동을 보이기도 한다.
- **25~29개월** 취침 시간을 정해 굿나잇 키스를 해주거나 책을 읽어 주는 등 잠자리 의식을 알도록 해 준다.

생활 습관

- **10개월**: 모자를 제 손으로 벗거나 비누 사용을 즐기기 시작한다.
- **11개월**: 옷을 벗기는 엄마를 돕거나 스스로 양말을 벗는다.
- **14개월**: 옷을 벗길 때 두 손과 발을 위로 들기도 하고 혼자서 머리를 빗으려고 한다.
- **16개월**: 한 살에서 두 살에 걸쳐 3개월마다 신발 사이즈가 커질 수 있다.
- **18개월**: 팬티가 젖으면 스스로 말하는 아이도 있다. 신발이나 양말을 벗기 좋아한다.
- **19개월**: 이를 닦는 아이도 있고 도와주면 손도 씻을 수 있다. 욕조에 아이를 들여놓기 전 물의 온도를 체크하는 일을 잊지 말아야 한다.
- **20개월**: 제손으로 옷을 벗도록 유도해도 될 시기이다.
- **21개월**: 똑딱 단추가 있어 간단히 벗고 입을 수 있는 옷은 혼자서 입는 아이도 있다. 옷이나 장난감을 치우고 정리할 줄도 안다.
- **22개월**: 혼자서 신발을 신을 수 있지만 좌우가 바뀌는 경우가 많다. 부모의 도움을 받아 자동차의 안전벨트를 매려고 한다.
- **23개월**: 간단한 옷은 혼자서 입을 수 있지만 앞뒤 구분은 아직 정확하지 않다. 문을 열거나 물건의 포장지를 벗기는 일 정도의 간단한 일은 할 수 있다.
- **24개월**: 변기를 사용하기 시작하는 아이도 있지만 배설능력이나 방광 조절능력이 발달할 때까지 조금 더 기다리는 것이 좋다.
- **25~29개월**: 화장실에 가고 싶다고 스스로 말하는 경우도 있지만 실패하는 경우도 잦다. 복장에 대해서도 까다롭게 굴기 시작한다. 또 조금만 다쳐도 반창고를 붙이는 것을 좋아한다.
- **30~36개월**: 이전보다 분명하게 '화장실에 가고 싶어요' 라고 말한다.

감정 변화

- **2개월**: 아프거나 괴로우면 울고, 기분이 좋으면 '킥킥' 하고 웃는다.
- **4개월**: 딸랑이를 살펴보는 등 사물에 호기심을 보이며, 안기고 싶을 때는 칭얼댄다. 기분 변화의 기복이 심하다.
- **5개월**: 장난감을 빼앗으려 들면 화를 낸다. 신경계가 성숙하기 때문에 스트레스를 잘 처리할 수 있게 된다.
- **7개월**: 재미있는 표정을 짓거나 몸짓을 하면 즐거워한다.

- **10개월**: 질투를 보인다. 형제자매에게 부모의 관심이 집중되면 울거나 칭얼댄다.
- **13개월**: 돌이 지나면 개성이 나타난다. 개성은 호기심이나 장난기, 과시 등으로 나타날 수 있다.
- **15개월**: 의사표현이 분명해지고 감정을 확실히 표현한다.
- **20개월**: 천둥, 번개, 큰 짐승, 어둠을 무서워한다. 밤에 자주 잠을 깬다면 아기의 방에 약한 조명을 켜두는 것도 방법이다.
- **21개월**: 다른 사람을 동정하거나 기분을 이해할 수 있다. 포옹이나 미소로 부모에 대한 애정을 표현한다.
- **23개월**: 거부당하는 것을 두려워하고 새로운 환경에서 좌절을 느끼기도 한다.
- **24개월**: 몸짓과 단순한 말을 통해 감정과 욕구를 설명한다. 어른들을 믿고 따른다.
- **25~29개월**: 변덕이 심해진다. 꾸중을 들으면 토라지거나 죄의식을 느낀다. 슬픔과 스트레스를 표현하는 법을 배운다.

Tip
월령별 육아 포인트, '이것만은 꼭!'

- **1개월**: 둘째 아이가 태어나면 아무래도 첫째에게 소홀하게 된다. 첫째 아이가 소외감 혹은 질투를 느끼지 않도록 세심한 주의를 기울여야 한다.
- **2개월**: 이 시기의 아기를 다른 사람에게 맡길 때는 조부모나 가까운 친구 등 부모와 아기 모두 아는 사람을 고른다. 또한 비상연락처를 꼭 메모해둔다.
- **5개월**: 형제자매가 아기에게 해코지하는 것을 주의 깊게 관찰해야 한다. 동시에 형제자매에게는 형이나 언니로서의 책임감을 심어 준다.
- **6개월**: 아기가 먹어서는 안 될 물건을 입에 집어넣을 경우, 아기의 팔을 가만히 잡아당기고 타이르면서 다른 쪽으로 관심을 돌려 입 안의 물건을 빼낸다.
- **12개월**: 아기를 다른 사람에게 맡길 때 엄마는 아기에게 걱정하는 모습을 보이면 안 된다. 동시에 아기가 보모에게 적응할 수 있는 시간을 충분히 줘야 한다. 그러면서 아기가 다른 행동에 몰두하도록 유도해야 한다.
- **14개월**: 집안에서 아기가 안전하게 놀 수 있도록 위험한 가구나 물건은 치워야 한다.
- **17개월**: 낯을 많이 가리는 경우에는 새로운 상황에 적응할 수 있는 시간을 주고 손을 잡아 준다.
- **19개월**: 간단한 규칙을 지키면 맘껏 칭찬해 준다. 때리거나 튀는 행동 혹은 자신의 안전을 지키기 위한 규칙을 알려 준다.
- **22개월**: 자립심을 키우기 위해서 부모와 단시간 떨어져 있는 것도 나쁘지 않다.
- **23개월**: 아기의 형제자매에게 혼자 지낼 수 있는 시간을 주는 동시에 모두 함께 노는 시간도 정해놓는다.
- **25~29개월**: 너무 심하게 투정을 부린다면 조금은 무시해도 좋다. 그렇다고 아이의 투정이 끝난 후에 고함을 지르거나 꾸짖어서도 안 된다.
- **30~36개월**: 위험하거나 반사회적 행동에 대한 한계를 정해 아이가 책임감을 가지고 행동하도록 격려한다. 아이가 화를 낼 때는 다른 데로 관심을 돌려서 풀어 준다. 일관성 있게 규칙을 지키도록 한다. 다른 사람들과 잘 놀 때는 칭찬해 준다.

월령별 장난감과 놀이

아기들은 놀기를 좋아한다. 특히 부모나 형제가 함께 놀아 주면 더욱 재미있어 한다. 그렇다면 아기의 성장 발육을 촉진하는 장난감과 놀이는 어떤 것들이 있을까?

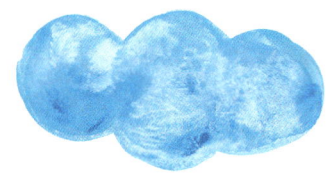

월령별 장난감

- **1~3개월** 흑백모빌, 깨지지 않는 거울, 아기 침대에 붙어 있는 놀이기구, 딸랑이, 흑백무늬의 봉제인형, 뮤직박스, 커다란 오색 고리.
- **4~6개월** 비치볼, 굵은 팔찌, 빌딩 블록, 누르면 소리를 내는 장난감, 이로 물고 빨 수 있는 장난감, 천이나 비닐로 만든 책. 놀이로는 '까꿍놀이' 등을 좋아한다.
- **7~9개월** 봉제 동물인형, 공, 큰 인형, 목욕탕에서 갖고 놀 수 있는 장난감. 주로 손을 많이 움직이는 놀이를 좋아한다.
- **10~12개월** 밀고 당길 수 있는 장난감 자동차, 큰 숟가락이나 마분지로 제작된 달걀 받침대 등의 집안 물건, 막대에 고리 끼우기와 간단한 공놀이를 한다.
- **13~15개월** 장난감 전화기, 컵과 옷핀 등을 갖고 논다. 재주넘기와 목마 밀기도 한다.
- **16~18개월** 모래상자, 북이나 탬버린 같은 간단한 악기, 대형 오색구슬, 뚜껑을 열면 튀어나오는 장난감, 비눗방울 놀이를 한다.
- **19~21개월** 흔들목마 타기, 분해조립식 장난감, 작은 고무공, 땅을 파는 장난감, 대형 크레용, 페달로 움직이는 자동차, 물놀이나 초보적인 그림 맞추기, 고무찰흙 놀이, 숨바꼭질 등을 한다.
- **22~24개월** 소꿉놀이 장난감 등으로 서로 다른 역할을 하거나 진흙으로 모형 만들기를 한다. 기차 · 전화기 · 덤프트럭 · 불자동차 등 소리가 나거나 복잡한 활동이 필요한 장난감, 낡은 잡지, 바구니, 뚜껑 달린 통 등.
- **2~3년** 세발자전거, 소형 트램펄린, 롤러블레이드, 어린이용 비닐풀. 인형에 옷 입히기, 색칠하기, 어린이용 카세트로 음악 듣기, 그림책 보기, 그네타기, 소형 농구대에 공 던지기 등을 좋아한다.

월령별 놀이

- **0~1개월** — **마사지와 체조로 신체 접촉을 늘려 주세요!**
  대부분 누워서 시간을 보내는 아기에게 신체 접촉을 통해 다양한 자극을 경험하게 한다. 아기의 팔과 다리를 가볍게 움직여 주거나 다리를 양쪽으로 구부렸다 폈다 하는 체조, 혹은 아기의 몸을 살살 문질러 주는 마사지가 좋다.

- **2~3개월** — **누워만 있는 아기, 가끔은 엎어놓으세요!**
  이 시기의 아기를 엎어놓으면 혼자 힘으로 고개를 돌리려 애쓰면서 자연스럽게 몸을 지탱하는 힘이 길러진다. 뿐만 아니라 목을 가누는 시기도 빨라지고 근육 발달에도 좋은 영향을 준다.

- **3~4개월** — **모빌이나 딸랑이를 손에 쥐어 주세요!**
  이 시기의 아기는 움직임이 있고 밝은 색을 좋아한다. 밝은 색의 모빌로 눈을 자극해 주거나 소리 나는 모빌로 아기의 흥미를 끌어 보자.

- **4~5개월** — **'까꿍놀이'를 해보세요!**
  수건으로 아기 얼굴을 가리거나 엄마 얼굴을 가렸다가 다시 '까꿍' 하며 보여 주는 식으로 까꿍놀이를 해보자. 사물이 눈에 보이지 않는다고 해서 완전히 없어지는 것이 아니라는 사실을 인지시킬 수 있다. 또 아기에게 정확한 입모양을 보여 주며 이야기를 많이 들려주면 언어 발달에도 효과적이다.

- **5~6개월** — **노래를 불러 주거나 음악을 들려주세요!**
  엄마의 목소리는 언제나 아기의 마음을 편안하게 해준다. 아기를 품에 안고 노래를 불러 주면 아기는 풍부한 감성과 정서적 안정감을 갖게 된다. 또 아기의 옹알이를 엄마가 따라 하면 아기의 듣고 말하는 능력을 촉진시킬 수 있다.

- **6~7개월** — **'도리도리, 짝짜꿍' 놀이를 해보세요!**
  도리도리, 짝짜꿍, 곤지곤지, 잼잼 등을 가르쳐 준다. 흉내 내기를 즐기고 기억력이 발달하는 시기인 만큼 다양한 손 놀이를 시도해 보자. 또 우리 주변의 사물을 이용해 장난감을 만들어 주자. 페트병, 캔, 책 등 아기의 호기심을 불러일으키면서 위험하지 않은 것들을 골라 다양한 소리와 모양을 경험하게 해주면 좋다.

- **7~8개월** — **탐구심을 북돋워 주세요!**
  장난감을 쥐고, 흔들고, 던지고, 떨어뜨리는 등 이 시기의 아기는 탐구심이 폭발하는 시기이다. 화장지나 비닐, 종이 등 질감이 다른 다양한 재료를 구기고 던지고 찢으면서 맘껏 놀 수 있게 해주자. 또한 아빠와 함께 온몸을 움직이는 놀이도 좋다. 물구나무서기, 빙글빙글 돌기와 같은 놀이는 아빠와의 애착관계도 높이고 호기심을 자극하는 좋은 기회가 된다.

- 8~9개월   **주변 사물이 모두 장난감. 자유롭게 탐색하게 해주세요!**
  주변의 사물에 보다 관심을 갖게 되는 시기. 위험한 물건을 미리 치우고 자유롭게 주변 사물을 장난감 삼아 놀 수 있는 환경을 만들어 주자. 또 아기의 양쪽 겨드랑이를 받쳐주어 두 발로 펄쩍 바닥을 차고 뛸 수 있도록 해주면 평형감각을 키워 줄 수 있다.

- 9~10개월   **손가락 놀이를 해주세요!**
  손은 물론 서서히 손가락을 사용할 수 있는 시기. 손가락을 끼워 넣는 장난감이나 입으로 부는 나팔, 하모니카, 북, 공 등을 주면 아주 좋아한다. 만약 아기가 물건을 붙잡고 일어나기를 반복한다면 스스로 성취감을 느낄 수 있도록 성공할 때까지 지켜보는 것이 좋다.

- 10개월~   **장난감을 넣고 꺼낼 수 있는 장난감 상자를 만들어 주세요!**
  장난감 상자를 만들어 장난감을 넣고 꺼내면서 재미있게 놀아 준다. 이 시기의 아기들에게 무언가를 쌓고 허무는 놀이는 왕성한 호기심과 탐구심을 충족시켜 준다. 또한 날씨가 좋은 날엔 가까운 공원으로 산책을 즐겨 보자. 어른들에겐 똑같아 보이는 바깥 세상이 아기들에겐 새롭고 신기한 놀이 세상이 될 것이다.

추천 그림책

0~3세의 유아들에게 책은 좋은 장난감이자, 친구이다. 아기가 책을 정말 재미있고 좋은 친구로 받아들일 수 있도록 아기의 눈높이에 맞는 그림과 내용을 선택해야 한다. 엄마 무릎에 앉아 무언가를 볼 수 있는 나이는 대략 생후 5개월 정도, 본격적인 책읽기가 가능한 나이는 돌 전후라고 봐야 한다. 책을 처음 접해 줄 때는 줄거리가 긴 이야기 책보다 간단한 단어나 의성어, 의태어로 꾸며진 책이 좋다. 0~3세 유아들의 오감을 자극하고 신체, 정서, 인지 등 전반적인 발달을 돕는 그림책에는 어떤 것들이 있을까?

- **곰돌이 아기그림책 시리즈 _ 웅진** 자주 보는 사물과 쓰임새를 인형 그림으로 보여 준다.
- **쑥쑥 몸놀이 _ 다섯수레** 신체, 인지, 언어능력을 키워 준다.
- **열두띠 동물 까꿍놀이 _ 보림** 동물들과 함께 까꿍놀이를 할 수 있는 책이다.
- **구두구두 걸어라 _ 한림** 아장아장 걸음마하는 아이들의 모습을 그린 책으로, 걸음마를 시작하는 아기에게 좋다.
- **안아 줘 _ 웅진** 엄마에게 안겨 읽는 책. 엄마와의 사랑과 애착을 키워 주기에 좋다.
- **고미타로 아기놀이책 _ 문학동네** 구멍 뚫린 그림책에 손가락을 넣어 손가락 놀이를 해보는 책.
- **걸어보아요 _ 사계절** 걸음마로 신체놀이를 할 수 있는 책.
- **두드려보아요 _ 사계절** 문을 두드리며 색깔을 찾아보는 시청각 자극 그림책.
- **아빠 목마 태워줘요 _ 태동** 아빠와의 신체놀이를 통해 유대관계를 높일 수 있는 책.
- **아빠하고 나하고 _ 돌베개어린이** 아기와 아빠와의 교감을 다룬 책으로 정서 발달에 도움을 준다.
- **누가 숨겼지? _ 비룡소** 숨은 그림찾기 놀이를 할 수 있는 놀이책.
- **아기 오리는 어디로 갔을까요? _ 비룡소** 여기저기 숨은 아기오리를 찾아보며 시청각을 자극하고 신체놀이를 할 수 있다.
- **달님 안녕 _ 한림** 달님의 변화를 통해 시각 자극과 반복되는 언어감각을 자극하는 책.
- **사과가 쿵 _ 보림** 반복적이고 리듬감 있는 문장과 재미있는 흉내말, 상상을 자극하는 이야기로 시청각 자극에 좋은 그림책.
- **나의 크레용 _ 보림** 색깔에 대한 감각을 키워 줄 수 있는 책.
- **알록달록 동물원 _ 시공주니어** 도형과 색깔을 이용해 시각 자극을 도울 수 있다.
- **작은 기차 _ 웅진** 확대된 집안 풍경을 통해 색다른 시각 자극이 가능하다.
- **무늬가 살아나요 _ 돌베개어린이** 벽지의 무늬를 통해 상상력을 자극하는 책으로 시각 자극에도 좋다.
- **벌레가 좋아 _ 보림** 예쁘고 독특한 벌레 그림과 재미있는 이름들을 통해 시각, 언어 발달에 도움을 준다.
- **냠냠냠 쪽쪽쪽 _ 천둥거인** 통합적으로 주변의 사물을 익히도록 도와주는 그림책. 사물의 부분과 전체를

가늠할 수 있는 인지능력을 키워 준다.
- **엄마랑 뽀뽀뽀 _ 보림** '뽀뽀'를 소재로 엄마와의 애착관계를 확인할 수 있는 책. 엄마와 아기의 사랑스런 접촉이 아기의 마음을 편안하게 만들어 준다.
- **세밀화로 보는 아기 그림책 _ 보리** 새로운 세상에 탐구심을 발휘할 돌 전후 아기를 위한 책. 살아 있는 생물의 모습을 생생하게 보여 준다.
- **사랑해 사랑해 사랑해 _ 보물창고** 엄마가 아기에게 전해줄 수 있는 최고의 찬사, '사랑해!' 아기들의 인성발달에 도움을 준다.
- **뭐하니? _ 천둥거인** 까꿍놀이를 주제로 한 그림책. 아이들의 두뇌 개발과 인지능력 발달에 좋다.
- **괜찮아 _ 웅진주니어** 세상에 첫 발을 들여놓는 영아들에게 용기와 자신감을 심어 주는 책. 인성 발달에도 도움이 된다.
- **누구야? _ 창비** 한국적인 색감과 패턴을 살린, 동물들의 이름과 색깔을 인지할 수 있는 사물 인지 그림책.
- **뭐야, 뭐야? _ 사계절** 궁금한 게 많은 아이들을 위해 주변 사물의 이름과 특징을 친절하게 알려 주는 사물 인지 그림책.
- **별이 좋아 _ 보림** 아기들에게 아름다운 감성과 상상력을 전해주는 책이다. 마치 한 편의 시를 담아놓은 듯한 감성 그림책.
- **응가하자, 끙끙 _ 보림** 배변 훈련을 시작하는 아기를 위한 그림책으로, 동물들의 익살스럽고 재미있는 표정과 의성어의 반복이 언어 발달을 자극한다.
- **넉점 반 _ 창비** 윤석중 님의 동시로 만들어낸 창작 그림책으로, 생활 속에서 다듬어진 우리말의 운율과 자연이 어우러진 세계가 돋보인다.
- **시리동동 거미동동 _ 창비** 제주도에서 전해오는 '꼬리따기 노래(말꼬리를 이어가며 부르는 말잇기 놀이)'를 다듬어 만든 그림책으로, 재미있는 우리말의 운율을 즐길 수 있다.
- **좋아질 것 같아 _ 문학동네 어린이** 아이들의 눈높이와 따뜻한 감성으로 어린이의 일상을 아기자기하게 그린 책으로, 특히 편식하는 친구들에게 권해줄 만한 책.
- **다음분 _ 국민서관** 마음까지 위로해 주는 장난감 병원의 풍경을 담은 그림책으로 아기들의 감성을 풍요롭게 해준다.
- **우리 몸의 구멍 _ 천둥거인** 유아들에게 인체와 감각에 대해 쉽고 재미있게 설명한 지식 그림책. 아이들의 눈높이에 맞춘 간결한 설명과 그림이 호기심을 자극한다.
- **안 돼! 데이빗 _ 지경사** 말썽꾸러기 데이빗과 데이빗을 사랑하는 엄마의 시선이 따뜻하게 전해지는 그림책.

> **Tip**
> **잠잘 때 읽어 주면 좋아요!**
>
> **자장자장 엄마품에 _ 한림** 우리나라 전래자장가 22곡의 노랫말로 구성된 책.
> **잘 자요 달님 _ 시공주니어** 잘 자라는 인사를 하며 저절로 잠에 빠져들 수 있는 책.
> **동물 친구들은 밤에 뭐해요 _ 마루벌** 아빠곰과 아기곰의 대화를 통해 동물의 자는 모습이 따스한 그림에 담겨 있는 책.

한눈에 보는 우리 아이 성장 발달 체크 리스트

내 아이는 제대로 성장하고 있는 걸까? 사실 아기마다 각 영역의 발달 속도는 모두 제각각이다. 발달 기준에서 크게 벗어나지 않는다면 그리 걱정할 필요가 없다는 얘기다. 성장 발달 체크 리스트를 통해 내 아이의 발달 정도를 확인해 보자.

월령별 감각 발달

월령	특징	날짜	메모
1개월 이전	움직이는 물체나 소리에 반응한다.		
	약한 자극에는 반응하지 않는 경향을 보인다.		
	강렬하고 갑작스런 자극에 민감하게 반응한다.		
1개월	움직이는 물체를 따라가며 볼 수 있다.		
	주위를 끊임없이 쳐다본다.		
	시선에 들어오는 얼굴이나 밝은 물체를 포착한다.		
4개월	천천히 움직이는 물체를 따라 주시할 수 있다.		
	장난감을 보면 잡으려고 한다.		
	익숙한 사람과 물체를 알아본다.		
7개월	한 손으로 장난감을 집을 수 있다.		
	한 손에서 다른 한 손으로 장난감을 옮겨 잡을 수 있다.		
10개월	숨겨진 장난감을 찾을 수 있다.		
	2개의 장난감을 맞부딪혀 소리를 낸다.		
	작은 물체를 엄지와 집게손가락으로 잡을 수 있다.		

월령	특징	날짜	메모
12개월	엄지와 집게 손가락으로 음식을 집어 먹을 수 있다.		
	장난감을 달라고 하면 주기도 하고 공을 던질 수도 있다.		
	간단한 도형을 구분할 수 있다.		
15개월	크레용으로 선을 그리는 흉내를 낸다.		
	2개의 정육면체를 쌓을 수 있다.		
	작은 조각들을 병에 담을 수 있다.		
18개월	각목 3개를 쌓을 수 있다.		
	크레용으로 종이 위에 낙서를 한다.		
2년	각목을 5개 정도 쌓거나 기차를 만들 줄 안다.		
	수평선을 그린다.		
	원을 그리는 흉내를 낸다.		
2년 6개월	각목 7~8개를 쌓을 수 있다.		
	수평선과 수직선을 긋는다.		
3년	9~10개의 각목을 탑으로 쌓을 수 있다.		
	원과 십자를 보고 그리기도 한다.		
	자신이 그린 그림을 설명하기도 한다.		
4년	사각형을 보고 그릴 줄 안다.		
	사람을 그리면 적어도 두 부분 이상 그릴 수 있다.		
5년	머리, 몸통, 다리가 있는 사람을 그릴 수 있다.		
	물건을 보고 10까지 정확히 헤아릴 수 있다.		

월령별 운동 발달

월령	특징	날짜	메모
0~2개월	주먹을 쥐었다 폈다 한다.		
	장난감을 몇 분 정도 쥐고 있을 수 있다.		
	다리를 곧게 펼 수 있다.		
	고개를 들어올리려 애쓴다.		
3~5개월	움직이는 물체를 보여 주면 손을 휘젓는다.		
	딱딱한 표면에 세워 주면 발로 힘차게 밀어젖힌다.		
	엎어놓으면 머리와 가슴을 들어올리려 한다.		
	딸랑이를 움켜쥐고 입에 넣는다.		
	몸을 뒤집는다.		
	부축해 주면 앉아 있을 수 있다.		
	균형을 잡으려 애쓴다.		
	물체를 한 손에서 다른 손으로 옮길 수 있다.		
	병을 들 수 있다.		
	엎드려 있는 동안 머리를 들고 있을 수 있다.		
6~8개월	구를 수 있다.		
	앉아서 균형을 유지할 수 있다.		
	엎드린 상태에서 발로 밀어젖히며 앞으로 나갈 수 있다.		
	한 손으로 장난감을 쥘 수 있다.		
	앉은 상태에서 물체를 집기 위해 몸을 돌릴 수 있다.		
	손가락을 마음대로 움직이면서 물건을 떨어뜨리거나 던진다.		
9~12개월	기기 시작한다.		
	그릇에 물건을 집어넣은 후 다시 집어 꺼낼 수 있다.		

월령	특징	날짜	메모
9~12개월	장난감 등의 구멍에 손가락을 집어넣을 수 있다.		
	가구에 의지해 몸을 일으켜 설 수 있다.		
	서 있는 상태에서 무릎을 구부려 앉을 수 있다.		
	크레용을 쥐고 낙서를 한다.		
	가구를 붙잡고 걷기 시작한다.		
	책장을 넘긴다.		
13~16개월	집게손가락으로 사물을 가리킨다.		
	엄지와 집게손가락을 이용해 작은 물체를 정확히 집어올릴 수 있다.		
	한 손으로 두세 개의 물체를 쥔다.		
	그릇을 뒤집어 내용물을 쏟아낸다.		
	서 있는 상태에서 상체를 구부려 장난감을 집어 다른 쪽으로 운반할 수 있다.		
	옆으로, 혹은 뒤로 걷는다.		
	두 손과 무릎을 이용해 계단을 올라간 후 기거나 미끄럼을 타며 내려온다.		
	둥근 나무토막을 구멍 속에 정확히 끼워 맞춘다.		
17~20개월	공을 굴리거나 던질 수 있다.		
	규칙적으로 컵을 들고 물을 마실 수 있다.		
	다양한 형태의 블록들을 구분해 해당되는 구멍 속에 끼워 맞출 수 있다.		
	간단한 장난감을 분해한 후 다시 조립한다.		
	지퍼를 내릴 수 있다.		
	서너 개의 블록을 쌓아올릴 수 있다.		
	양말이나 신발을 벗을 수 있다.		
	공을 차거나 던질 수 있다.		
	성인용 의자에 기어오른 후 돌아앉을 수 있다.		

월령	특징	날짜	메모
21~24개월	책장을 한 번에 한 쪽씩 넘길 수 있다.		
	난간을 붙들고 혼자 계단을 걸어 올라갈 수 있다.		
	혼자 신발을 신을 수 있다.		
	그네타기 등 각종 놀이를 즐긴다.		
	서툴긴 하지만 원을 그릴 수 있다.		
	유아용 농구골대에 공을 던져 넣을 수 있다.		
	박자에 맞춰 몸놀림하는 법을 배울 수 있다.		
25~29개월	뚜껑을 돌려 열거나 문고리를 돌려 열 수 있다.		
	세발자전거를 탈 수 있다.		
	한 발로 서 있을 수 있다.		
	양발로 제자리 뛰기를 시도하지만 아직 서툴다.		
30~36개월	손에 연필을 제대로 쥘 수 있다.		
	수직선이나 수평선을 그리는 흉내를 낸다.		
	간단한 조각그림 맞추기를 할 수 있다.		
	간단한 악기를 연주할 수 있다.		
	두 발로 동시에 껑충껑충 뛸 수 있다.		
	계단을 오를 때 두 발을 교대로 이동한다.		
	이동하면서 여러 가지 동작을 동시에 할 수 있다.		
	공을 발로 차서 의도한 방향으로 보낼 수 있다.		
	세발자전거를 제대로 탈 수 있다.		

언어 발달

월령	특징	날짜	메모
6~11개월	소리나는 쪽으로 고개를 돌린다.		
	엄마의 화난 말투와 상냥한 말투를 구별해 반응한다.		
	'안 돼, 하지 마' 등 강한 어조에 주춤하는 행동을 보인다.		
	엄마, 아빠, 맘마 등 익숙한 단어에 반응을 보인다.		
	억양이나 소리를 달리하면서 자신의 감정을 표현할 줄 안다.		
	원하는 물건을 갖기 위해 손가락으로 가리키거나 몸짓을 사용한다.		
	짝짜꿍, 까꿍놀이를 먼저 하자고 한다.		
12~17개월	얼굴이나 신체 부위를 하나 이상 듣고 지적할 수 있다.		
	친숙한 물건을 가져오는 간단한 심부름은 할 수 있다.		
	'뭐', '누구'에 대한 질문을 이해하고 이에 반응한다.		
	'없다'의 의미를 이해한다.		
	일관적으로 상황에 맞는 단어 5개 이상을 구사할 수 있다.		
	말하는 억양이 문장처럼 들릴 때가 있다.		
	사용하는 어휘가 점점 증가한다.		
	'붕붕, 뽕, 음매' 등과 같은 의성어를 사용한다.		
18~23개월	다른 사람의 신체 부위를 2개 이상 지적한다.		
	연결된 두 가지 지시를 듣고 순서대로 수행한다.		

월령	특징	날짜	메모
18~23개월	사물과 그림을 짝지을 수 있다.		
	두 낱말을 붙여 사용할 줄 안다. ('밥 줘, 물 줘, 엄마 아파' 등)		
	10~20개의 낱말을 사용할 수 있다.		
	'아니, 싫어' 등 부정적인 의미의 낱말을 사용한다.		
	'뭐야' 라는 말을 사용한다.		
24~29개월	사물의 부분을 지적한다.		
	'잡아, 올라가, 내려와' 등과 같은 일상적으로 사용하는 동사를 이해하고 사용한다.		
	'~면, ~니까' 와 같이 연결어미가 들어간 복문을 이해한다.		
	수량을 나타내는 낱말을 이해한다.		
	선택적 질문에 답할 수 있다. (사탕 줄까? 과자 줄까?)		
	'뭐? 누구? 어디?' 와 같이 의문사를 사용한 질문을 하기 시작한다.		
	일상적인 동작 표현에 관한 질문에 대답이 가능하다. (엄마 뭐해? → 코 자)		
30~35개월	크기 개념을 이해한다. (크다, 작다)		
	비교 개념을 이해한다. (더 커, 더 작아)		
	'같다, 다르다' 의 개념을 이해한다.		
	5개 이상의 색깔을 안다.		
	위, 아래, 앞, 뒤 등의 위치어를 2개 이상 이해한다.		
	'나, 우리' 와 같은 대명사를 사용할 줄 안다.		
	'왜?' 라는 질문을 많이 한다.		
	경험한 일에 대해 간단히 말할 수 있다.		

우리 아이 기질

항목	내용	기질	메모
활동 수준	아이가 얼마나 활발하게 몸을 많이 움직이는가?		
	운동 능력이 어느 정도인가?		
	주간에는 활동하고 야간에는 활동하지 않는가?		
주기성	배고픔, 먹기, 배설, 수면, 깨어 있기 상태가 얼마나 리듬감 있게 규칙적인가?		
	그리고 이 행동들의 예측이 가능한가?		
접근성	새로운 자극(장난감, 음식, 사람 등)에 대한 흥미를 보이는가?		
	새로운 자극에 위축되거나 회피하는가?		
적응 능력	주변 환경이 바뀔 때 얼마나 빨리 그리고 얼마나 편하게 적응 행동을 보이는가?		
	이제까지의 행동을 바뀐 환경에 적응하여 수정할 수 있는가?		
반응의 정도	자극을 받았을 때 어느 정도로 기분을 표현하는가?		
반응성의 역치	시각, 청각, 촉각 등 감각 자극에 분명하게 반응하는 데 필요한 자극의 강도는?		
	온도, 습도, 소음 등 아이를 둘러싼 주변 환경에 분명하게 반응하는 데 필요한 자극의 강도는?		
기분의 질	유쾌하고, 즐겁고, 다정한 행동과 이에 상반된 불쾌하고, 우울하고, 비우호적인 행동은 어느 정도 나타나는가?		
주의산만도	주위 상황에 따라 쉽게 방해를 받아 하던 행동을 그만두는가?		
지속력	얼마나 오랜 시간 특정한 행동을 할 수 있는가?		
	장애물이 있어도 그 행동을 쉽게 그만두지 않는가?		

체크 리스트 결과

- 아이가 적당하게 몸을 움직이고, 규칙적으로 활동하고, 새로운 자극에 관심을 보이고, 주변 환경의 변화에 잘 적응하고, 반응의 정도가 적절하고, 적당한 강도의 자극에 의해서 반응을 보이고, 유쾌한 기분을 보이고, 산만하지 않고, 주의집중능력이 있으면 순한 기질로 본다.
- 반대로 지나치게 몸을 많이 움직이고, 규칙성이 없어 예측이 힘들고, 새로운 자극에 관심을 보이지 않고, 주변 환경의 변화에 잘 적응하지 못하고, 반응의 정도가 강렬하고, 작은 자극에도 반응을 보이고, 잘 울고, 산만하고, 주의집중력이 짧으면 까다로운 기질로 본다.

아이들의 양심은
그 아이들을 둘러싼 환경의 영향을 받는다.
장 폴 리히터

EBS 특별기획 다큐멘터리
아기성장보고서

초판 1쇄 발행　2009년 2월 1일
초판 45쇄 발행　2023년 8월 15일

지은이　EBS 〈아기성장보고서〉 제작팀
펴낸이　이승현
기획·방송　EBS

기획팀　오유미

펴낸곳　㈜위즈덤하우스　**출판등록**　2000년 5월 23일 제13-1071호
주소　서울특별시 마포구 양화로 19 합정오피스빌딩 17층
전화　02) 2179-5600　**홈페이지**　www.wisdomhouse.co.kr

ⓒ EBS, 2009

ISBN 978-89-5913-364-2 03590

· 이 책의 전부 또는 일부 내용을 재사용하려면 반드시 사전에 저작권자와
　㈜위즈덤하우스의 동의를 받아야 합니다.
· 인쇄·제작 및 유통상의 파본 도서는 구입하신 서점에서 바꿔드립니다.
· 책값은 뒤표지에 있습니다.